無料音声
ダウンロード付

Speak lik...

イギリス英語
リアルな
「ひと言」
フレーズ
800

⟨ 輿 秀和 ⟩
Hidekazu Koshi

ベレ出版

はじめに

みなさんはイギリスと聞くと何を思い浮かべますか？ 英国王室、ビッグベン、フィッシュアンドチップスなど、いろいろ思い浮かぶと思いますが、そのひとつに「イギリス英語」をあげる人も多いのではないでしょうか。

私は以前、仕事でロンドンに約6年間駐在したことをきっかけに、イギリス英語の面白さ、ユニークさに魅了されました。本書はその時に収集し始めたイギリス英語フレーズがもとになっており、いくつかのカテゴリーに分類し、まとめたものです。

フレーズ選定のコンセプトは、「ネイティブが頻繁に使うけれど、あまり日本人が知らないだろうフレーズ」、「日本語発想からでは辿り着けない、ネイティブ特有の言い回し」です。また、その中でも特にイギリス色が強いと思われるフレーズにはユニオンジャックの国旗のマークを付けました。

すべてのフレーズは私が現地で親交のあったイギリス人ネイティブのAnnさんと確認をしています。実際に私がイギリス人相手に実践した際、ネイティブ同士のように会話が自然に進んでいったり、「そんなフレーズよく知ってるね！」と仲良くなったりしたので、自信をもっておすすめします。

どのフレーズも短く、日常で使えるものばかりなので、ぜひ覚えて使ってみてください。この本を通して、読者のみなさまにイギリス英語の面白さを気軽に楽しんでいただけたら嬉しいです。

2024年3月　興　秀和

Speak like a British Native

イギリス英語 リアルな『ひと言』フレーズ 800

Column

スポーツの国、
イギリス。

292

Column

イギリスで
発行されている
様々な新聞。

343

ダウンロード音声のご案内

【スマートフォン・タブレットからのダウンロード】

 abceed
AI英語教材 エービーシード

 https://www.abceed.com
abceedは株式会社Globeeの商品です。

Mikanアプリでの音声ご利用方法

1. 下記の QR コードまたは URL より、
   アプリをダウンロード。
   https://mikan.link/beret
2. アプリを開き、教材一覧を開いて検索バーをタップ。
3. 書籍名を入力して検索。
4. 音声ボタン（♫）より、再生バックグラウンド再生や、音声の速度変化も可能。

[mikan アプリについて]
英単語や熟語、フレーズの基礎学習から、リスニング・リーディングなどの実践対応まで、音声を聞きながら楽しく、効率的に英語を学べる大人気アプリ。
アプリ内学習以外にも、書籍付属の音声再生機能や、電子書籍機能を搭載。
※書籍ごとに使える機能は異なります。

【パソコンからのダウンロード】

① 小社サイト内、『イギリス英語 リアルな「ひと言」フレーズ 800』のページへ。「音声ファイル」の「ダウンロード」ボタンをクリック。

② 8 ケタのコード bF4FmZxs を入力してダウンロード。

* ダウンロードされた音声は MP3 形式となります。zip ファイルで圧縮された状態となっておりますので、解凍してからお使いください。

* zip ファイルの解凍方法、MP3 携帯プレイヤーへのファイル転送方法、パソコン、ソフトなどの操作方法については、メーカー等にお問い合わせくださるか、取扱説明書をご参照ください。小社での対応はできかねますこと、ご理解ください。

* 以上のサービスは予告なく終了する場合がございます。

* 音声の権利・利用については、小社ホームページ内 [よくある質問] にてご確認ください。

日常

001

いつでもいいよ。

Ready when you are.

【解説】

> I am ready when you are ready. という文の I am と 2 回目の ready を省略しています。
> 「（あなたの準備ができているなら、私は準備できてるから）いつでも大丈夫だよ」と言いたい時に使ってみてください。

002

別の言い方をすると。

Let me put it another way.

【解説】

> Let me try saying it differently. と言い換えられます。

003

どれにする？

Which do you fancy?

【解説】

> イギリス英語では、fancy は want と同じ意味で使われます。したがって、Which do you want? = Which do you fancy? です。頻繁に日常会話に登場します。

004

あった！

There it is!

【解説】

「いた！」「あった！」と言いたい時のフレーズをまとめて覚えておきましょう。

【人の場合】

Ah, there you are！（あ、いた！）

【ものの場合】

There it is!（あった！）※独り言

Found it!（あったよ！）※誰かに見つけたことを知らせたい時

005

本当にありがとうございます。

Thank you very much indeed.

【解説】

Thank you very much. や I'm very grateful. がカジュアルな言い方であるのに対して、Thank you very much indeed. はフォーマルな場面でも使える表現です。

I'm indebted to you.（indebted: 恩恵を受けている）はあまり使われませんが、笑顔で言うと Thank you very much. と同じ意味になります。よく知っている人にのみ使いましょう。

006

英国のどのあたりに住んでいるんですか？

Whereabouts in the UK do you live?

【解説】

答え方は I live in London. / In London. のように答えます。イギリスでは、Where?（どこ？）だと直接的すぎるので、Whereabouts?（どのあたり？）と聞くことが多いです。

007

分かった。

I get it.

I get it. = I understand the situation.（今の状況を理解した）という意味だよ。

心あたりある？

Does that ring a bell?

【使い方例】

> What's the name of the lady who has just come out of the meeting room?
> 今ちょうど会議室から出てきた女性の名前、何だっけ？

> That's Emma. You met her at the global conference last year. Does that ring a bell?
> エマだよ。去年の国際会議で会ってるよ。心あたりある？

もう一度言って。

Can you say that again?

【解説】

「もう一度言って」と言いたい時に用いるフレーズのニュアンスの違いを押さえておきましょう。下に行くほどかしこまった表現になります。

Say again?

Can you say that again?

Sorry?

Can you say that again please?

Can you repeat that please?

喜んで！

I'm more than happy to do that.

【使い方例】

> Can you please give me a lift to the airport?
> 空港まで車で送ってくれませんか?

>> Sure. I'm more than happy to do that.
>> いいよ。喜んで!

> Thanks!
> ありがとう!

It's my pleasure to do that.
I'm more than willing to do that. も同様に使えるフレーズだよ。

011

来てくれてありがとう。

I'm glad you came.

【使い方例】

> Hello.
> お待たせ。

>> Hello. I'm glad you came.
>> やあ、来てくれてありがとう。

> Did you wait long?
> けっこう待った?

「来てくれて嬉しい、ありがとう」というニュアンスだよ。
It's great you could came. も同じ意味で使えるよ。

何やってるの!?

What the hell's going on?

【解説】

友人・家族に対して用いる口語表現で、スラングに近いカジュアルな決まり文句です。基本的には、あるシチュエーションに対して驚きや怒り、フラストレーションがあるニュアンスが含まれているため、ややアグレッシブな印象を与えます。

また、What the hell? で、「何それ!?」「何だそれ!?」「おいおい！どういうことだ？」という意味で、同様によく使われます。

以下の例文も見てみましょう。

What the hell is that?（何それ?!）= What is that? →「大きな驚きや怒り」

What the hell are you talking about?（おいおい何言ってるんだよ？）→「あなたが言っていることに異義があります」

What the hell are you doing?（何してくれてんの？）→「あなたがやったことに違和感や不快感があります」

どうする？

What are we gonna do?

【使い方例】

It's a shame it's raining.
雨が降ってるなんて残念だよ。

Yes, we can't have a picnic today.
そうだよね、ピクニックに行けなさそうだ。

What are we gonna do?
どうしようか？

014

冗談だよ。

I'm just joking.

イギリス人は I'm just kidding. よりも I'm just joking.
を使うことが多いよ。

015

聞きにくいんだけど、

I hope you don't mind me asking, but

【使い方例】

> I hope you don't mind me asking, but are you
> seeing someone?
> 聞きにくいんだけど、誰かと付き合ってる?

>> Yes, I'm seeing Mike.
>> マイクと付き合ってるわよ。

> Really? You mean Mike Smith?
> 本当?あのマイク・スミス?

016

お待たせ。

There you go.

【使い方例】

> There is a long queue for tea.
> 紅茶を買うためにたくさん人が並んでるね。

Yes. Have a seat. I will bring it to our table.
本当だね。席に座ってなよ。テーブルまで持ってくから。

Thanks!
ありがと!

Five minutes later 5 分後

There you go.
お待たせー。

017

話せて良かったよ。

It was really nice talking with you.

【解説】

「話せて良かったです」というフレーズは日常の中で頻繁に使うフレーズです。様々な言い方を覚えておくと便利です。

It was really nice talking with you. 〈汎用性のある表現〉

It's always good to catch up with you/talk to you. 〈仲の良い同僚や友人に対して〉

It was lovely to catch up. 〈比較的、女性が使うことの多い表現〉

〈ビジネスシーンで〉

That was a productive meeting/phone call.

That was a good meeting/phone call.

I enjoyed our conversation.

That was a good conversation.

It was really good talking with you.

018

私のことからかってるの?

Are you taking the mickey?

【使い方例】

Your English is getting better and better.
どんどん英語が上達しているね。

Thanks, but it's not good enough.
ありがとう、でもまだまだだよ。

Yes, you still have a way to go.
そうだね、まだまだだね。

Hey, are you taking the mickey out of me?
ねぇ、私のことからかってるの?

【解説】

take the mickey out of ○○は、イギリスのスラングで「○○をからかう、○○をおちょくる、○○をばかにする」という意味です。標準的な表現だと、make fun of ○○です。

out of を付けずに、take the mickey/ mick というかたちで使われることもあるので覚えておきましょう。

019

恩にきるよ、ありがとう。

I owe you big time.

【使い方例】

Can you draft the presentation in an hour?
1時間で資料作ってもらえる?

Sure. I'm on it.
分かりました。すぐに取り掛かります。

One hour later 1時間後

There you are. I hope it helps.
どうぞ。お役に立てばいいのですが。

Thanks a lot. I owe you big time!
すごく助かったよ。本当にありがとう!

ついでに
Whilst you're at it,

【解説】

このフレーズは、誰かが何かを始めた時にそれに加えて何かをお願いしたい時に用います。

A：I'm gonna pop to the shops and get some bread.（ちょっとお店に立ち寄ってパン買ってくる）

B：Whilst you're at it, can you get me some toothpaste?（ついでに、歯磨き粉も買ってきてくれる？）

A：I'm gonna make myself a cup of coffee.（コーヒーを淹れるところだよ）

B：Whilst you're at it, can you make me one too?（ついでに、私の分も淹れてくれる？）

Whilst you're at it, は、さらにカジュアルになると Ooh（ウー）になります。つまり、上の例文では それぞれ Ooh, can you get me some toothpaste?/ Ooh, can you make me one too? と言われることもあります。

本当に？
Do you mean that?

【使い方例】

Dinner is on me.
夕食おごるよ。

Do you mean that?
本当に?

I got a big bonus last week.
先週、たくさんボーナスをもらったからね。

【解説】

Do you mean that? は、Really? と同じ意味で、Really?よりも丁寧な表現です。

022

それは控え目な言い方だね。；そんなもんじゃないでしょ。

That's an understatement.

【使い方例】

It's warm out here.
外は暖かかったよ。

Looking at how much you're sweating, I'd say that's an understatement.
汗をたくさんかいているのをみると、控え目な言い方してるよね。

You might be right.
そうかも。

【解説】

イギリス人は何かをちょっと控え目に言うことがあります。例えば、ダイアローグのように、明らかに「暑い」のに、あえて「暖かい」と表現したりします。明らかに違うのに、わざと控え目に表現するとい

う、「マイルドなユーモア」を会話に織り交ぜ楽しんでいるのです。

〇〇 is an understatement. =「〇〇は控え目な表現だ」「〇〇なんてもんじゃない」と覚えておきましょう。

Hot is an understatement. It's boiling hot.（暑いなんてもんじゃない。めちゃくちゃ暑いよ）

Challenging is an understatement.It's extreamely challenging.（難しいというのは控え目な表現だ。ものすごく大変そうだ）

To say I'm happy is an understatement. I'm ecstatic.（嬉しいなんてもんじゃないよ。最高な気分だ）

好意のしるしとして
As a goodwill gesture

【使い方例】

> I've decided to buy this acer. Wow, I've just noticed the grapes growing above our heads.
> このカエデをください。あれ、ブドウを育ててるんですね。

> Yes. As a goodwill gesture, I'll give you a couple of bunches of grapes.
> そうだよ。好意のしるしとしていくつかブドウあげます。

> Wow, South London grapes. I'm gonna make myself some wine.
> わぁ、南ロンドン産のぶどうってことだね。ワインでも作ろうかな。

ちょっと悪いんだけど、
I know I'm being cheeky, but

【使い方例】

> I know I'm being cheeky, but can you get me a coke from the fridge?
> ちょっと悪いんだけど、冷蔵庫からコーラ取ってきてくれない？

> Okay, but you could easily get it yourself.
> いいよ、でも自分でも取れるよね。

【解説】

自分でできるけど誰かに何かちょっとしたことを頼みたい時に使えるクッション言葉です。I know I'm being cheeky, but can you 〜 ? と覚えておくと役に立ちます。

cheeky（図々しい、生意気な）はイギリス英語のカジュアルな口語表現なので、家族、友人には使えますが、フォーマルな場面では使わない方が良いでしょう。

025

新しい年が良い年でありますように！

Here's to a wonderful New Year!

【解説】

Here is to 〜は「〜を願って」「〜を祝して」「〜に乾杯」（= wish）という意味合いです。このフレーズは、年末の挨拶として言う「良いお年を」に相当するもので、会話でもメールでも使われます。他にも、Let's hope next year is a better year!/ Let's hope it'll be a happy and healthy year for all of us! / My best wishes for the New Year! のような表現が使えます。Happy New Year! は最もポピュラーなフレーズで、年末年始どちらにも使われるフレーズです。

026

頭に入ってこない。

I can't take it in.

> I need to go home now, because I can't take this in.
> もう家に帰った方が良さそうだ、あなたが言ってることが頭に入ってこないよ。

> Yeah, you've been working on this since after lunch.
> そうだね、お昼以降ずっとこの仕事してるもんね。

> Yeah definitely. Time to go home.
> そうだね、帰宅するよ。

I can't take it in. = I can't understand what you are saying. だよ。

---

027 ◄──────────────────────────────

前置きはこれくらいにして、
Without further ado,

---

028 ◄──────────────────────────────

何も思い浮かばない。
Nothing springs to mind.

Nothing springs to mind. = Nothing comes to mind. だよ。

---

029 ◄──────────────────────────────

この時代に、
In this day and age,

【解説】

in this day and age = nowadays です。例文を見てみましょう。

In this day and age, many people are working from home. (この
ご時世、多くの人々が自宅で仕事をしています)

In this day and age, every teenager has a mobile phone. （この
ご時世、ほとんどの10代の若者は携帯電話を持っています）

030

そう言われてみれば、

Now that you mention it,

【使い方例】

Now that you mention it, I haven't talked to her
for ages.
言われてみれば、彼女と長い間話してないなぁ。

Let's give her a call now.
今彼女に電話してみよう。

031

何か言おうとしてたけど、頭が真っ白になっちゃった。

I was gonna say something but my mind's gone blank.

【解説】

直前の過去やある特定の過去を指して「(その時)〜しようとしていた」
と言いたい時は、I was going to 〜 という過去進行形の構文を覚え
ておくと便利です。口語では、I was gonna 〜 となります。

032

分からない。

God knows.

【使い方例】

Have you got an idea of when this pandemic
might end?
このパンデミックいつ終わるんだろうね?

> God knows. There's a new variant every month.
> 見当もつかないね。毎月新しい変異株が出てきてるからね。

【解説】

God knows. は決まり文句で、直訳すると「神のみぞ知る」となります。つまり、「分からない」「見当もつかない」という意味です。I have no idea. や Nobody knows. と同じ意味で用いられます。

同様の意味で Goodness knows. という表現もありますが、年配の方が使う言い回しで古い響きがあるため、若者や世間一般の大半の人は God knows. を使います。

God knows. は割とカジュアルな表現なので、親しい間柄の友人・家族・同僚にしておいた方がいいでしょう。

033

どこまで話してたっけ？

Where did we leave off?

【使い方例】

> Sorry my doorbell just rang. I need to get that.
> ごめん、ドアのベルがなったから、ちょっと出てくるね。

> Sure.
> はい。

After a while しばらくして

> Sorry about that. Where did we leave off?
> ごめん、どこまで話してたっけ？

【解説】

Where did we leave off? は、Where are we?（どこだっけ？）、Where did we stop?（どこでやめたっけ？）や Where did we get up to?（どこまで話したっけ？）などと同じ意味で使えます。

Where did I leave off? 、Where did I leave off in my presentaion?
のように主語を I (私) にして使うこともできます。

034

乞うご期待！
Watch this space!

【使い方例】

> I've decided to go on a diet to lose some weight.
> ダイエットすることにしたよ。

>> That's amazing. You're gonna feel so much better.
>> いいね！気分も上がるだろうね。

> I'm really gonna go for it. Watch this space!
> 頑張ってみるよ。見ててね！

Watch this space! = There's a hope things will
change. だよ。

035

もう喉まで出かかってるんだけど、思い出せない。
It's on the tip of my tongue.

【使い方例】

> I can't remember our new colleague's name.
> 新しい同僚の名前が思い出せない。

>> Give me a second. It's on the tip of my tongue.
>> ちょっと待って。もう喉まで出かかっているんだけど、思い出せない。

No rush. Just let me know if you remember.
急がないよ。もし思い出したら教えてね。

そんな言い方しなくてもいいじゃん。

You don't have to bite my head off.

【使い方例】

Are you okay? I can help you if you want.
大丈夫? 何か私にできることある?

Leave me alone. I don't want your help.
ほっといて。何もないから。

I was just wondering if I could help. You don't have to bite my head off.
何か力になれればと思っただけなんだ。そんな言い方しなくてもいいじゃん。

【解説】

「私に喰ってかからないでよ!」と言いたい時は、Don't bite my head off! と表現できます。

私をからかってるんでしょ。

You're pulling my leg.

【使い方例】

I've just won a million pounds.
100万ポンド当たった!

You're pulling my leg.
私をからかってるんでしょ。

I did! But it was whilst playing monopoly.
本当だよ！でもモノポリーのゲームの中でだけどね。

【解説】

You're pulling my leg. には、I don't believe you./ I don't think you are telling me the truth. というニュアンスが含まれます。
Are you pulling my leg?（私のことからからかってるの？）
Stop pulling my leg.（からかうのはやめて！）

038

いきなりどうしたの？

Where did that come from?

【使い方例】

I would like to study Russian.
ロシア語の勉強したいんだよね。

Where did that come from?
いきなりどうしたの？

I watched a beautiful Russian film last night.
昨晩素晴らしいロシアの映画を見たんだよ。

【解説】

このフレーズは、誰かが唐突に何か予期せぬことを言った時に使えます。Where did that come from? = Where did that thought come from? なので、「その考えはどこから来たの？」「いきなりどうしたの？」という意味合いになります。

039

お好きにどうぞ。

Suit yourself!

【使い方例】

> Would you like to come with us to the pub?
> 一緒にパブへ行かない？

>> Thanks, but no thanks. I'm going to stay in and
>> have a long bath.
>> いや、せっかくだけどいいよ。家でゆっくりお風呂に入りたいから。

> Suit yourself. We're going without you.
> お好きにどうぞ。じゃあ私たちは行ってくるね。

【解説】

　このフレーズは、怒りの気持ちを込めて少しネガティブに使うだけでなく、ユーモアを込めて「したいことをしてな」と相手に言いたい時に使えます。

　イギリス人の Suit yourself. は、ちょっとがっかりしたけど、相手の意思を変えようとはせず、重くならないように、軽いタッチで「分かったよ」というニュアンスです。相手を気遣ってソフトに言いたい場合は、No worries. を用いましょう。No worries. には「がっかりした感じ」は含まれません。

　ちょっとネガティブに「ご勝手に」と言いたい時や、ユーモアを含めて「好きにしていいよ」と言いたい時に軽いトーンで使ってみてください。

040

さすが私！；えっへん！

Go me!

【使い方例】

> It looks like you've lost a lot of weight.
> だいぶ痩せたんじゃない。

> Thanks for noticing. I've lost a stone. Go me!
> 気付いてくれてありがとう。6キロくらい痩せたの。すごいでしょ!

> Well done.
> すごいね!

【解説】

I'm amazing. / I've achieved something that I'm proud of. とい
うニュアンスで、何かを成し遂げて Happy で誇らしい時に使う、カ
ジュアルな表現です。I'm really happy I've done it. と言い換えら
れます。

このフレーズはアメリカ英語的な響きですが、イギリスでも日常的に
使われます。

stone(ストーン)と pound(ポンド)はイギリスで使わ
れている重さの単位だよ。a stone は、約6.35kgで、
a pound は約0.454kgだよ。

041

もし手持ちぶさたなら、
If you are at a loose end,

【使い方例】

> If you are at a loose end, why don't you wash the
> car? It's filthy.
> もし何もやることないなら、洗車したら?すごく汚れてるよ。

> It's okay. I've just remembered I need to do
> something.
> 大丈夫だよ。あ、別のやらなければいけないこと、ちょうど思い出した。

【解説】

be at a loose end は、何をすべきか分からない、特段やるべきことがない状態を指します。

You を主語にして使うことが多いです。

042 ◀

そっか、なるほどね。

Fair enough.

【解説】

家族や友人に使うカジュアルな表現で、何かを言ったりやったりした理由が分かった時に用いるフレーズです。 Fair enough. = That makes sense./ I get it. と覚えておきましょう。

043 ◀

生まれも育ちもイギリスだ。

I'm English born and bred.

【解説】

I'm 〇〇 born and bred. で「私は生まれも育ちも〇〇だ」というフレーズです。born and bred は「生まれも育ちも」「生粋の」です。

I'm Japanese born and bred. (私は生まれも育ちも日本だ)

I'm a Londoner born and bred. (私は生粋のロンドンっ子だ)

I'm a Tokyoite born and bred. (私は生まれも育ちも東京だ)

イギリスは、イングランド、スコットランド、ウェールズ（この３つがグレート・ブリテン）と、北アイルランドの４つの国（カントリー）からなる連合王国で、イギリスの正式名称は「グレート・ブリテン及び北アイルランド連合王国」（United Kingdom of Great Britain and Northern Ireland）です。イギリス人は自分の生まれ育った場所を言う時、これらの国名（カントリー名）を言うことが一般的です。

イギリス国外の人に向けて、生まれも育ちもイギリスだと言いたい時は、I'm British born and bred. と表現することもあります。

このフレーズ以外にも I was born and bred/raised in England. と
表現することもできます。

I'm ○○ born and bred. の「○○」に自身の生まれ育った場所を入れ
れてみましょう。
例えば長野県出身の場合、I'm Nagano born and bred. と言えます。
また、I was born and bred/raised in Nagano. とも表現できます。
参考までに、生まれた場所と育った場所が違う場合は、I was born
in the UK but grew up in Japan. のように表現できます。

044 ━━━━━━━━━━━━━━━━━━━━━━━━━━━━━━

調子どう？

How are things?

【解説】

友人・知人に会った時の挨拶は、How are you? が最もポピュラーで
すが、代わりに How are things? を使うこともあります。
How are you? と How are things? の違いは何でしょうか？
How are you? が直接的に「あなた元気？」と聞いているのに対して、
How are things? は少し間接的に「調子どう？」と聞いている点が
違いです。また、How are you? は比較的どんな人にも使えますが、
How are things? は友人・家族にフレンドリーな感じで使えて、優
しく、かつ、かしこまっていない表現です。
How are things? は How are things with you? を短くしたフレーズ
ですが、How are things with you? とは言わず How are things? で
使われます。
久しぶりに会った人、久しぶりに連絡を取る人に対しても現在完了形
にする必要はなく、How are things? で OK です。

045 ━━━━━━━━━━━━━━━━━━━━━━━━━━━━━━

これまでのところ、

To date,

【使い方例】

To date, I've planted three out of four trees.
ここまでのところ、4 本中 3 本の木を植えたんだ。

You must have a very big garden.
大きな裏庭があるんだね。

【解説】

to date = up until now「現在に至るまでに」という意味で、これまでの進捗報告的なニュアンスです。up until now や up till now、so far なども同様に使えます。

046

こんなところで会うなんてすごい奇遇だね！

Fancy bumping into you here!

【使い方例】

Hey, fancy bumping into you here!
こんなところで会うなんてすごい偶然だね！

Yeah, I heard there's a great cafe here, so I decided to check it out.
このあたりに素敵なカフェがあるって聞いたから来てみたんだよ。

Yeah, I know the one you're talking about. I'm free now if you want to go and grab a coffee together.
あぁ、あのカフェのことね。今時間があるから、もし良かったら一緒にコーヒーでも飲みに行こうよ。

【解説】

思いがけない場所で、偶然に予期せず知り合いに出会った時に使えるフレーズです。

Fancy bumping into you here! と Fancy meeting you here! のフレーズの違いは、Fancy bumping into you here. がより口語的な表現なのに対して、Fancy meeting you here. は少しフォーマルな響きになります。

同じ場面で使える表現として、I didn't expect to see you here. や What a surprise! というフレーズもあります。

047

本当に助かります。

I'm incredibly grateful for your help.

【使い方例】

I've lost my house keys and my partner isn't coming home till tomorrow.
家の鍵を失くしちゃって、明日までパートナーも帰ってこないんだ。

Oh no! Don't worry. You can stay the night at ours.
それは弱ったね。でも心配しないで。家に泊まりなよ。

Thank you so much. I'm incredibly grateful for your help.
ありがとう。本当に助かるよ。

【解説】

incredibly は very の代わりに会話でよく使われる表現です。

「とても」と強調したい時、really を使うことがありますが、really と very、incredibly の違いは何でしょうか?

違いは、very = incredibly であり、very と incredibly は really よりも強調度合いが強い単語だということです。very は口語・文語両方で使いますが、incredibly は口語でよく使われます。

参考までに incredibly は、こんな使い方ができます。

I'm incredibly tired. (すごい疲れた)

I'm incredibly hungry. (メチャクチャお腹すいた)

I'm incredibly happy. （最高に幸せ）

I'm incredibly sleepy. （めっちゃ眠い）

I'm incredibly thirsty. （ものすごく喉渇いた）

なお、I'm incredibly grateful for your help. は、フォーマルな響きのフレーズなので、書き言葉として使っても問題ありません。

I'm incredibly grateful for your help. は嬉しい驚きがあった時に感謝を表す言い回しとして使えるフレーズです。

理解するのが難しい。

I find it hard to get my head around it.

【使い方例】

Have you done your tax return for this year?
今年の確定申告終わった?

I find it hard to get my head around it. I think I need some help.
なかなか難しいんだよね。誰かに手伝ってもらわないといけないよ。

I can recommend my accountant.
私の会計士紹介しようか。

【解説】

get one's head around something = understand 「〜が分かる」「〜を理解する」という意味です。また、このフレーズは肯定形ではなく否定形で使われるのが一般的です。

I can't get my head around it. （分からない、理解できない）と表現することもあります。

他に、「分からない、理解できない」と言いたい時、イギリス人が I don't understand の代わりに使う自然なフレーズは以下です。

It makes no sense to me.〈理にかなってなく、腑に落ちない時〉

It doesn't compute.〈論理的でなく理解できない時〉

It's beyond me.〈自分の想像を越えていて理解できない時〉

I don't get it.〈事実として受け入れられない時〉

知らないよ！

Search me!

【使い方例】

Where is my favourite cup?
私のお気に入りのカップどこにあるか知らない？

Search me! You used it yesterday. Is it still in your bedroom?
知らないよ。昨日使ってたよね。ベッドルームにあるんじゃない？

【解説】

Search me. は直訳すると「私を探って」となりますが、「私を探ってもいいよ、探っても何も答えは出てこないよ」というニュアンスから「私は分からない、知りっこないよ」「（質問についての答えを）分からない、知らない」と言いたい時に使えます。

また、このフレーズは I don't know. や I don't care. と同じく強い響きなので、ビジネスシーンでは使ってはいけません。Search me! はほぼスラングと言っていいほど、とてもカジュアルな表現なので、少しユーモラスな感じで、かつ、Cheeky（茶目っ気がある感じ）で、親しい間柄の家族・友人に対して使うのがいいでしょう。

発音もポイントで、語尾を上げるとネイティブ的な響きになります。

控えめに言っても、

〜, to put it mildly.

【使い方例】

> I heard you've just had a 7-hour Teams meeting with only a couple of short breaks. You must be knackered!
> ちょっとの休憩を取っただけで、7 時間の Teams を使った打合せしてたって聞いたよ。ヘトヘトなんじゃない!?

> > You bet. That was a full-on day, to put it mildly.
> > そうだよ。キツかったなぁ、控え目に言っても。

> Well, at least it's Friday, so you can relax over the weekend now.
> 金曜日だから、週末リラックスできるといいね。

【解説】

日本人と同様にイギリス人もものごとを直接的に言わず、間接的に柔らかく言い表すという傾向があります。まさにそんな時に使う言い回しが、〜, to put it mildly. です。

「何かの度合いが自分の表現よりももっと過剰・極端だ」→「控えめに言っても」というニュアンスです。

つまり本来ならば、「とても○○だった」と言うところを直接的には言わず、「○○だった、控えめに言っても」と言うことでソフトな響きにしています。

いくつか例文を見てみましょう。

That was a full-on day, to put it mildly.（ハードな 1 日だった、控えめに言っても）= That was a very full-on day.（とてもハードな 1 日だった）

It was a hot day, to put it mildly.（暑い日だった、控えめに言っても）= It was a very hot day.（とても暑い日だった）

It was an awful film, to put it mildly.（ひどい映画だった、控え目に言っても） = It was a very awful film.（最悪な映画だった）

It was an awful interview, to put it mildly.（ひどい面接だった、控えめに言っても）= It was a very awful interview.（最悪な面接だった）

She was rude, to put it mildly.（彼女は失礼だった、控えめに言っても）=She was very rude.（彼女はとても失礼だ）

051 ━━━━━━━━━━━━━━━━━━━━━━━━━━

全然分からない。

I haven't got a clue.

【使い方例】

> It's Jamie's birthday on Saturday, and I need to get him a present.
> 土曜日はジェイミーの誕生日だから彼へのプレゼントを買いに行かなきゃ。

>> What are you thinking of getting him?
>> 何買うの？

> I haven't got a clue. In my opinion, he's got everything.
> 分からない。彼、何でも持ってるから。

【解説】

「分からない」というと、I don't know./ I have no idea./ I'm not sure. が思い浮かぶと思いますが、I haven't got a clue. も同様に用いることができます。

なお、I haven't got a clue. は、I have no clue. でもありますが、イギリス人は会話において I have no clue.使わず、I haven't got a clue. を使う傾向があるようです。

他にも、I can't think of anything. とも言えるよ。

気兼ねなく使って。

It's all yours.

【使い方例】

Have you finished with the kettle?
そのヤカンもう使い終わった?

Yep, it's all yours.
うん、どうぞ。

Cheers.
ありがとう。

【解説】

It's all yours. = I'm not using it anymore./ I'm finished with that./ It's free for you to use. です。つまり、「もう使い終わった、使わない、自由に使っていいよ」というニュアンスなんですね。
ちなみに、親しい相手ならばよりカジュアルに All yours. と言っても OK です。

わかったよ。

Got you.

【使い方例】

What I'm saying is, you need to be able to speak the language to understand the culture properly.
その国の文化を理解するためには、その国の言葉を話せるようになる必要があると思うんだ。

> Got you. In that case, I'm gonna start studying now.
>
> なるほどね。そうしたら、今から勉強始めようかな。

【解説】

Got you. = I understand what you're saying. 「(その人の言っていることが) 分かった」です。

054

端的に言うと、；早い話が、

To cut a long story short,

【使い方例】

> How come you're so late?
>
> どうしてこんなに遅れたの？

> A million things slowed me down today, but to cut a long story short, I got on the wrong train.
>
> たくさん要因があるけど、端的に言うと、電車を間違えちゃったんだ。

> Oops, well at least you're here now. I'll get you a drink. What do you want?
>
> ありゃりゃ、でも来れて良かったね。飲みもの持ってくるよ、何がいい？

【解説】

to cut a long story short = in brief/ in a nutshell 「要は、まとめると、端的に言うと」というニュアンスです。

055

一体何したの？

What on earth have you done?

> I've finished redecorating the living room. Come and have a look.
> リビングルームのクロスを張り替えたんだ。来て見てみてよ。

> Jeez, what on earth have you done? Black is a horrible colour for a living room !
> えー、一体どうしちゃったの？黒ってリビングルームに合わない色だと思うよ。

【解説】

What on earth〜？は、ショックや怒り・驚きの感情を含んで疑問形や否定形を強調する時に用いるフレーズです。What have you done?「何したの？」は普通のトーンの文章ですが、What on earth have you done? とすることで「一体何したの？」とやや感情的に強調することになります。

What on earth have you said?（一体何を言ったの？）

What on earth have you written?（一体何を書いたの？）

056

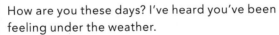

おかげさまで。

All the better for seeing you.

【使い方例】

> How are you these days? I've heard you've been feeling under the weather.
> 最近どう？ 調子悪かったって聞いたよ。

> All the better for seeing you. I'm on the road to recovery now.
> おかげさまで、良くなってるよ。

> Well, I'm very glad to hear it. Let me know if you need anything.
> それは良かった。何かできることがあったら言ってね。

【解説】

all the better for〜は、「〜があるため、その分だけ一層良く」という意味です。したがって、All the better for seeing you. = Seeing you makes me happy. です。

また、All the better for (seeing you). は通常、Happy な時に使われ、Nice to see you. に近い意味合いの、挨拶のようなものです。つまり、「会えて良かった」「あなたに会えたおかげで幸せな気持ちになった」「おかげさまで」というようなニュアンスです。

All the better for talking/speaking to you. (あなたと話せたおかげで) というかたちでもよく使われます。

057

言いづらいんだけど、

I hate to say, but

【使い方例】

> So, did you like my cake?
> で、私のケーキ気にいった？

> I hate to say, but I found it a bit stodgy.
> 言いづらいんだけど、ちょっと胃もたれしたよ。

> Thanks for your honesty, I need to practice this one before I start to offer it to my customers.
> 素直に言ってくれてありがとう、お客さんに売る前にもっと練習しなくちゃ。

I hate to say, but は、否定的なことを柔らかく言う時に使うクッション言葉です。

同じ意味のフレーズとしては、I'm sorry to say, but がありますが、これは I hate to say, but よりもフォーマルな響きがあります。

stodgy は、食べ物が重い（heavy）という意味だよ。

058

もし私があなただったら、；もし私があなたの立場だったら、

If I were in your shoes,

【使い方例】

I've been given the opportunity to work in Paris for 2 years, but my family and friends are here. I don't know what to do!
2 年間パリで働くことをオファーされたんだけど、家族も友人もここにいるんだよね。どうすればいいか分からないよ。

If I were in your shoes, I'd grab the chance!
私だったらパリに行くよ！

I know, it would be an amazing experience, and my friends and family will still be here when I come back.
そうだよね、良い経験になるし、家族や友人には帰ってきたらここで会えるからね。

【解説】

If i I were in your shoes = If I was in your situation で、「私があなたの状況・立場だったら、こうするよ(仮説アドバイス)」と言いたい時に使われます。

059

もちろんどうぞ。
By all means.

【使い方例】

Could I pop round to borrow your lawnmower?
芝刈り機を借りに行ってもいいですか?

By all means, I don't need it for at least another week.
もちろんどうぞ。あともう1週間くらいは使わないから。

Cheers mate. See you in a minute.
ありがとう。ではまたのちほど。

【解説】

By all means. = Go ahead./ Of course (when giving permission)./ No worries./ Feel free. つまり、「(誰かに何かを許可をする時に)どうぞ、もちろんいいよ」と言いたい時に使えます。

060

ようやく分かった。
I finally twigged.

【使い方例】

At first I couldn't understand what he was talking about, but after a while I finally twigged.
最初は彼が言っていることが理解できなかったけど、時間が経ってからようやく分かったよ。

What did he want?
彼何を聞いてたの?

He was asking for directions to the London Eye.
彼はロンドンアイへの行き方を知りたかったんだ。

【解説】

twig は、動詞で「何かを理解する、分かる (= realise/ understand)」です。I finally twigged. のように過去形で使うことが多いです。

I finally twigged. = I finally got it. ですが、I finally twigged. の方がカジュアルで面白い響きのある言い回しです。なので、親しい間柄の友人・家族には使いますが、フォーマルなシーンではカジュアルすぎるので使わない方が無難でしょう。

なお twig は、名詞としては a very small branch (小枝) を意味します。

061

気にしないで。

No worries.

同じ意味合いの表現は、No problem. / No big deal. /
You're alright. だよ。

062

良かったね。

I'm glad to hear that.

【解説】

誰かから何かを聞いて、「ほっとした、安心した、聞けて良かった」
と返答したい時に使えます。

「嬉しい」というと happy を思い浮かべる方も多いかと思いますが、
happy は「幸せな気持ち」「満足した気持ち」のニュアンスで使われ
ているのに対し、glad は「感謝の気持ち」「ほっとした気持ち」「安
心した気持ち」を表しています。

よりカジュアルな表現に Good to hear that. がありますが、Glad
to hear that. の方が嬉しさの度合いが高いです。

063

やってみなよ。

Give it a go.

【解説】

他人に対して「（勇気づける感じで）やってみなよ」と言いたい時に使
えます。

041

Give it a try.（Give it a go. よりもフォーマル）や、Give it a shot.（Give it a go. よりも少し古風な言い方）も同じ意味で使用できます。
「もう一度やってみなよ」という時は、Give it another go. と言います。
I'll give it a go. とすると「自分がやってみる」という意味合いになります。Let's give it a go.（やってみよう）とも言えます。

064 ●━━━━━━━━━━━━━━━━━━━━━━━━━━

どんどん上達してるね。

You're getting good at it.

【使い方例】

Phew... It was a tough presentation. I was a bit nervous.
ふ〜。きついプレゼンだった。ちょっと緊張したよ。

Yes, but you are getting good at it.
そうだね、でも、どんどん上達してるよ。

Thank you for saying that.
ありがとう。

似た表現として、〇〇 is/are getting better and better.（〇〇がどんどん良くなっている）というフレーズもあるよ。以下の例を参考にしてね。
It's getting better and better.（どんどん良くなっている）
We are getting better and better.（私たちはどんどん上達しているね）
My English is getting better and better.（英語がどんどん上手くなっている）
The things are getting better and better.（状況はますます良くなっている）

065 ●━━━━━━━━━━━━━━━━━━━━━━━━━━

大正解。

Spot on.

【使い方例】

> How old do you think I am?
> 私、何歳だと思う?

> I guess you are 28 years old.
> 28 歳じゃないかな。

> Spot on.
> 大正解。

066

いいね。

Sounds good to me.

【解説】

That sounds good to me. の that が省略されてることで、より口語
的な表現になります。

他の言い方としては、That sounds like a good idea.（それは良い
アイデアだね）/ I'm up for that.（賛成です）/ Why not?（是非）な
どがあります。

067

仕事頑張って!

Good luck with your work.

Good luck with your presentaion.（プレゼン頑張っ
て）/ Good luck with your exam.（試験頑張って）など、
「頑張って!」と言いたい時に使ってみよう。
All the best. は Good luck. のフォーマルな言い方だよ。

068

それは良かったね!

That's great news.

【使い方例】

I just scraped through the exam. I made it.
試験にギリギリで合格したよ。やった！

That's great news for you.
それは良かったね！

069

素晴らしい！
Brilliant!

Fantastic!/ Amazing!/ Cool!/ Wonderful! なども同様に使えるよ。

070

年相応に振る舞いなよ。
Act your age, not your shoe size.

【使い方例】

Why were you picking your nose in public?
なんで人前で鼻ほじってたの？

I just wanted to do it.
ただ、そうしたかったからさ。

Act your age, not your shoe size.
年相応に振る舞いなよ。

【解説】

イギリス人ネイティブは誰もが知ってるユーモラスな一言です。イギリスの靴のサイズは cm（センチ）ではなく、inch（インチ）が使われています。日本人にとって靴のサイズの数字は、20cm以上なので、

その数字を年齢にそのまま置き換えても「20歳以上の大人」ということになりますが、イギリスの靴のサイズは大半の人が5〜10 inchなので、そのまま年齢に置き換えると「5〜10歳の小学生」ということになります。このことから、not your shoe size で、「5〜10歳の小学生のように振る舞うのはやめなよ」という意味合いになります。

Acting your shoe size = 小学生のような態度をとること

Grow up! も同様の意味で使えます。カジュアルな表現なので友人や家族に対して用いるのが良いです。

071

ちょっと待って、落ち着いて。

Hold your horses!

【使い方例】

> I want to send this email now.
> このメール、今、送りたいんだよ。

>> Hold your horses. We still have a lot to discuss.
>> ちょっと待って、落ち着いて。まだ議論しなきゃいけないことがたくさんあるよ。

> Okay, can we have a short meeting when you have time?
> じゃあ、時間がある時に打合わせできる?

072

無理しないで。

Don't overstretch yourself.

【使い方例】

> I'm under the weather but I have to finish this work today.
> 調子が悪いんだけど、この仕事今日終わらせないといけないんだよね。

> Are you alright? Don't overstretch yourself.
> 大丈夫？無理しないでね。

> Thank you.
> ありがとう。

終わり良ければ全て良し

All's well that ends well.

【使い方例】

> I'm glad that we've completed the project on schedule.
> スケジュール通りにプロジェクトが終わって良かったよ。

> Yes, there was a major change in the middle of the project but we managed to figure it out.
> そうだね、途中で大きな変更があったけど、なんとか解決したよね。

> Yes, all's well that ends well.
> 確かに。終わり良ければ全て良しだね。

【解説】

このフレーズの由来は、1600 年頃にイギリス人劇作家のシェイクスピアが書いた戯曲だと言われています。well が 2 回登場することに加えて、All's の「ズ」と、ends の「ズ」で、リズムがいいですね。Things have turned out okay. も同じ意味のフレーズです。

いいね！

Sounds like a plan.

【使い方例】

Do you want to go for a walk in the park this afternoon?
午後、公園に散歩に行かない？

Sounds like a plan.
いいね。

Okay, let's meet up at Hampstead Heath Station at 2 pm.
じゃあ、ハムステッドヒース駅に 2 時集合で！

075

いいね、そうしよう！
I'm up for that!

【使い方例】

Do you fancy a drink or two after work?
仕事の後、1、2 杯飲んでかない？

I'm up for that.
いいね、行こう！

Let's meet at reception at 6pm.
じゃあ会社の受付に 6 時集合で。

イギリスでは I'm up for that. のところを、アメリカやカナダでは I'm down. と言うよ。

076

素敵な行ないだね。
That's a nice gesture.

My company pays me a monthly allowance of 50 pounds to work from home.
在宅勤務の手当に 50 ポンド / 月の手当が出るんだよね。

Well, that's a nice gesture.
そうなんだ、それは親切な行為だね。

Yes, I know. That's one of the reasons I like my job.
そうだね、この仕事が好きな理由のひとつだよ。

それを考慮するのを忘れないで。

Don't forget to factor that in.

【使い方例】

I'm driving to yours. I think I'll get there for 6 o'clock.
車であなたの家に行くね。6 時には着くと思う。

Don't forget to factor in the road works.
道路工事してるからそのことを計算に入れておいてね。

Oh yes. In that case, I'll leave half an hour earlier.
あ、そうだね。であれば、30 分早く出発しようかな。

このフレーズの他の例文も見てみよう。
We need to factor that in. (それを考慮する必要がある)
It's going to feel like 40 degrees there when you factor in the humidity. (湿気の影響も考慮すると、40 度くらいに感じるだろう)

その時になったら考えよう。

Let's cross that bridge when we come to it.

【解説】

フレーズを直訳すると「橋に着いた時に渡ればいい」、つまり、橋に着く前に橋を渡れるかどうか、橋を渡るかどうか心配しなくて良いということから、「その時が来たら考えよう」という意味になります。「今の時点で、将来起こるかどうか分からないことを不安に思っても仕方がない。その問題がもし起こったらその時に考えて対処すればいい」という場面で使ってみましょう。

I'll cross that bridge when I come to it. のように言ってもOKです。

本当にその通りだね！

You can say that again!

【使い方例】

> We would have all gone mad without the internet during this pandemic.
> このパンデミックの期間中、もしインターネットがなかったと思うと、怖くなってくるよ。

> You can say that again!
> 本当にその通りだね。

【解説】

フレーズを直訳すると「もう一度言っていいよ」となりますが、意味は I agree with you. と同様、同意や賛同を示す時に使われるフレーズです。

You can say that again! と言われたからといって、本当にもう一度繰り返す必要はないよ！
Tell me about it! も同じ意味で使えるよ！

080

そうだよね！

Gosh yes!

【使い方例】

> In times of stress, I love to do some gardening.
> ストレスを感じている時、ガーデニングをするのが好きなんだよね。

>> Gosh yes! I do gardening even in bad weather because it makes me feel so much better.
>> そうだよね！ 私は天気が悪くてもガーデニングをするよ、とっても気持ちがいいからね。

> Well, actually I don't go that far.
> そうなんだ、私は天気が悪い時はしないかな。

【解説】

Gosh は God は同じ意味で驚きを表します。Gosh の方がより軽い響きです。Gosh = Wow と考えましょう。

Gosh yes! = Wow yes! = Definitely yes! = I totally agree! です。このフレーズを使う時の注意点は 2 つあります。

1 つ目は、カジュアルな口語表現なので、フォーマルな場面や文章などではあまり使わないようにしましょう。2 つ目は、使うタイミングです。Gosh yes! は、あくまでも誰かの意見や考え、提案などに賛成する時に使われますが、誰かの洋服を見て「その洋服いいね！」と言いたい時には使いません。その場合は、Gosh, that dress suits you. になります。

050

良かったね！
Good for you!

【解説】

Good for you! は、「それは良かったね！」「おめでとう！」という意味です。同様の意味のフレーズは、Congratulations!/ Well done! などがあります。

未来はバラ色だ！
The future looks rosy!

【解説】

The future looks rosy! = The future looks bright! つまり、「将来が明るい」という意味です。

イギリスには Orange という携帯通信会社があります。この Orange 社 の以前のキャッチコピーは、The future looks rosy. をもじって、The future is orange. でした。

参考までに反対の意味のフレーズは、The future looks bleak. です（ bleak = without hope）。

いいね！
Nice one!

【解説】

Nice one! は、Nice! と同じ意味で、「いいね」「うれしい (I'm happy!)」と思った時に使えるフレーズです。いろいろな使い方がありますが、例えば、Good job! や I'm happy for you. の代わりに Nice one! を使うことができます。

決まりだね！
We have a plan!

【使い方例】

> We've finally decided to go to France on holiday.
> 休暇はフランスに行くってようやく決まったね。

> We have a plan!
> 決まりだね！

> Yeah, I'll book the flight.
> うん、フライト予約するね。

本番ではうまくやれるよ。
It'll be alright on the night.

【解説】

このフレーズの on the night は、the important moment を指します。
今うまくいっていなくても、本番ではうまくいくよというニュアンスです。

今週一緒にやろう。
We'll work on it this week.

We'll work on it. = We are going to spend time on something.（一緒に何かに対して時間を使う）という意味だよ。

ひとつ終わった、あと残りひとつだ！
One down, one to go!

【使い方例】

> Phew. I've groomed one of my two cats. One down, one to go!
> ふー、2匹いるうちの1匹の猫の毛繕いが終わったよ。1匹終わったから、残りもう1匹だ!

> Well done. How many scratches did you get?
> やったね。どれだけ引っかき傷できた?

> None because I wore gloves.
> ぜんぜんないよ。手袋してたからね。

【解説】

この表現は数字を変えて使うことが可能です。例えば、やらなければならないことが全部で5つあり、そのうちの3つが終わり、あと2つだと言いたい時、Three down, two to go! と表現します。

088

気にしなくていいよ。

Don't let it get to you.

【解説】

Don't let it get to you. = Don't let it upset you. つまり、「気に病むな」「気にするな」という意味のフレーズです。Don't let him/her get to you. (彼/彼女のことは気にするな)のようにも使えますね。なお、Never mind. は Forget about it. という意味なので、「気にするな」でも少しニュアンスが違うフレーズです。

089

人のせいしないで。

Stop passing the buck.

You got bad exam results again.
テストの結果また悪かったね。

Yeah, because my teacher is useless.
そうね、先生が教え方のせいだよ。

Stop passing the buck. You need to study more.
人のせいにしないの。もっと勉強しなさい。

090

それもいいね。

And that.

【使い方例】

I like fish and chips.
フィッシュアンドチップスが好きなんだ。

Me too.
私も好き。

I like pickled eggs too.
タマゴのピクルスも好きなんだよね。

And that.
それも好き。

【解説】

相手が言ってきたことに対して、連続して「いいね」「同じ意見だよ」と言いたい時に使うフレーズです。日本語に訳すと、「それもそう」「それもいいね」というニュアンスです。すごくカジュアルな表現なので友人や家族との会話で使います。

そういうことってあるよね。

That's happened to me too.

【使い方例】

> I got so engrossed in my book that I missed my station.
> 読書に夢中になってて、電車を乗り過ごしちゃった。

>> That's happened to me too.
>> そういうことってあるよね。

【解説】

「そうだよね」「分かる」「そういうことってあるよね」のように、自分も同じ経験があり相手に共感していることを伝えたい時に使えるフレーズです。

I've had the same experience./ That's been my experience too. も同じ意味で使える言い回しです。

気にしないで。

Never mind.

【解説】

Never mind.「気にしないで」というフレーズですが、Don't worry./ Forget about it./ It's not that important./ It's not the end of the world./ It's not a big deal. というニュアンスを含んでいます。

It's not biggy! Never mind.「大したことないよ!気にしないで」という組み合わせがよく使われます。

日常〈声かけ〉

世界を背負わなくていいよ。；ひとりで何でも背追い込まない方がいいよ。

You don't need to carry the weight of the world on your shoulders.

on your shoulder を省略して、You don't need to carry the weight of the world. でも伝わるよ。

ちょっとかしてごらん。

Give it here.

【使い方例】

I think my phone is broken.
私の携帯壊れちゃったみたい。

Give it here.
ちょっとかしてごらん。

That would be amazing if you could fix it.
もし直せたらすごい！

【解説】

Give it here. と Give it to me. は同じ意味です。カジュアルな口語表現なので、家族や友人などの親しい間柄の人に向けて用いられるフレーズです。

世界はあなた中心に回っていない。

The world doesn't revolve around you.

【使い方例】

> She is an only child and growing up she always got whatever she wanted.
> 彼女は一人っ子で、好きなものなんでも買ってもらってたんだよ。

> I bet as an adult she is finding it hard to accept that the world doesn't revolve around her.
> きっと大人になった時、自分中心に世界が回っていないってことを受け入れるのが難しいだろうね。

> Yes definitely.
> 本当にそうだね。

ストレートに言うと、Stop being so selfish. だよ。

096

どう？いい感じ？

Are you happy with that?

【使い方例】

> I've just finished my presentation for tomorrow.
> 明日のプレゼン資料完成したよ。

> Are you happy with it?
> どう、いい感じ？

> Yes, bring it on!
> そうだね、準備万端だよ！

【解説】

Are you happy with that result/situation? と同じ意味です。日本語だと、「どう？」「大丈夫？」「いい感じ？」とになります。

ちなみに、Are you happy with that? は、80%以上の確率で相手が問題なさそうな場合に用い、相手が満足しているかしていないか、どっちか分からない、五分五分かなという時は、Are you okay with that? を使います。

ちなみに、説明した内容について「理解できた？」と聞く時、はDoes it make sense? がよく使われます。

「どんな感じ？」ともっとオープンに質問を投げかけたい時は、How do you feel about that? と言います。

097

よくやった！；すごい！

Go you!

【解説】

口語表現で使うカジュアルな言い回しです。Well done!「よくやった！」と言いたい時や、Amazing!「すごい！」と言いたい時に使えます。

098

自慢するのやめなよ。

Stop showing off.

【使い方例】

> During the quiz on the company history, Mike got every answer right and afterwards he did a small dance around the office.
> 会社の歴史に関するクイズをしたとき、マイクは全部の答え当ててさ。それで、そのあとオフィスの中を小躍りしてたんだよね。

> Yeah, it really annoyed Kate who told him to stop showing off.
> そうだね、ケイトはイライラして、いい加減にしてって言ってたね。

終わりが見えると安心するよね。

It must be a relief to see a dot on the horizon.

【使い方例】

I've been working on this project for three weeks now and I can finally see the end.
3週間このプロジェクトに取り組んできて、ようやく終わりが見えてきたよ。

It must be a relief to see a dot on the horizon.
終わりが見えると安心するよね。

You bet.
本当にその通りだね。

【解説】

このフレーズにおける dot は、small hope（小さな希望）というニュアンスで使われています。航海時に船から水平線（horizon）の彼方に島（a dot）が見えてきた（＝やっと上陸できそう）というイメージです。

ちなみに、「もう終わりが見えてるよ」と誰かを励ます時は、There must be a dot on the horizon. と言うことができます。

次はうまくといいね。

Better luck next time.

【使い方例】

None of the tulips I planted actually flowered.
チューリップを植えたのに、どれも咲かなかった。

> Better luck next time.
> 次回は咲くといいね。

> I think I need to study more.
> もっと学ばなくちゃ。

101

なんか浮かない顔だね。

Why the long face?

【使い方例】

> Why the long face?
> どうして浮かない顔してるの?

> Because a girl in my class stole my favorite T-shirt.
> 同じクラスの女子が私のTシャツを盗んだんだ。

> You have to ask her for it back.
> 彼女に返してって言わないとね。

What's wrong? や What's up? のように、「どうしたの?」と相手の様子を伺うフレーズだよ。

102

一緒に考えよう。

Let's put our heads together.

【使い方例】

> I can't manage to put all the luggage in the car.
> 全部の荷物、車に載らないよ。

> Okay let's put our heads together and figure this out.
> じゃあ、一緒に考えてなんとかしよう。

103

2人で考えた方がいい。

Two heads are better than one.

【使い方例】

> I can't figure out how to solve this problem.
> この問題どう解決すればいいか分からない。

> Let me help. Two heads are better than one.
> 手伝うよ。3人寄れば文殊の知恵だからね。

> That would be great. I've been stuck on this for ages.
> 助かるよ。ずっと行き詰まってたんだ。

104

うまくいくように祈っていてね。

Wish me luck.

105

すごく順調だ。

We are on a roll.

【使い方例】

> The english football team were on a roll until they lost to Italy in the final.
> イングランドは決勝でイタリアに負けるまでずっと勝ってたんだよね。

Yes, that match was nail-biting.
そうだね、ハラハラドキドキしたね。

I need a manicure.
マニュキア塗り直さなくちゃ。

【解説】

何かを連続で達成している時に使うフレーズです。幸運な状態な長く
続いていることを意味します。

106

自分に合ったペースでやった方がいいよ。

You need to pace yourself.

【使い方例】

When I go running, I have to stop after 5 minutes.
ランニングに行くと、5分でもう休む必要があるんだ。

You're probably running too fast. You need to
pace yourself.
走るのが早すぎるんじゃないかな。ペース配分を考えた方がいいよ。

Yes I need to start off jogging instead of running.
そうだね、まずは走るのではなくて、軽いジョギングからスタートしようかな。

You plan your progress so that you don't get a
negative result. 進め方を計画することで、ネガティブな
結果にならずに済むよ。

107

臨機応変にやろう。

Let's play it by ear.

【使い方例】

> Let's go for a cup of coffee and maybe after do some shopping.
>
> コーヒーを飲みに行こうよ、それでその後、買い物に行ってもいいよね。

> Let's play it by ear. I'm not sure what my plans are yet for the rest of the day.
>
> 臨機応変にやろう。まだ残りの日の予定が分からないから。

> Sure. No worries.
>
> いいよ、そうしよう。

【解説】

play it by ear で、「何か事前に計画を立てるのではなく、その状況が変わっていくことに対応していくこと」を意味します。

別の英語で言い換えると Let's wing it.「アドリブ・即興でやろう」/ Let's decide later. になります。

108

まったくその通り！
Too right!

【解説】

Too right! = I agree with you 100%. です。Spot on! や Exactly! が同じ意味で使えるフレーズです。

イギリス特有のカジュアルな言い回しで、親しい友人や家族、同僚に対して「完全にその通り！」と言いたい時に使ってみてください。

109

ゆっくりだけど着実に。
Slowly but surely.

【使い方例】

> How is your training going for next year's marathon?
> 来年のマラソンに向けてのトレーニングはどう?

> Slowly but surely. I go running every evening after work.
> ゆっくりだけど確実に進んでるよ。仕事の後、毎日夕方、走ってるんだ。

> Go you!
> すごいね!

【解説】

新しい仕事に就いた時にも以下のような感じで使えます。

A：How are you getting on in your new job?
　　（新しい仕事はどう？）

B：Slowly but surely.
　　（少しずつだけど着実に慣れてきてるよ）

英語学習に関して、「ゆっくりだけど、確実に伸びている」と言いたい時、 Slowly but surely I learn to speak English fluently. と表現するといいでしょう。

110

知れて良かった。教えてくれてありがとう。

That's good to know.

That's good to know. = I'm glad you told me that.
だよ。カジュアルに Good to know. と言うこともできるよ。

ありがとう！嬉しい！

Wicked!

【使い方例】

Would you like a lift back home?
車で家まで送ってこうか？

Wicked!
最高、ありがとう！

Okay, get your coat.
オッケー、コート持ってきてよ。

【解説】

wicked は「不道徳」「悪い」「悪戯っぽい」という意味もありますが、最後に「！」をつけると、「素晴らしい！」「すごい！」「最高！」という意味合いになります。

Wicked! = Cool!/ Wonderful!/ Amazing!/ Great!
だよ。

112

それは危ないよ。

That's dodgy.

【使い方例】

I missed my bus home last night so I had to walk.
昨晩、バスに乗れなくて、歩いて帰るしかなかったんだ。

That's dodgy. Please don't make a habit of it.
それは危ないね。毎回そうしちゃダメだよ。

> Okay, next time I'll ask you for a lift.
> そうだね、次はあなたに車で迎えに来てもらうように頼むね。

【解説】

That's dodgy. は別の英語で表現すると、That's unsafe./ Not good idea. になります。つまり、何かが正しくない、あるべき状況ではない、信頼できない、危なっかしいという意味です。

以下のフレーズも参考にしてみましょう。

That website looks dodgy. (このウェブサイトは危なそうだ)

It's dodgy walking home late at night. (夜遅くに歩いて家に帰るのは危険を伴う)

なお、dodgy はカジュアルに友人や家族に向けて使えるイギリス英語特有表現です。

113

そうなるといいね。

Here's to that.

【解説】

Here's to〜. は乾杯の際に使われるフレーズですが、Here's to that. は、I agree./ I wish the same. (私もそうなることを願っている) という意味でも使われます。

114

本当にその通り！

My god yeah!

【解説】

誰かのコメントに対して、賛同したい時、強く同意を示したい時に使えるフレーズです。Absolutely.「絶対にそうだ」「全くその通り」と同じ意味で使えます。

My god yeah. はスラングで、どの年代層でも使われますが、しいて言えば60歳以上の人はそこまで使いません。

ねえ、○○さん聞いてる？（おーい、○○さん？）

Earth to ○○ !

【使い方例】

> Earth to Chris!
> ねえ、クリス聞いてる？

> Sorry, I was miles away.
> ごめん、考え事してたよ。

> I know you've got a lot on your mind right now,
> but I need you to focus.
> たくさんのことを考えなければいけないっていうのは分かるけど、集中して
> ほしいんだ。

【解説】

Earth to ○○ !は、誰かの注意がそこにない時、注意を引きつけるた
めに使われます。別の言い方をすると、Can I have your attention?
になります。

Earth to ○○ ! のポイントは、「○○」の部分に必ず、人の名前が入
ることです。you/ him/ her といった代名詞が入ることはなく、常に
Chris/ Mark/ Clare のように人の名前がそのまま入ります。

カジュアルな表現で親しい間柄の家族や友人などに使われるユーモラ
スなフレーズです。

Hello. も呼びかけとして使えるよ。

全力を尽くそう。

Let's pull out all the stops.

【使い方例】

This will be the last time we'll see her for a year.
彼女にはもう1年間くらい会えないんだよね。

Okay, let's pull out all the stops and throw a party for her.
そうだね、できる限りのことしてあげたいよね、彼女のためのパーティーをしようよ。

【解説】

pull out all the stops = make a great effort　つまり、「何かを成功させるために、最大限の努力をする」という意味です。

由来は教会にある大きなパイプオルガンから来ています。オルガンの音を止めている全てのストップ（all stops）を引き抜く（pull out）ことで、全ての種類の音を最大音量で鳴り響かせることができることから、「やれることは全部やる」「最大限の努力をする」という意味になったのです。

117

あなたならできる！
You got this!

【使い方例】

I know I've been trying for years to lose weight but this year I'm going to do it.
ずっと減量しようとしているんだけど、今年こそは実現させるぞ。

You got this! And to help you let's do it together.
あなたならできるよ。サポートするために一緒にやろうか。

Wow, amazing thanks!
いいね、ありがと!

【解説】

You got this! = You can do it! で、相手を勇気付ける意味合いで「あなたはできると信じている」と言いたい時に使います。

You got this! の方が You can do it! よりも力強く、エネルギッシュな表現です。「私たちならできる！」と言いたい時は、We got this! と言えます。

118

一日一日を着実に。

Take it one day at a time.

【使い方例】

I've been learning English for a year now but I don't feel like I'm making any progress.
もう1年も英語の勉強しているけど、上達している気がしないんだよ。

Don't get too stressed just take it one day at a time.
焦らないで、一日一日を着実にね。

【解説】

Take it one day at a time. は、「心配するのではなく、将来の計画を立て、起こることを受け入れ一日一日を着実に過ごしていく」「目の前のことを一つ一つ着実に乗り越える」という意味合いのひと言です。似ている響きの Let it be. との違いは何でしょうか？イギリス人曰く、Let it be. = passive で、文字通り「あるがままをただ受け入れる」という受け身な意味になりますが、Take it one day at a time. はそこまで受け身な姿勢ではなく、どちらかと言うと 能動的に毎日を着実に過ごすというニュアンスになるのだそうです。このフレーズは口語としても文語としてもどちらでも使えるフレーズです。

正しい選択だね！

Good call!

【使い方例】

> I wasn't sure whether you'd prefer wine or
> champagne so I brought both.
> ワインとシャンパンどっちが好きか分からなかったから、両方持ってきたよ。

>> Good call! Let's start with the champagne and
>> then move onto the wine.
>> いいね！シャンパンから始めてワインに行こう！

【解説】

call と聞くと、「電話」「呼び出し」「叫び声」「立ち寄ること」などの
意味がありますが、このフレーズにおける call は、「決断・判断・選択」
という意味で使われています。よって Good call! で、「いい考えだ
ね！」「名案！」「正しい選択だね！」、誰かのしたことや言ったこと
に対して「いいね！」という意味になります。このフレーズの由来は、
おそらく何かのスポーツ（クリケット）で審判が使ったことから来て
いるのでは、と言われています。

わがまま言わないの！

Stop whinging!

【使い方例】

> Can I have this easter egg, can I?
> このイースターエッグ欲しいよ、買って、買って。

>> Stop whinging! You've already got a big one at
>> home.
>> わがまま言うのやめなさい！もう大きいやつが1つ家にあるでしょ。

> But I want another one!
> でももう1個欲しいんだもん！

【解説】

Stop whinging. = Stop complaining. です。whinge は、名詞では「不平、愚痴」で、動詞では「不平を言う、口をこぼす、泣き言を言う、苦情を言う、文句を言う」という意味合いです。

お店で子供が何かを買って欲しいと駄々をこねている時、「わがまま言うのやめなさい！」と親が言うと思いますが、その時に使われるのがこのフレーズです。

121

それは大変だったね。

That was full-on.

【使い方例】

> I had to have four rounds of the interviews to get the job.
> 仕事を得るまでに4回も面接を受けなくてはならなかったんだ。

> Wow, that was full-on. Just as well you got the job.
> それは大変だったね。職に就けて良かったね。

【解説】

full-on = very intense つまり、とてもハードで極限に達しているという状態を指し、人に対して使う時はその人がとても情熱的（通常迷惑な感じ）になっている、という意味になります。

「とてもハードな1日だった」と言いたい時は、I've had a full-on day. と言います。

今度ロンドン来る時、連絡してね。

Give me a shout when you are next in London.

【使い方例】

It's a shame we haven't had much time to talk.
あんまり話す時間なくて残念だね。

Yeah, give me a shout when you are in London.
そうだね、次またロンドン来る時は連絡してよ。

Well, I'm back in the summer. I'll drop you a line then.
夏には来るよ、その時は連絡するね。

【解説】

　このフレーズのポイントは2つです。

　1つ目は Give me a shout.「声かけてね」「連絡してね」というカジュアルに使えるフレーズです。「○○したら、言ってね / 声かけてね」という意味合いで使うことができ、使い勝手がいい表現です。

　2つ目のポイントは、「次にロンドンに来る時は」＝ When you are next in London. です。London の部分を変えて自分の住んでいる国や都市名を入れてみましょう。

　例えばこんな感じです。

　Give me a shout when you are next in Tokyo.（今度東京来る時、連絡してね）

よくやったね！

Give yourself a pat on the back.

【使い方例】

I came top of my class in maths.
数学、クラスで一番を取ったよ。

Give yourself a pat on the back.
よくやったね。

Are you gonna give me any extra pocket money?
お小遣い追加でもらえる?

【解説】

Give yourself a pat on the back. を訳すと「自分で自分の背中を軽く叩く」になります。確かに、誰かを称賛するために声をかける時、相手の肩や背中を軽くポンと叩くので、そのイメージから来ているフレーズなのでしょう。

You did well. や You've done well. が一番近い意味のフレーズになります。

124

気のせいだよ。

It's all in your head.

【使い方例】

I really think Chris doesn't like me.
私、クリスに嫌われているんじゃないかって思うんだよね。

I can assure you it's all in your head. He told me yesterday how much he respects you.
気のせいだって保証するよ。彼、昨日どれだけあなたのことを尊敬しているか私に教えてくれたよ。

Well, that's a relief to hear.
そうなんだ、ほっとしたよ。

素晴らしい考えだ！

That sounds like a cracking idea.

【使い方例】

It's such a beautiful day, why don't we go to the seaside?

すごくいい天気だね、海辺にでも行かない？

That sounds like a cracking idea!

素晴らしいアイデアだね！

Okay, grab your swimsuit!

オッケー、水着とってきて！

【解説】

That sounds like a cracking idea. = That sounds like a great idea. です。

cracking は、イギリス英語のスラングで、excellent「素晴らしい、すごい、素敵な」を意味します。

いい手だね。

That's a good move!

【使い方例】

Given the current climate, holding cash is not wise.

現在の状況を見ると、現金を持っているって賢明ではないよね。

I know, my friend's bought a classic car with all his spare cash.

そうだね、友達は全ての余っているお金でクラシックカーを買ったよ。

> That's a good move!
> それはいい手だね!

【解説】

That's a good move! = That's a good idea./ That's a good action./
It's a smart action. つまり、「いい考えだね、賢明な行ないだね」と
言いたい時に使えるフレーズです。

That's a good move. はカジュアルな表現なので、親しい間柄の家族・
友人に対して特に会話で使われます。

ちなみに、クラシックカー投資とは、日本ではあまり馴染みがありま
せんが、希少価値の高い車を購入して、値上がりしたら売り、利益を
上げるという、欧米の富裕層の間ではよく知られてい投資手法です。
特にインフレで現金の価値が下がり先行き不透明な市況では、金や絵
画、芸術作品などと同様に注目されます。

127

なんで黙りこんでるの?(なんで何も言わないの?)

Cat got your tongue?

【使い方例】

> Where's the last chocolate biscuit gone?
> 最後のチョコレートクッキーどこ?

> ......

> Cat got your tongue? I guess it's in your tummy
> then.
> なんで何も言わないの?あなたのお腹の中にあるんでしょ。

　誰かがあなたの問いかけに対して何も返事をしない時に使える慣用句
のような言い回しです。

　大人から子供に向けて使うのが一般的なので、フォーマルなシーンで
は使われません。

　もしも大人同士で使う場合は、本当に仲の良い家族や友人に半分冗談、
軽い状況な時に使いましょう！

128

私がついてるよ。

I've got your back.

【使い方例】

This is the first time I'm swimming without my float.
I'm nervous.
浮き輪なしで泳ぐの初めてなんだよね。緊張してる。

Don't worry, I've got your back. If you look like
you're drowning I'll dive in and save you.
心配しないで、私が見てるから。溺れているように見えたら、すぐに飛び
込んで助けるよ。

Cheers mate.
ありがとう。

【解説】

　I've got your back. = I'm looking out for you. つまり、「（あなた
が危ないことに巻き込まれないように）あなたの面倒を見るよ」とい
う意味です。

これで大丈夫。
Bob's your uncle.

【使い方例】

I've burnt my saucepan!
シチュー鍋焦がしちゃった。

Don't worry, just boil some white vinegar and water for 20 minutes, and Bob's your uncle, the pan will be clean again.
心配しないで、白酢と水を入れて 20 分沸騰させれば、はいおしまい、鍋は元通りきれいになってるよ。

Wow, thanks!
そうなんだ、ありがとう!

【解説】

何かを説明する際に最後につけて、「これで大丈夫」「ほら簡単」と、何かをすることは簡単だと言いたい時に使えるフレーズです。Da-dah.（ジャジャーン）や Hey presto.（ほらね、うまくいった）、There you go.（はいどうぞ）も同じような意味合いで用いることができます。

130

ついにやったね！
We got there in the end!

【使い方例】

> Yay, finally we did it!
> とうとううまくいったね!

> We got there in the end! It was hard, but I think it was worth it.
> ついにやり遂げたよ! 大変だったけど、報われたね。

【解説】

> We got there in the end! は、「大変だったけど、最終的には何とかうまくいった」「遂にやったね」という意味のフレーズです。
> get there が「目的を達する、成功する」という意味なので、got there で「目的を達した、成功した」=「やった!」という意味になります。in the end は「とうとう、ついに」という意味です。

131

連絡取り合おうね!

Let's keep in touch!

【使い方例】

> It was lovely to meet up again after so many years.
> 久しぶりにまた会えて本当に良かったよ!

> Yes, let's keep in touch!
> そうだね、連絡取り合おうね!

> Definitely. I'll drop you a line.
> もちろん。また連絡するよ。

イギリス人は stay in touch ではなく、keep in touch を使うよ。

元気出して！
Chin up!

【使い方例】

> I just tripped and spilt our dinner on the floor !
> つまづいて、ディナーを床にこぼしちゃった！

>> Chin up! Luckily, I washed the floor this afternoon.
>> 落ち込まないで! 幸運なことに今日の午後、床を掃除したばっかりだから（食べ物はキレイだよ）。

【解説】

Chin up! は、「気持ちを落とさず、うつむかず、肯定的な気持ち・元気な状態でいてね」という意味のフレーズです。Keep your chin up! が正式なフレーズです。

Don't worry. や Don't be upset. がほぼ同じ意味のフレーズになります。

落ち着いて！
Keep your hair on!

【使い方例】

> I can't believe he's just overtook and cut in front of me.
> 彼、私（の車）を追い越して、前に割り込んできたんだ、信じられない。

>> Keep your hair on!
>> 落ち着いて!

> Easy for you to say! I'm the one who is driving.
> あなたには分からないんだよ。私が運転してるんだから。

怒ると髪の毛が逆立ったり乱れるので、「髪の毛を on（きちんとした
状態）にしておく」=「怒ってない状態」というイメージから、stop
being angry/ stop panicking「怒るのをやめて、パニックにならな
いで」という意味になります。

このフレーズはカジュアルな表現なので、親しい間柄の友人・家族・
同僚に対して使うのが一般的です。

134

たまげた！

It blew my socks off!

【使い方例】

You play the violin like a professional！
プロみたいにバイオリンを弾くね！

So you liked the piece I just played then?
今弾いた曲、気に入った？

It blew my socks off!
たまげたよ！

【解説】

It blew my socks off! = It amazed me! つまり、「とても驚かされた」
という意味合いです。

135

それは素晴らしい。

That's music to my ears.

【使い方例】

> I'm gonna bake a cake for when you come round tomorrow. Do you have any allergies?
> 明日あなたが来るからケーキ焼いておくよ。何かアレルギーある？

> Nope, I eat everything.
> ないよ、なんでも食べれる。

> That's music to my ears. So often people have an allergy these days.
> それは素晴らしい。最近はアレルギーある人増えてるからね。

【解説】

That's music to my ears. は直訳すると、「私の耳への音楽」＝「私の耳にとって心地良いもの」となり、そのイメージから「素晴らしい」「いいね」「それは嬉しい」という意味合いになります。

I'm very happy to hear that. や That's good to hear. と同じ意味ですが、That's music to my ears. の方がより嬉しさの度合いが高いです。

136

まさにその通り。

You've hit the nail on the head.

【使い方例】

> I couldn't figure it out but you've hit the nail on the head. Now it's obvious what the solution is.
> 私には解決できなかったけど、あなたの言う通りだね。どうやったら解決できるか明らかになったよ。

> Glad I could help!
> 助けになれたようなら嬉しいよ。

【解説】

hit the nail on the head は直訳すると、「釘の頭を正確に叩く」に
なります。釘を打つ時、釘の頭を正確に打たないと、釘が曲がって真っ
直ぐに刺さりませんよね。そのことから、You've hit the nail on the
head. = You've identify the cause of the problem.「問題や状況の
ポイントを正確に捉える」というニュアンスなんですね。

137

大変な日だったね。

It hasn't been your day, has it?

【使い方例】

> I can't believe the day I've had. First, I overslept
> and was late for work, then I missed my return
> train and then I got caught in a downpour.
> 今日は信じられない日だった。まず寝坊して会社に遅刻して、帰りの電車
> 逃して、土砂降りにあったんだ。

>> It hasn't been your day, has it?
>> 大変な日だったね。

> Hell no, tomorrow has to be better!
> 最悪だったよ、明日が良い日になるといいな!

138

そうですよね!

You're telling me!

【使い方例】

> Excuse me but how long have you been waiting
> for a bus?
> すみません、どのくらいバスを待っていますか?

About 20 minutes. They don't run enough buses on this route.
20 分くらいよ。便数が少ないのよね。

You're telling me! I always have to wait more than 20 minutes for one.
ですよね！私もいつも 20 分以上は待たないといけないんです。

【解説】

You're telling me! = I completely agree! で、つまり、「何かネガティブな発言に対して、完全に同意だ」と言いたい時に使うフレーズです。ネガティブなことに対して同意を示す時のみに使うので注意しましょう。ポイントは、発音する時に語尾を上げることです。

139

しっかり！

Give it some welly!

【使い方例】

I can't move this big stone, it's stuck!
この大きな石動かせないや、もうお手上げだ！

I remember moving it a couple of years ago, so you can. Give it some welly!
数年前に動かせたよ、だから動かせるよ。もっと力入れてやってみて！

Ouf! Job done!
よいしょ！動いた！

【解説】

Give it some welly! は、「しっかり！力を入れて！」という意味合いで、大抵の場合叫びながら、肉体的・物理的にに頑張れとハッパをかける時に使われます。Give it your best shot! という同じ意味のフレー

ズがあります。

Welly とは、1800 年代にウェリントン公爵が靴屋さんに作らせた愛
用していたという革靴 Wellington boot（ウェリントンブーツ）の愛
称です。現在のウェリントンブーツの有名なブランドには Hunter が
あります。

Keep going! や Don't give up! の意味でも使われるよ。

140

好きにすればいいよ。

Whatever floats your boat.

【使い方例】

I think I'll try the haggis. It's not often you find it on a menu.

ハギス食べてみようと思う。あまりレストランのメニューに載ってることない
から。

Whatever floats your boat. Given I'm a vegetarian, I'm not going to join you.

好きにすればいいよ。私はベジタリアンだから食べないけどね。

【解説】

Whatever floats your boat. = Do whatever makes you happy. つ
まり、「自分が好きなようにやればいいよ」という意味です。
float one's boat で「(人の) 興味をひく」なので、Whatever floats
your boat. 「あなたの興味を引くなら何でも」→「何でも好きなよう
にすればいいよ」というニュアンスになるのです。このフレーズはネ
ガティブに聞こえるかもしれませんが、基本的にはポジティブな文脈
で使われるフレーズです。

141

その話には触れたくない。

I don't want to go there.

【使い方例】

Are you okay? What happened in the meeting?
大丈夫? 打合せで何かあったの?

I am okay. She's got a problem with her junior colleague.
私は大丈夫。彼女の部下に問題があるようなんだよ。

Tell me about it?
どういうこと?

I don't want to go there right now.
今はその話はしたくないんだ。

【解説】

I don't want to go there. = I don't want to talk/think abou it.
ネガティブな響きで「あることに対して話したくない、考えたくない」
というニュアンスです。

142

心が折れた。

I've lost the will to live.

【使い方例】

How did the presentation go?
発表どうだった?

> It didn't go well. I've lost the will to live.
> あまりうまく行かなかったよ。心折れた。

【解説】

直訳すると「生きる意志を無くした、生きる気力を失った」ですが、日本語の口語表現のニュアンスに一番近いのが「心折れた」になります。あまり声のトーンを落として言うと重苦しい雰囲気になってしまうので、少し軽めの感覚で冗談ぽく使うのがコツです。

143

気になる。

I can't let it go.

【使い方例】

> Actually, I wanted to talk about ...... Never mind.
> Forget about it.
> 実は話したいことがあったんだけど…やっぱり気にしないで。忘れて。

> What is it? I can't let it go.
> 何のこと？気になる。

【解説】

I can't let it go. 「どこかにやることができない」から、「受け流すことができない」「気になる」という意味になります。

144

悪気はなかった。

I didn't do it on purpose.

【解説】

同様の意味の表現として、I didn't mean to do it./ Oops. などがあります。文脈によって、I'm sorry. でも通じるでしょう。

また行ってもいいな。

I wouldn't mind going again.

【使い方例】

> Have you been to Florence?
> フィレンツェに行ったことある？

> Yes, I have been there. I wouldn't mind going again.
> うん、あるよ。また行ってもいいかなって思ってる。

【解説】

I wouldn't mind going again. で I'd like to go again./ It would be worth going again. という意味になります。他にも、I wouldn't mind that job.（その仕事興味あるな）のような使い方もできます。

幸先がよくない。

It doesn't bode well.

【解説】

It doesn't bode well. = It doesn't look good. で、It は future を指します。「幸先が良い」「先が明るい」と言いたい時は It bodes well./ Future looks bright/rosy. と表現するのが一般的です。

実感が湧かない。

It doesn't feel real.

It doesn't feel real. = It feels surreal. だよ。

まあまあだよ。

Can't complain.

【使い方例】

Are you alright?
元気にやってる？

Can't complain, and you?
まあまあだよ。元気？

Not too bad.
ぼちぼちかな。

【解説】

Can't complain. で「文句は言えない」＝「まあまあ」というニュアンスになります。

ちなみに、「元気？（How are you?）」と聞かれた時の返答パターンはたくさんありますが、参考までに一部を紹介します。

I'm good./ I'm doing good.（調子いいよ）

All right.（順調だよ）

I'm okay./ I'm doing okay.（まあまあだよ）

Not bad.（悪くないよ）

Not too bad.（ぼちぼちだよ）

ちょっと面倒くさい。

It's a bit of a hassle.

【使い方例】

Can you do me a favour?
お願いしてもいいですか？

> Sure. What can I do for you?
> もちろん。何でしょうか？

> Can you please draft the documents for the meeting?
> 会議用の資料作成をお願いできますか？

> It's a bit of a hassle, but I'm on it.
> ちょっと面倒ですが、すぐに取りかかります。

【解説】

イギリス人が「面倒くさい」と言いたい時、hassle「困ったこと」を使うことが多いです。

ちなみに、私たち日本人に馴染みのある「ハッスル」は、「精力的な活動、頑張ること」は hustle ですので、hassle とは別の単語です。

150

やる気が出ない。

I can't be bothered.

「やる気が出ない」は、以下のような言い方もできるよ。
It's too much hassle.
It's too much effort.
I'm not up for it.
I haven't got the will to do it.

151

はぁ、良かった。

Thank goodness!

Bloody hell! I deleted the file by mistake. It took us more than 3 hours to make.
なんてこった！間違ってファイル消しちゃった。3時間以上かけて作ったのに。

Don't worry. I saved it on my laptop.
大丈夫だよ。私のノートパソコンに保管してあるから。

Phew. Thank goodness! I owe you one.
ふー。はぁ、良かった！ありがとう。

152

我を失った。

I lost it.

【使い方例】

I was standing in the queue for hours.
数時間、列に並んだんだよ。

Wow, that must have been hard.
それは大変だったでしょ。

By the time I got to the shop, I lost it.
店に入れた時、我を失っちゃったよ。

【解説】

感情のコントロールを失うイメージです。文脈によってポジティブ、ネガティブどちらのニュアンスにもなりえます。

153

かわいそうに。

You poor thing.

【使い方例】

> I couldn't sleep very well last night.
> 昨晩よく眠れなかったんだよね。

>> You poor thing.
>> かわいそうに。

> I'm going to have a nap.
> 昼寝するよ。

154

そんなことありえる!?

For goodness' sake!

【解説】

For goodness' sake には、frustrated（イライラする）と angry（怒る）が半分ずつ含まれているニュアンスで、How annoying. に近い表現です。なお、誰かに何かを言う時に For goodness' sake を一緒に使うことで、「お願いだから」「頼むから」という懇願する感じで用いられることもあります。例えばこんな感じです。

For goodness' sake, stop crying.（お願いだから、泣くのをやめてくれ！）

For goodness' sake, get off the computer! You've been on it all day long.（お願いだから、パソコンするのやめて！一日中やってるよ）

ちなみに、この goodness は God から来ているので For God's sake! と言うこともできますが、For goodness sake! よりも強い響きになるので、使う時は注意しましょう。

155

だといいなぁ。

Here's hoping.

I studied really hard for my exam.
試験のために一生懸命勉強したよ。

Well, in that case, you don't have anything to worry about. You should get top marks.
それなら、もう何も心配することないよ。いい点とるよ。

Here's hoping.
だといいなぁ。

Here's hoping. = Fingers crossed. だよ。

156

不思議だ。

Go figure.

【使い方例】

Jane broke up with Mike.
マイク、ジェーンと別れたらしいよ。

Really? They were very close.
本当?あんなに仲良かったのに。

Go figure.
不思議だね。

157

なんか違和感がある。

It doesn't feel right.

【解説】

It doesn't feel right. = It feels wrong. です。理由をはっきりと説明はできないけど感覚的に何か違う、腑に落ちないと感じる時に使える表現です。

It just doesn't feel right. （全然違う気がする）

Something doesn't feel right. （何かがしっくりこない）

I understood what she said but it didn't feel right. （彼女の言ったことは理解できたけど、なんかしっくりこなかった）

158

ものすごくびっくりした。

I was horrified.

【使い方例】

> My first culture lesson after moving to Japan was not to stick my chopsticks in my bowl of cooked rice.
> 日本に引っ越してから最初に日本文化について学んだのは、箸をご飯茶碗の中のご飯に突き立ててはいけないということだったんだ。

>> Wow, what was the reaction of the people you were with?
>> ご飯に箸を突き立てた時、一緒にいた人たちはどんな反応だったの？

> They were absolutely horrified. I will never ever do it again.
> 彼らはものすごくびっくりしていたよ。もう二度とやらないよ。

【解説】

ネガティブなショックや驚きの時だけに使える表現です。

159

ありえない！

That's mad!

> Did you go for a walk in the snow today?
> 今日、雪の中、散歩したの?

> Yes, I had a lovely walk, but I saw a guy taking his walk in his summer shorts.
> したよ、最高だった。でも、半ズボンで散歩している男性を見ちゃったんだ。

> Wow, that's mad!
> えー、ありえないね!

【解説】

mad はアメリカ英語では angry（怒る）という意味で使われますが、イギリス英語では crazy という意味で使われます。

つまり、イギリス英語の場合、mad = crazy であり、It doesn't make sense.（ありえない、やばい、すごい、気が狂った）というニュアンスです。

もう少し具体的にイギリス英語における mad の意味を整理すると 3 つの意味に分けれます。

１）Wow! よりももっと大きな驚きがあった時に使う。

２）「おかしい」と言う時に使う strange/ crazy と同じ意味。

３）想定していたよりも良い意味でも悪い意味でも驚いた時に使う。

総合すると、日本語では「ありえない」「やばい」「すごい」「どうかしてる」「狂ってる」というニュアンスになります。

160

冷静でいられなかった。

My thoughts were all over the place.

【使い方例】

> After losing my father, I couldn't concentrate on anything. My thoughts were all over the place.
> 父親が亡くなった後、何も手につかなかった。冷静でいられなかったんだ。

> > That must've been really hard for you.
> > それは辛かったね。

161

ものすごく悩んだ。

I really struggled with that.

【使い方例】

> You decided to change jobs.
> 転職することにしたんだね。

> > I really struggled with deciding whether to go or stay, but I do need a new challenge.
> > 転職するか会社に残るかすごく悩んだけど、新しい挑戦をしたいんだ。

> I wish you all the best.
> うまくいくといいね！

【解説】

I really struggled with that. = I found that very difficult. です。

なお、何かと何かとのどちらかで悩むと言いたい時、以下のフレーズが使えます。

I'm really struggling to decide whether to A or B.（AにしようかBにしようか本当に悩む）

162

みんな指折り数えて心待ちにしている。

Everyone's counting the days.

count the days = looking forward to です。

以下の例文も見てみましょう。

I'm counting the days till I go on holiday.（次の休暇までの日を指折り数えて楽しみにしてる）

I'm counting the days till I see my girlfriend.（彼女に会える日を指折り数えている）

I'm counting the days till I move to London.（ロンドンに引っ越す日までを数えている）

163

（わめくのはこれで）終わり。

Rant over.

【使い方例】

Rant over.
はい、（グチを言うのはこれで）終わり。

Okay. Now we can talk about something else.
分かった、じゃあ別のこと話せるね。

Yeah I'm finished.
そうだね、もう十分だよ。

【解説】

rant が「わめく」「何かについての不平を感情的に述べる」、over が「終わる」なので、rant over で「わめくの終わり」という意味になります。

164

きっと彼女は朝から機嫌が悪いんだよ。

I bet she woke up on the wrong side of the bed this morning.

ベッドを左側から出るのは縁起が悪いと考えられていたことがこのフレーズの由来らしいよ。

165

そんなに乗り気じゃない。

I can't say I'm that keen.

【使い方例】

> Would you like to try some natto?
> 納豆食べてみなよ。

>> I can't say I'm that keen. It smells awful.
>> そんなに乗り気じゃないな。臭いし。

> Pinch your nose and give it a go.
> 鼻つまんで、試してみなよ。

I can't say I'm that keen. = I can't say I'm that excited about it. だよ。

166

すねるなよ。

Stop sulking.

【使い方例】

> Why the long face?
> どうしたの?

>> Because I wanted an ice cream and you didn't buy one.
>> だって、アイスクリーム欲しかったのに、買ってくれなかったんだもん。

> Stop sulking. I'll buy you one later.
> すねるのやめなさい。後で買ってあげるから。

【解説】

「彼／彼女がすねている」と言いたい時は、He/She is sulking. になります。

167

涙が出てきちゃう。

It makes my eyes water.

【使い方例】

> You look like you are crying. Are you okay?
> 泣いているように見えるけど、大丈夫？

> I've just been peeling onions in the kitchen. It makes my eyes water.
> 玉ねぎの皮むいているからね。涙が出てきちゃうんだよ。

> Try wearing glasses next time.
> 次回は眼鏡かけた方がいいね。

涙がほほをつたって流れることはなく、目にとどまっている状態を指すよ。

168

最悪じゃん。

That's the pits.

【使い方例】

> I've got covid.
> コロナにかかっちゃったんだ。

> That's the pits. Can I bring you anything?
> 最悪だね。何か持ってこうか？

> Thanks, but at the moment I'm not eating anything.
> ありがとう、でも今は何も食べられないんだ。

169

おかしくなりそう。

I feel like I'm going mad.

I'm going mad. = I'm going crazy. = Something is becoming too much. というニュアンスだよ。

170

けっこうキツい！

It's really intense!

【解説】

It's intense! は、大変だが耐えれるし、解決することができるというニュアンスで「キツい」「ハードだ」という意味です。一方、It's too intense! とすると「大変で手に負えない、解決するのが難しい」というニュアンスになります。

「ちょっとキツい」と言いたい時は、It's a bit intense. と表現できます。

日常の場面の他、仕事や学校など幅広い場面で使えるフレーズです。

171

我慢するしかないね。

You just have to put up with it.

【使い方例】

> My husband is always grinding his teeth in his sleep.
> 夫が寝てる時、いつも歯ぎしりするんだよ。

>> That's annoying, but I guess you just have to put up with it.
>> ひどいね、でも我慢するしかないよね。

> Hell no! I go and sleep in the next room.
> ありえない！隣の部屋に行って寝るよ。

【解説】

just have to〜「〜しなければ仕方ない」「とにかく〜するしかない」と、put up with〜「〜を我慢する」で、「我慢するしかない」という意味になります。

なお、状況を受け入れつつ解決しようという意思を表現する場合は、put up with〜の代わりに deal with〜を用います。

You just have to deal with it.（我慢して何とかするしかない）

無理！ありえない！

Hell no!

【使い方例】

> Would you like to try some of this whale meat?
> 鯨肉食べてみる？

>> Hell no! I'd rather go hungry.
>> 無理、お腹空いてた方がまだマシ。

> Suit yourself.
> 好きにすれば。

【解説】

No way! 「まさか！」のスラング的な表現です。

173

ハラハラドキドキするね。

This is a nail-biting moment.

【使い方例】

> The envelope with my exam result has just arrived.
> 入学試験の結果の封筒届いたよ。

> This is a nail-biting moment that will decide your future. Open it.
> あなたの将来を決めるって思うとハラハラドキドキするね。開けてみて。

> Yay! I'm going to Oxford.
> やったー！オックスフォード大学に行けるよ！

【解説】

nail-biting は直訳すると「爪を噛むこと」です。次に何が起こるか分からなという不安がある時やハラハラドキドキしている時に使う表現です。とても興奮するけど、不安でもある、というニュアンスです。
It was a nail-biting experience.（ハラハラドキドキする経験だった）

174

すごく嬉しい。

I'm chuffed.

【解説】

I'm chuffed. = I'm very happy. で、I'm thrilled. とも表現できます。
I'm chuffed to bits. = I'm extremely happy. です。つまり、to bit は「すごく」「とても」という程度を表します。スラングではありませんが、カジュアルに使えるフレーズです。

うわっ！；えっー！；やばい！

Yikes!

【使い方例】

> Our train leaves in 5 minutes. We'd better run.
> 電車あと5分で出発しちゃうよ。走らなきゃ。

> Yikes! I didn't realise the time.
> えっ、もうそんな時間なの。

> Let's go!
> 行こう!

【解説】

Yikes! は、驚いた時や注意を促したい時に使われるスラングです。
以下の例文も見てみましょう。

Yikes! I've gotta go.（やば！もう行かないと！）

Yikes! I didn't realise my portion would be so big.（うわ！こんなに（料理の）量が多いと思わなかった！）

本当に助かった。

That's a godsend.

【使い方例】

> I was really struggling before I found my new PA.
> 新しい秘書の人が来てくれるまで辛かったよ。

> Yes, I remember. I hope she is helping you a lot.
> そうだったね、覚えてるよ。彼女が力になっていればいいね。

> Yes, she is a godsend. I'm feeling much less stressed these days.
> 彼女には本当に感謝だよ。ストレスがすごく減ってる感じがするよ。

【解説】

godsend は、神の祝福や恩恵を意味し、何かあなたのとても役に立つもの、何かにとても感謝することを指します。

That's a blessing. という言い方もありますが、宗教的な色合いが強く少し古臭い表現になるので、最近では That's a godsend. がよく使われるようです。

〇〇 is a godsend. をひとつの型として覚えてしまうといいでしょう。

You are a godsend.（本当に助かったよ）

This app is a godsend.（このアプリは本当に便利だ）

Having air conditioning in a very hot country is a godsend.（とても暑い国におけるエアコンは、神の恵みだ）

177

元気づけられる。

It's invigorating.

【使い方例】

> My favourite season is winter.
> 冬が一番好きなんだ。

> Me too. I love feeling the cold air against my face.
> 私も。顔に吹き付けてくる冷たい風が心地いいよね。

> Yes, it's wonderfully invigorating.
> そうだね、活力が湧いてくるよね。

It's invigorating. = It's energising. = It's refreshing. です。

この３つは同じ意味合いではありますが、It's invigorating. が一番

パワフルなフレーズです。

パワフルな順にフレーズを並べると、以下のようになります。

It's invigorating.（元気づける、激励する）

It's energising.（エネルギーを与える。元気づける）

It's refreshing.（元気を回復させる。気分をすっきりさせる）

178

マジで死にそう。

I'm literally dying.

【使い方例】

> Hurry up. We're gonna miss the bus.
> 急いで、バス乗れなくなっちゃうよ。

> I can't run any faster. I'm literally dying.
> これ以上早く走れないよ。もうマジで死にそう。

> Okay, see you in the next life.
> オッケー、じゃあ次の人生で会おう。

【解説】

literally の意味は、「文字通り」「そっくりそのまま」ですが、若者言葉として「本当に」「マジで」「ガチで」「リアルに」という意味でも使われます。

この literally は actually と同様に、後ろに来る言葉を大げさに強調します。

I'm literally melting.（暑くてマジで溶けそう）

I'm literally dying of thirst.（死ぬほど喉渇いた）

（嬉しくて）めっちゃテンション上がってる！

I'm on a high!

【使い方例】

You look happy. What's up?
嬉しそうだね。何かあったの？

I've got an amazing new job. I'm on a high!
素晴らしい仕事につけてさ。（嬉しくて）めっちゃテンション上がってる！

Good for you.
良かったね。

【解説】

何か良いことが起こってとても嬉しい状態の時に用いるフレーズで、
I'm on a high. ＝ I'm very happy. です。

それちょっとひどくない？

That's a bit harsh.

【使い方例】

I don't think you're very good at drawing.
絵あんまり上手じゃないね。

That's a bit harsh. I'm much better than you.
それってちょっとひどいんじゃない。私の方がずっと上手よ。

Let's ask our mum to pick her favourite picture.
母さんにどっちの絵が好きか聞いてみよう。

【解説】

harsh = too strong, a bit hurtful（強すぎて、ちょっと傷つけたり、苦痛を与えたりする）です。

例えば、誰かに何かを言われた時、それが批判だと受け止めた時に用いられます。

harsh の使い方を簡単にまとめると以下になります。

・That sounds a bit harsh.（それはちょっと傷つくかも）← That's a bit harsh. よりも少しソフトな言い方。

・That's a bit harsh.（それはちょっと傷つく）←イギリス人は物事をソフトに言いたいので、a bit を付けることが多いです。

・That's harsh.（ひどいよ）← That's a bit harsh. よりも直接的な言い方。

・Harsh!（ひどい！）←親しい間柄の人であれば、率直に Harsh! だけでも OK。

子どもの頃を思い出すなぁ。

It took me right back to my childhood.

【解説】

to my childhood の部分を変えると応用ができます。

It took me right back to my school days.（学生時代を思い出した）

It took me right back to my university days.（大学時代が懐かしいなぁ）

もちろんシンプルに It brings back memories.（懐かしいなぁ）のみでも使えます。他にも It's a trip down memory lane. という表現もあります。

「懐かしい」にはいくつかの言い回しがありますが、このフレーズは強く記憶に残っているものを思い出した時に使える表現です。

うん、すごく！
Yeah, big time!

【使い方例】

Are you into Coldplay?
コールドプレイにハマってるの?

Yeah, big time!
うん、すごく!

Great. Let's go and see them in concert.
いいね、コンサート行こう!

【解説】

big time は直訳すると「大きな時間」ですが、very much や to a great degree/extent「とても」という意味で用いられます。

つまり、何かを強調したい時、very much や a lot を用いるような感覚で big time を用いるのです。

この Big time! は Absolutely. に似ています。Absolutely. よりももっと enthusiasm（熱意・熱量）を含む表現です。なので、「(体験、活動、場所など)何かに熱中している？」「ハマってる？」と聞かれた時に、Yeah, big time! を使うことが多いです。

しかし、Do you like him?（彼のこと好き？）のように、人に対して聞かれた場合、Yeah, big time! とは答えません。

なお、ネガティブなニュアンスでも使うことができます。例えば、以下のような場合です。

A：How is the maths study going?（数学の勉強どう？）

B：Slowly, I'm struggling big time.（なかなか進まなくて、かなり苦戦してる）

big-time は、「一流の」「トップレベルの」「大きな」という意味の形容詞でもあるよ。

めちゃくちゃ驚いた！

I was gobsmacked.

【使い方例】

> I was gobsmacked when my best friend from secondary school suddenly turned up on my doorstep.
> 高校時代の親友が急に訪ねてきて、ものすごく驚いたんだよ。

> Wow, after 30 years you recognised each other?
> えっ！30年ぶりに会ってお互い分かったの？

> Just about. Luckily his big nose still looks the same.
> ギリギリね。ラッキーなことに彼の大きな鼻は変わってなかったから。

gobsmacked = very very surprised という意味だよ。

やばい！

It's mental!

【使い方例】

> I like your new car!
> 新車いいね！

> It's mental! My friend sold it to me for 500 pounds.
> ありえないんだけど、友達が 500 ポンドで売ってくれたんだ。

> Amazing for a car that looks like it is in such good condition.
> すごいね、そんないい状態に見える車が 500 ポンドだなんて。

【解説】

It's mental = It's mad. = It's crazy.「狂っている、正気ではない」という意味です。

特に、It's mad. と It's mental. は、イギリス英語特有の表現ですが、It's mental. は若者を中心によく使われるフレーズです。

「やばい！」という意味で、ポジティブな使い方もネガティブな使い方もできる言い回しです。

185

悪い予感がした。

The writing was on the wall.

【使い方例】

> Have you heard Chris and Ann got divorced?
> クリスとアンが離婚したって聞いた？

> No, but the writing was on the wall. They were always arguing.
> いや聞いてなかった、でもよくない兆しはあったよね。彼らいつも口論してたから。

【解説】

状況がネガティブに変わることに気づいていた時やその兆しを感じた時に使う言い回しです。

そもそも、なぜ The writing is on the wall. で「悪い予感がする」、「不吉な兆しがする」という意味になるのでしょうか？その由来は、『旧

約聖書』の「ダニエル書第5章」にあります。ある時、バビロンの王、ベルシャザールが宴をしていると、空中から奇妙な手が現れ、壁に意味不明な文字（handwriting）を書いたのだそうです。預言者ダニエルは、その文字の意味を国の分断と王の死の訪れと解釈し、事実、その後その通りになったことから、このイディオムは良いことの兆しではなく、悪いことの前兆に使われるようになったと言われています（アメリカ英語では、The handwriting is on the wall. とも言います）。その様子を表したレンブラントによる絵画『ベルシャザールの饗宴』が、ロンドンのナショナル・ギャラリーに所蔵されています。

なお、The writing is on the wall. は、過去形で使われることが多いです。

186

まあいいか。

Hey ho.

【使い方例】

> I drank a cup of coffee last night and couldn't sleep.
> 昨晩コーヒー飲んだら、寝れなくなっちゃった。

>> Well, that was a silly thing to do.
>> それはやっちゃったね。

> I needed the caffeine hit last night, but had to sacrifice my night's sleep. Hey ho.
> 昨晩はカフェインの力が必要だったんだ、でも代わりに睡眠が犠牲になっちゃった。まあ仕方ないか。

【解説】

Hey ho. は、否定的な状況を観念して受け入れなければいけない時、何かを選ぶしかない時に用いられるフレーズです。

Oh well. や It is what is is. は同じニュアンスのフレーズです。

もうダメだ。

I'm at the end of my tether.

【使い方例】

I can't get my baby to stop crying. I'm at the end of my tether.
この子全然泣き止まない。もう我慢の限界。

Here give me the baby and go out for a walk or a coffee.
私に預けて、散歩かコーヒーでも飲みに行ったら。

Thank you. You are a godsend.
ありがとう。本当に助かる。

【解説】

at the end of one's tether は、ストレスがかかって、もう気力や忍耐力が残っていない状態を指します。フレーズの由来は「自分を助けるために投げ込まれたロープが短くて届かない」「ロープで繋がれている動物がそれ以上前に進めない様子から」などがあるようです。

なお、I'm at the end of my tether. はイギリス英語で、アメリカ英語では I'm at the end of my rope. になります。

元々はアメリカで生まれた表現ですが、それがイギリスに来た時に、rope が tether になったようです。

がっかりだ。

It's a real bummer.

【使い方例】

It's a real bummer there are so few buses today.
今日はバスが少なくて困っちゃうな。

> I think they are running a Sunday service.
> 日曜日の運行サービスだからじゃないかな。

> Ah, that would explain it!
> あっ、そういうことか！

【解説】

It's a real bummer. = It's a real problem. = It's a real pain. = It's a shame.「残念だ」「がっかりだ」「参ったな」という意味です。

It's a real bummer. は、最もカジュアルな言い回し（スラング）なので、親しい間柄の人に使います。

189

とても嬉しかった。

That made my day.

【使い方例】

> A childhood friend of mine who I hadn't spoken to for years rang me today.
> 何年も話してなかった子供の頃の友達が今日電話してきたんだ。

> That must have been a nice surprise.
> それは良いサプライズだったね。

> Yes, that made my day.
> うん、とても嬉しかったよ。

【解説】

That made my day. は何かによって自分がとても幸せな気持ちになった時に使うフレーズです。

例えば、誰かの一言やプレゼントなどによって、自分が幸せな気持ちになった時は、That を You に変えて、You made my day.「あなた

のおかげで幸せな気持ちになった。本当に嬉しかった。ありがとう」
というふうに使います。

このフレーズは、ビジネス・フォーマルでも、カジュアル（親しい間
柄の友人や家族）でも、比較的どんな場面でも使える中立的な言い回
しです。

190 ━━━━━━━━━━━━━━━━━━━━━━━━━━━

気まずい。

Awks.

【使い方例】

> I bumped into my ex last night.
> 昨晩、元彼と偶然会っちゃったんだよね。

>> Awks.
>> 気まずいね。

> My god, yeah!
> 分かる。

【解説】

Awks（オークス）は、awkwardの略語です。ある状況にストレスを
感じている時や、どう対応していいか分からない時に使われます。
特に若者を中心にメッセージアプリや会話などでよく使われます。

191 ━━━━━━━━━━━━━━━━━━━━━

楽勝だよ。

Easy-peasy.

【使い方例】

> How were the exam questions?
> 試験の問題どうだった？

> Easy-peasy, no worries.
> めっちゃ簡単だった。できたよ。

> That's because you studied very hard.
> 一生懸命勉強したからだよ。

【解説】

イギリスで使われるカジュアルな言い回しで、どちらかというと、大人よりも子供が使うフレーズです。peasy には特に意味はありません。easy と peasy が韻を踏んでいて、リズミカルで言いやすいので、こういうフレーズになったと考えられます。

なお、同様の意味で、Easy peasy Japanesey.、Easy peasy lemon squeezy. というのもあります。

192

グッときた。

It really resonated with me.

【使い方例】

> I loved reading that book, because her life story is really similar to mine.
> あの本、本当に良かったよ。彼女の人生、私の人生に似ているから。

> I thought you might enjoy it. That's why I bought it for you.
> 気に入ってもらえると思ってたよ。だから君に買ったんだ。

> Thanks, it really resonated with me.
> ありがとう、本当にグッときたよ。

【解説】

It resonated with me. は、心の奥底で深く何かに対して感動する、共鳴するという意味合いです。It touched me. とも言い変えられます。

ちなみに、ここで resonate（共鳴）と empathy（共感）との違いを見てみましょう。

empathy は「他人の状況を理解する（understanding their situation）」ですが、resonate は「他人の状況に心を動かされる（being moved by situation）」という意味の違いがあります。

193

その話はもういいよ。

Don't keep banging on about it.

【使い方例】

> You really need to go and see the dentist.
> You've had this toothache for ages.
> 歯医者に行って診てもらった方がいいよ。ずっと歯が痛いって言ってるじゃない。

> Don't keep banging on about it. You know I hate going to the dentist.
> そんなにしつこく言わないでよ。私が歯医者が嫌いって知ってるでしょ。

【解説】

bang on は、相手が飽きてきているのに、自分が興味あることを長く繰り返し話し続ける、という意味です。

肯定文の例も見てみましょう。

She is always banging on about her vegan diet.（彼女はいつも自分の菜食についてしつこく話してくる）

194

彼は腹を立てた。

He threw his toys out of the pram.

【使い方例】

I think John is very stressed right now.
ジョンは今ストレスでいっぱいだろうね。

Yeah, he lost it and threw his toys out of the pram.
そうだね、我を失ってヒステリックになってたね。

Yeah, sounds like he needs a holiday.
だね、休暇が必要だろうね。

【解説】

throw one's toy out of the pram を直訳すると、「ベビーカーから おもちゃを投げ捨てる」という意味合いであり、まさに幼児が機嫌を 損ねて、おもちゃをベビーカーからポンポン投げ出しているイメージ になります。

口語として使われる言い回しで、子供に使われるというよりも大人に 対して用いられる表現です。

195

安心感を与えてくれる。

It gives me peace of mind.

【使い方例】

I always save a hundred pounds a month.
私毎月 100 ポンド貯金してるんだ。

Why do you do that?
なんでしているの?

It gives me peace of mind for the future.
安心感を与えてくれるんだよね。

【解説】

It gives me peace of mind. = It makes me feel safe/calm/relax. = It takes away my worry. です。

心配な気持ちがなくなり、安心し、落ち着いて、リラックスしている状態を指します。

主語を変えて使うと、以下のようになります。

Doing yoga every day gives me peace of mind. （ヨガを毎日すると落ち着くんだよね）

196

最高の休暇だった。

It was the mother of all holidays.

【使い方例】

How was your holiday?
休暇どうだった？

Considering we hadn't been away for such a long time, we made sure it was the mother of all holidays.
長い間旅行してなかったので、最高の休暇だったよ。

I guess you'll be going back there then.
またそこに行きそうだね。

【解説】

the mother of all something は、「一番印象的」「一番大きい」「今までで最高」「今までで最低」など、「何か極端なもの」を指す時に使います。

ポジティブな場合の使い方とネガティブな場合の使い方の両方を見てみましょう。

【ポジティブな場合】

Her 21st birthday party is going to be the mother of all celebrations. (彼女の 21 歳の誕生日会は最高の場になるだろう)

【ネガティブな場合】

I've got the mother of all headaches. (頭が割れるほど痛い)
We've got the mother of all challenges. (とても難しい課題がある)

参考までに、未来形の例文は以下です。

Because we haven't been away for ages, let's make our next trip away the mother of all holidays. (長いこと出かけてなかったので、次の旅行は最高の休暇にしよう)

197

本当にびっくりした。

My jaw dropped.

【使い方例】

> Did you like your present?
> プレゼント気に入った?

>> God, yeah! My jaw dropped. I never expected such a beautiful present.
>> うん!すごく驚いた。こんな綺麗なプレゼントもらえるなんて思ってもみなかった。

> Well, you deserve it.
> あなたにふさわしいよ。

【解説】

jaw「あご」が、drops「落ちる、下がる」なので、「あごが落ちて、口をあんぐりと開けてしまっている」という状態で、「とても驚いた」と言う時に使う表現です。

このフレーズは現在形で使われることはほぼなく、My jaw dropped.
のように、主に過去形で用いられます。

【ずっと会っていなかった人、もしくは有名人など、会えると思っていない人が部屋に入ってきて】

My jaw dropped when she walked in the room.（彼女が部屋に入ってきた時、とても驚いた）

【ハンドバックの値段を見て】

My jaw dropped when I saw the price of the handbag.（ハンドバッグの値段を見てたまげた）

【プレゼントを開けた時】

My jaw dropped when I opened the present you gave me. （あなたからもらったプレゼントを開けてすごくびっくりした）

類似表現として、より驚きの度合いの強い My jaw hit the floor. という表現もあります。

198

複雑な気持ちだ。

I've got mixed feelings about it.

【使い方例】

> How do you like your new job?
> 新しい仕事どう?

>> I've got mixed feelings about it. I love the work itself, but hate my new boss.
>> 複雑な気持ちだよ。仕事自体は大好きなんだけど、上司が嫌いなんだ。

> That's tricky. Hopefully you'll learn to work together productively.
>
> それは微妙だね。上司と生産的に働けるようになるといいね。

【解説】

I've got mixed feelings about it. は、ポイティブな心境とネガティブな心境という相反する２つの気持ちが混ざっている状態を指します。

199

ふんぎりがついた。

I've moved on.

【使い方例】

> You looked really tired after your divorce, but now you look really well.
>
> 離婚した後、疲れているように見えたけど、今は顔色がいいね。

> Yes, I've moved on and I'm feeling much better now.
>
> うん、もう切り替えたから、気分がいいんだ。

> Go you!
>
> 良かったね。

【解説】

move on は、基本的に人との関係（配偶者や交際相手など）に使われ、前進したり、前より良くなったり、ネガティブな気持ちから解放されたという時に使われます。

200

すごくガッカリだ。

It's a real kick in the teeth.

【使い方例】

I've just found out that I've lost my job.
仕事なくなっちゃったんだよね。

Well, that must have been a shock. You've been
there for ages.
それはショックだよね。長いこと勤めてたから。

Yeah, it's a real kick in the teeth.
そうだね、すごくガッカリだよ。

【解説】

a kick in the teeth は直訳すると、「歯にキックをくらった」で、ネ
ガティブなショックを受けた時、失望した時に使われる言い回しです。
ちなみに、過去形で It was a real kick in the teeth. 「すごくショッ
クな出来事だった」というかたちで使うこともできます。
なお、ネイティブは多くの場合、a と kick の間に real を入れて強調
して用います。

201

そんなに！
As much as that!

【使い方例】

How much did that cost?
それ、いくらしたの？

20 pounds.
20 ポンドだよ。

As much as that! I wouldn't have paid 10 pounds
for it.
そんなに！私だったら、10 ポンドでも買わないよ。

As much as that! = That long!/ That much! という意味で、値段や時間、そして重さなどに対して、「そんなに!?」と驚きを表現するフレーズです。

基本的にはネガティブな驚きに対して使われます。

例えば、以下は「重さ」の場合やりとりイメージです。

A：I've really gained weight recently.（最近体重増えてきちゃったんだよね）

B：How much?（どのくらい？）

A：A stone.（6キロくらい）※1 stone = 約6.35 kg

B：As much as that! I'm surprised.（そんなに！驚いたよ）

202

まだ信じられない、夢みたい。

I'm still pinching myself.

【使い方例】

I heard you've moved into an amazing flat.
すごく素敵なフラットに引っ越したって聞いたよ。

Yes, it's my dream flat. I'm still pinching myself.
夢のようなフラットだよ。いまだに信じられないよ。

Well, good for you!
それは良かったね!

【解説】

pinch myself で「自分の体をつねる」なので、何かとても嬉しいことが起こった時、それが現実か確かめるために自分の体をつねるイメージです。

I'm still pinching myself. = I still can't believe this good thing/ situation that has happened. つまり、起こった良い出来事が未だに信じられない時に使えます。

日本人は夢か現実かどうか確かめる時はほっぺをつねりますが、イギリス人はほっぺをつねりません。その代わりに、手の甲をつねります。イギリス人に「手の甲をつねっても痛くないじゃん」と言ったら、「ほっぺをつねったら痛いじゃん」と言われました。

203

話したくてたまらない。
I'm dying to tell you all about it.

【使い方例】

> So, how was your holiday?
> それで、休暇どうだった?

> > Amazing, I'm dying to tell you all about it!
> > 最高だったよ、その話がしたくてたまらないよ。

【解説】

be dying to〜 = I can't wait to〜 / I really want to〜 / I'm excited to〜「〜したいと熱望している、とても〜したい」という意味合いです。他の例文も見てみましょう。

I'm dying to go on holiday again.（また休暇で旅行に行きたくてたまらない）

I'm dying to see how this book ends.（この本がどう終わるのか知りたくてうずうずしている）

I'm dying to eat some chocolate.（チョコレートが食べたくて仕方がない）

I'm dying to tell you all about my new product.（私たちの新しい製品を是非紹介したいです）

話しをしたくてたまらない時は、I'm dying to tell you all about it. が決まり文句として使われますので、このまま覚えてしまいましょう。

本当にうまくいってほしい。

I'm keeping everything crossed.

【使い方例】

I've finally found a buyer for my house who seems serious.
私の家を真剣に買おうとしてくれる人見つけたよ。

That's great news. Let's hope they don't pull out at the last minute.
それは良かったね。最後の最後で買うのをやめるなんてことがないといいね。

Yes, I'm keeping everything crossed!
そうだね、本当にうまくいくことを祈っているよ。

【解説】

「幸運を祈る、成功することを願う」は、keep one's fingers crossed という表現が有名ですよね。keep everything crossed の方がより強く幸運を祈る、成功することを願うと言いたい時に使える表現です。I'm keeping everything crossed. = I'm really hoping that. です。keep one's fingers crossed は文字通り、「指を交差させる」ですが、keep everything crossed は、指だけでなく交差できることころは全て交差させるということから、それだけ心から幸運を祈っているというニュアンスになります。

わっ、びっくりした！

Jeez, you scared me!

【使い方例】

Have you got a minute?
ちょっと時間ある？

> **Jeez, you scared me!**
> わっ、びっくりした！

> **Sorry, I thought you heard my heavy footsteps.**
> ごめん、私のドシドシという足音が聞こえていると思ってたよ。

【解説】

> 何か集中して作業している時に急に声をかけられてびっくりしたことはありませんか。そんな時に使うフレーズです。
>
> Jeez, you scared me! = Jeez, I didn't see you there!/ Jeez, where did you come from? という意味です。
>
> Jeez は Jesus（ジーザス / 神）の略称です。なので、Jeez! は、Oh my God!（うそだろ、えー！）と同じ意味になります。

206

すごく驚いた！

I nearly fainted!

【使い方例】

> **How did your job interview go?**
> 面接どうだった？

> **Really well, and I just got a call telling me I've got the job. I nearly fainted!**
> うまくいったよ、ちょうどさっき採用の連絡が来たんだ。すごく驚いたよ！

> **Amazing, you've landed your dream job! Congratulations!**
> やったね、理想の仕事につけたんだ！おめでとう！

I nearly fainted! は直訳すると「あやうく（nearly）気絶し（faint）そ
うになった」で、「すごく驚いた！」を意味する言い回しです。近い
意味の表現として、I nearly fell off my chair.「（椅子から転げ落ちる
ほど）驚いた」というフレーズもあります。

207

気が重い！
I'm dreading it!

【使い方例】

So you've got your first exam tomorrow. How are
you feeling?
明日試験あるんでしょ。どんな気分？

I'm dreading it! I can't remember anything I've
studied.
気が重いよ！勉強したことが思い出せないんだ。

Don't worry, I'm sure you will when you need to.
心配しなくていいよ、思い出さなければならない時になれば思い出せるから。

【解説】

I'm dreading it. を別の英語で表現すると、I'm afraid of it. が最も近
い言い回しです。そのことについて考えると恐ろしく感じる様子を指
します。

208

ヒヤヒヤした。
It was touch and go.

【使い方例】

> I heard you nearly missed your flight.
> フライト逃すところだったんだってね。

> Yeah, we forgot our passports and had to go home again. It was touch and go until we got on the plane.
> そうなんだよ、パスポートを忘れて一度家に帰らなければならなくなって。飛行機に乗るまでどうなるか分からなかったんだ。

> Jeez, I can imagine how stressful that must have been!
> えー、それは相当ストレスだっただろうね。

【解説】

touch and go は、「（結果が出るまで）どうなるか分からない状態」のことを指します。このフレーズの由来は諸説ありますが、馬車同士がぶつかりそうになりながら進んだり、船が船底の岩にぶつかりそうになりつつも航海する様子から来ているようです。

209

ぜんぜん気にしない。

I don't give a monkey's.

【使い方例】

> Since the beginning of the pandemic, there have been some people who refused to wear a mask, although they are healthy.
> パンデミックが始まった時、健康なのにマスクをすることに対して反対する人がいたよね。

日常〈気持ち〉

> I know. They could have infected others, but they don't seem to care.
>
> そうだね、彼らが誰かに感染させていたかもしれないけど、気にしていない様子だったね。

> It's obvious. They don't give a monkey's.
>
> その通り、少しも気にしてないよね。

【解説】

don't give a monkey's = don't care. つまり、They don't give a monkey's. = They don't care. という意味になります。

簡単には騙されないよ。

I wasn't born yesterday.

【使い方例】

> Did you do this homework all by yourself? I only ask because you scored 100%.
>
> この宿題、全て自分一人でやったの? 100点だから聞いているんだよ。

> Yes, Miss.
>
> はい、その通りです。

> Come on, I wasn't born yesterday. Tell me the truth.
>
> 本当?みくびっちゃだめよ。本当のこと言いなさい。

【解説】

I wasn't born yesterday.「自分は昨日生まれたわけではない (= 長く生きていて、経験や知識が豊富なんだよ)」、つまり「私はそんなに世間知らずではない、バカではない」というニュアンスになります。

びっくりした！

You made me jump!

【使い方例】

Would you like a cup of tea?
紅茶飲む？

Yikes! I didn't know you were home. You made me jump!
うわっ！家にいると思わなかった、びっくりしたよ！

Sorry, I was in the garden for ages.
ごめん、ずっと庭にいたんだ。

【解説】

You made me jump. は、まさに驚いた時にビクッと飛び上がってしまうイメージですね。

これのおかげで頑張れる。

It keeps me going.

【使い方例】

I need to drink coffee regularly throughout the day, otherwise I crash.
コーヒーを一日中常に飲んでいないと、寝ちゃいそうだよ。

Me too. It keeps me going. Without coffee, I'd be a zombie
私も。それで頑張れるから。コーヒーなしだと頭が働かないよ。

自分を駆り立ててくれるもの、これがあると頑張れるというものってありますよね。「○○のおかげで頑張れる」と言いたい時、このフレーズが使えます。

213

ありえない！

Forget that!

【使い方例】

> We could walk to the restaurant for the exercise.
> 運動のためにレストランまで歩くこともできるよ。

> Forget that, I'm gonna take the bus.
> ありえないよ、バスに乗るよ。

> Lazy bones. I'll meet you there.
> 怠け者だね。じゃあレストランで会おう。

【解説】

Forget that! = No way!「まさか、ありえない、嘘でしょ、何言ってるの」というニュアンスです。

このフレーズは、親しい間柄の友人・家族・同僚に対して使うカジュアルな言い回しです。

214

爆笑した。

I laughed my head off.

【使い方例】

> I went to see Rowan Atkinson at the beginning of his career.
> まだ有名になる前のローワン・アトキンソンを観に行ったことあるんだ。

> How was he?
> どうだった?

> I laughed my head off. Next day my ribs ached.
> He was so funny.
> お腹がよじれるくらい笑ったよ。次の日脇腹痛かったもん。本当に面白かったよ。

【解説】

I laughed my head off. = I laughed a lot. です。

215

言葉を失った。

I'm lost for words.

【使い方例】

> Open the box. This is a special birthday present
> for you.
> 箱開けてごらん。特別な誕生日プレゼントだよ。

> Wow, a puppy ! I'm lost for words.
> わっ、子犬だ!言葉が出ないよ。

> I thought you'd be happy.
> 喜んでくれると思ったんだ。

【解説】

be lost for words. = be not able to say anything as so surprised or shocked つまり、嬉しくて驚いたり、ショックで何も言えない状態を指します。

216

不意を突かれた。

You caught me off guard.

Do you normally talk to yourself when you're in the bathroom?
いつも、お風呂場にいる時、独り言言ってるの?

You caught me off guard! I didn't know you were standing there.
ビックリした!そこにいるって知らなかった。

I need to move around more noisily.
もっと音を立てて移動しないとな。

You caught me off guard. = You surprised me.だよ。

217

怖気づいちゃった?

Are you getting cold feet?

【使い方例】

The sea looks a long way down from here.
海面はだいぶ下だね。

Are you getting cold feet?
怖気づいちゃった?

Yeah, I guess I am. I've never jumped off a cliff before.
そうなんだ。クリフジャンプしたことないから。

【解説】

get cold feet で「躊躇する」「怖気づく」という意味です。
I'm getting cold feet.(躊躇している)

肩の荷が降りたよ。

That's a weight off my mind.

【使い方例】

I was so worried about it, but talking to you has really helped. Now I have a plan of action.
ものすごく心配だったけど、あなたに話してマシになったよ。今はどうすればいいかプランがあるんだ。

Glad to be of help!
助けになったようで良かった。

That's a weight off my mind. Now I think I'll sleep better.
ホッとしたよ。よく眠れそうだ。

【解説】

be a weight off one's mind は、心配してた問題がなくなって安心した状態、ホッとした様子を指します。That's a relief. と言い換えられます。

最高だった！

It was banging!

【使い方例】

How was the concert in the park?
公園でのコンサートどうだった？

It was banging! Best ever.
最高だった！今まで一番だよ。

> I wish I'd gone now.
> 私も行けたら良かったな。

【解説】

It was banging! = It was brilliant.「素晴らしい」「最高だ」という意味です。主に10代、20代の若者がよく使うスラングです。

220

おったまげた。

I was taken aback.

【使い方例】

> Are you okay? You look like you've seen a ghost.
> 大丈夫?幽霊でも見たような顔してるよ。

> I was taken aback by you suddenly calling me after all these years, but I'm fine now. How are you?
> 久しぶりに訪ねて来たからビックリしたんだよ。でも大丈夫。元気してたの?

> All the better for talking to you again after all these years.
> 久しぶりに話せたから嬉しいよ。

【解説】

be taken aback = be surprised or shocked です。aback は「後方に」という意味があるので、be taken aback で文字通り「後ろにひっくりかえるくらい驚いた」というニュアンスです。

221

もうその話に触れないで!

Don't rub it in!

【使い方例】

> That was so funny when you got his name wrong and called him by his dad's name.
>
> あなたが彼のこと彼のお父さんの名前で間違えて呼んでしまったっていう話面白かったよ。

> Don't rub it in! He honestly doesn't look as old as his dad.
>
> もうその話に触れないで！彼は彼の父さんほど歳じゃないんだから。

【解説】

Don't rub it in! は、Shut up! の丁寧な言い方です。 つまり、「これ以上嫌な気分にさせないで！」「もうその話には触れないで！」という意味合いです。

222

衝撃だった。

It really knocked me sideways.

【使い方例】

> Have you read her text?
>
> 彼女からの SMS メッセージ読んだ？

> Yes, it' so aggressive. We haven't done anything wrong!
>
> うん、とても攻撃的だったね。私たち何も間違ったことしてないのに！

> It really knocked me sideways. Best to wait before we reply.
>
> 衝撃的だったよ。少し返信するまで時間をおいた方がいいね。

It really knocked me sideways. = It really upset and shocked me. という意味だよ。

135

感動した！

It blew me away!

【使い方例】

I'd been wanting to climb that mountain for years and finally did last weekend.
あの山を登ることを何年も待っていたんだけど、とうとう先週登頂したよ。

How was the view from the top?
山頂からの眺めはどうだった？

It blew me away! We got to the top just before sunrise and saw the sun come up over the clouds.
感動したよ！日の出のちょっと前に到着したんだけど、ちょうど雲の下から太陽が昇ってきたんだ。

【解説】

It blew me away. = It amazed me. です。まさに吹き飛ばされるくらいに衝撃を受けた、感動したという意味合いになります。

 日常 〈考え・意見〉

224

当然だよ。

It's pretty much a no brainer.

no brainer = somehing that is easy つまり、何かを
したり決めたりするのに頭を使う必要がないほど簡単なも
のを指すよ。

225

そうだと思った。

As expected.

【使い方例】

> I'm buying your train ticket. Would you like to sit
> next to your boss on the train?
> 電車のチケットを手配していますが、上司と隣同士がよろしいですか？

>> No way. I would like to sit separately.
>> いや、別々のシートでいいです。

> As expected.
> そうですよね。

As predicted. や As I guessed. も同じ意味で使えるよ。

226

それは関係ないと思う。

I don't think it's relevant.

私がそっちに行きます。

I'll come and find you.

【使い方例】

Where are you now?
今どこ?

I am in the Pret A Manger at the back.
奥の方にあるプレタ・マンジェにいるよ。

Okay. I'll come and find you.
分かった。私がそっちに行くよ。

【解説】

待ち合わせ場所付近で相手をなかなか見つけられない時、電話をしたりメッセージを送ったりして、落ち合おうとしますよね。そんな時に使える一言です。

ちなみに、Pret A Manger は、英国内に展開しているサンドイッチのチェーン店です。合成添加物を使用しないサンドイッチを店内の厨房で作っているというのがウリです。1986 年に忙しいロンドンのビジネスパーソンがまともな食事を取れる場所がないということで二人の青年が創業。英国以外にもアメリカ、フランス、香港にも展開しています。昔日本にも進出していた時代もあったようですが、今は日本にはありません。ちなみに名前の由来はフランス語で「できたての食事」という意味です。

どちらかを選ぶのは難しい。

It's difficult to choose one or the other.

【解説】

one or the other で「どれか一つ」「どちらか一つ」という意味です。自分が難しい選択を迫られているという場面に備えて覚えておきたいフレーズですね。

229

必要ないと思います。

I don't think it's necessary.

【解説】

「〜する必要ない」と言いたい時、You don't need to do it. と言いたいところですが、ネイティブはあまりこのような言い方をしません。ポイントは、I don't think で否定をすることです。そのあとに否定する事柄を言います。

I don't think it's necessary. は、直接的に相手を否定しないで、それでも自分の意見をやんわりと伝える表現です。

なお、同様の意味のフレーズとしては以下があります。

I don't think it's worth doing.

I don't think that's a good idea.

I don't think we should go there. = I don't think we should talk about it.

230

思ったよりよくできたかな。

That came out alright.

【解説】

自分が思っていたよりうまくできて少し驚いているようなシーンで用います。自慢するわけでも、かといって謙遜するわけでもないので、英語独特の感覚かもしれません。

come out は、ここでは「結果が〇〇となる」の意味です。come out の後ろに alright が来ているので、「結果がうまくいった」＝「よくできた」という意味になります。

反対に、「うまくいかなかった」と言いたい時は、That was a disaster. や I screwed up.（うまくいかなかったのは自分の落ち度というニュアンス）があります。

231

あまり期待しない方がいいよ。

Don't get your hopes up.

【使い方例】

I'm excited to go to the restaurant for dinner tonight.
今晩行くレストラン、すごい楽しみにしてるんだ。

Don't get your hopes up. If your expectation is built up too much, you will be disappointed.
あまり期待しない方がいいよ。期待しすぎると、がっかりするから。

232

それが全てだ。

That's what it's all about.

【使い方例】

Did you work during your holiday?
休み中に仕事した？

No, I didn't.
いや、してないよ。

I'm glad to hear that.
それを聞いてほっとしたよ。

A holiday is not for work, but eventually it benefits work.
休暇は仕事をする為にあるわけではないからね、でも結局は仕事にもいい効果があるんだよね。

Why?
どういうこと?

That's because you come back to work feeling refreshed.
リフレッシュした気分で仕事に戻ってこれるから。

That's what it's all about.
それが全てだね。

233

大差ないよ。

It doesn't make much difference.

【使い方例】

Which do you think is better?
どっちの方がいいと思う?

It doesn't make much difference.
そんなに大した違いはないよ。

【解説】

at the end of the day を最初に付けて、At the end of the day, it doesn't make much difference. と言うこともあります。At the end of the day は「1日の終わりには」という意味の他に、「結局は」「最終的には」という意味もあります。何か一番重要なことを述べる時や結論を述べる時によく使われます。

未来形では、It's not going to make much difference.（大した違いにはならないよ）になります。

その逆です。；その反対です。

It's the other way round.

【使い方例】

Maybe we should turn the desk the other way round?
この机、反対向きに置いた方がいいかな？

You are right. It should be the other way round so we can look out the window whilst working.
そうだね、逆向きの方が良さそうだね。そうすれば、窓側を向いて仕事ができるから。

うまく言葉にできない。

I can't put it into words.

【解説】

まさに言葉で言い表せない様子を指します。ポジティブ、ネガティブ両方の意味合いで使います。

I can't put it into words how happy I am. のようにフレーズの後ろに補足説明を入れて使うこともあります。

仕方ないね。

It is what it is.

【解説】

関連表現には、You can't change it. / You just have to like/lump it./ You just have to accpet it. などがあります。

It is what it is. は「ネガティブな状況を受け入れなければならない」というニュアンスではなく、「それはそういうものだ」という意味でニュートラルです。

237

金曜日の午後にしては深いため息ですね。

That's a heavy sigh for a Friday afternoon.

238

それなら間違いない。

You can't go wrong with that.

【使い方例】

What did you have for dinner last night.
昨晩、夕食何食べたの?

I had Japanese food with my friends.
友人と和食を食べたよ。

You can't go wrong with that. It's healthy and delicious.
それなら間違いないね。ヘルシーだし美味しいからね。

239

いつもそうだよね。

That's always the case.

【使い方例】

I had been waiting for a bus for half an hour and suddenly two arrived together.
バスを30分待ってたんだけど、急に2台一緒に来たんだよね。

In London, that's always the case.
ロンドンではいつものことだね。

【解説】

否定形にすると、That's not always the case.「いつもそうだとは限らない、必ずしもそうだとは限らない」という意味になります。

240

大したことではないよ。

It's not a big deal.

【使い方例】

I'm sorry. I lost the pen you lent me yesterday.
ごめんなさい。あなたが昨日貸してくれたペン失くしてしまいました。

No worries. It's not a big deal.
心配しなくていいよ。大したことじゃないから。

It's no big deal./ It's not a biggie./ No big deal. /
It's not a big problem. なども同じ意味の表現として覚えておこう。

241

そうしてもらえるとありがたいです。

That would be great.

【使い方例】

You seem very busy. Do you need a hand?
忙しそうだね、何か手伝おうか?

Thank you. That would be great.
ありがとう。そうしてもらえるとありがたいです。

144

察しがつきます。

I can understand that.

【使い方例】

> Sorry I am late for the meeting. I had trouble connecting the video conference system because it was my first time.
> 接続遅れてごめん。ビデオ会議システムを使うのが初めてで、なかなか繋がらなくて。

> No worries. I can understand that.
> 大丈夫ですよ。察しがつきますよ。

何の問題もないよ。

There's nothing wrong with that.

【解説】

誰かが何かを提案した時、「悪くないね、問題ないと思うよ」と言いたい時に使うフレーズです。他の言い方としては、It's not a bad idea./ I can't see a problem with that./ It's fine. などが挙げられます。

仕事以外の生活がある。

I have a life outside of work.

【使い方例】

> It's already 5. I gotta go.
> もう5時だから帰らないと。

> We are almost there. Let's get it done.
> もうちょっとで終わるから、仕上げちゃおうよ。

> Sorry. I really have to go today. I have a life outside of work.
>
> ごめん、今日は本当に行かないといけないんだ。仕事以外の生活があるからね。

当たり外れがある。

It's hit and miss.

【使い方例】

> Have you tried the new restaurant on the corner?
>
> あの角のところにできた新しいレストランもう試してみた？

> Yes, we have been there 3 times, but it's a bit hit and miss.
>
> 3回行ったことあるけど、ちょっと当たり外れがあるよ。

どっちでもいいよ。

Either is fine.

【使い方例】

> Which colour of dress do you like better, red or blue?
>
> 赤色と青色のワンピースどっちが好き？

> Either is fine. Both of them look good on you.
>
> どっちでもいいよ。両方とも似合ってるよ。

３つ以上の選択肢がある時に「どれでもいいよ」と言いたい時は、Anything is fine. だよ。

挙げたもの全て。

All of the above.

【使い方例】

I love Spanish food.
スペイン料理大好きなんだよね。

What do you suggest?
何がいいかな？

I suggest we eat A, B and C.
AとB、それにCがいいんじゃないかと思う。

Yes, sounds good to me. All of the above, please.
いいね！今言った料理、全部頼んじゃおう。

248

そのようだね。

It looks like it.

【使い方例】

Your mask looks cool. Has it got a filter?
あなたのマスクかっこいいね。フィルター付いてるのかな？

I'm not sure but it looks like it.
ちょっと分からないけど、付いてそうだね。

249

そりゃそうだよ。

I'm not surprised.

I got promoted.
昇格したよ。

I'm not surprised. You are the best boss ever.
当然ですよ。あなたは最高の上司だから。

Thank you for supporting me, always.
いつもサポートしてくれてありがとう。

【解説】

As expected. も意味は同じですが、文脈にっよってはそっけない感じに聞こえてしまう可能性があります。 I'm not surprised. が最も自然でよく使われる表現です。

250

何とかするよ。

I'll figure it out.

【使い方例】

Have you been to the restaurant before? Do you know how to get there?
あのレストランに行ったことある?どうやって行けばいいか知ってる?

No, but I'll figure it out. I've got Google maps. No problem.
いや、知らない。でも何とかするよ。グーグルマップもあるし、問題ないよ。

251

今までと同じではない。

It's not the same as before.

【使い方例】

> I want to see my grand mother more often.
> おばあちゃんにもっと会いたいなぁ。

> I thought you were having dinner together every week.
> あれ、毎週おばあちゃんと夕食たべてるって思ってたよ。

> Since lockdown, it's not the same as before. She is not allowed out because she is over 70.
> ロックダウン以降、前と同じではなくなったんだ。彼女は70歳以上だから外出できなくて。

252

両方の良いとこ取りだ。

That's the best of both worlds.

【使い方例】

> I've made an original dish. Do you want to try it?
> 創作料理を作ってみたよ。食べてみてくれる?

> Sure. It looks like Japanese and Western styles blended together.
> もちろん。和風と洋風が混ざった感じに見えるね。

> That's the best of both worlds.
> 両方の良いところ取りだよ。

【解説】

the best of both worlds(両方の良いとこ取り)は決まり文句なので、このまま覚えましょう。

当然だよ。

It's a given.

【使い方例】

I slept so badly last night.
昨晩よく寝れなかったんだよね。

Have you got any idea why?
何か心あたりある?

Well, to finish my essay, I had to drink 3 cups of coffee.
論文を終わらせるために、コーヒー3杯飲んだんだ。

It's a given that if you drink lots of coffee in the evening, you won't sleep.
夜たくさんのコーヒー飲んだら、寝れなくなるのは当然だよ。

世界はあなたの思い通り。

The world is your oyster.

【解説】

The world is your oyster. を直訳すると、「世界はあなたの牡蠣である」になりますが、このフレーズにおける Oyster は牡蠣ではなく、貝殻の中に真珠が入っている貝一般を指します。つまり、「真珠を持つ貝はあなたのもの」＝「あなたは中身の真珠を取り出すことができる」なので、「あたながその貝を開いて、いつでも真珠を取り出せるようにあなたがしたいと思ったことはなんでもできる」というニュアンスで使われます。

ちなみに、ロンドンの公共交通機関の IC カードは、Oyster Card（オイスターカード）と呼ばれています。Oyster Card 1 枚で、ロンドンのバス、地下鉄、電車などに乗ることができます。なぜ、Oyster Card と呼ばれるのか調べてみたところ、この名前になった主な理由は以下のようです。

1）交通機関、切符、ロンドンと直接リンクしない斬新な名前であること。

2）Oyster の貝殻という堅くて頑丈なものが、中身である真珠、つまり、あなたの貴重なもの（お金や定期）を守ってくれるというイメージ。

3）ロンドン市内を流れるテムズ川で、昔、牡蠣の養殖をしていたこと。

4）"The world is your oyster." というシェイクスピアの作品中の有名なフレーズを連想させること。

イギリス人なら誰でも知っている有名な言い回しなので、会話する際に使ってみるときっと驚かれますよ！

255

それとはこれとは関係ないよ。

It's got nothing to do with that.

【使い方例】

I got a good mark.
テストで良い点とったよ。

You did it!
やったね！

Can you buy me a new mobile phone?
新しい携帯電話買ってくれる？

It's got nothing to do with that.
それとこれとは関係ないよ。

行間を読まないといけない。

You need to read between the lines.

【使い方例】

I keep asking her out but she always has an
excuse for saying no.
彼女のことずっとデートに誘ってるんだけど、いつも断られるんだよね。

You need to read between the lines.
行間を読まないといけないんじゃない。

You might be right.
そうかも。

【解説】

日本語でも「行間を読む」と言いますが、「目で見たり、言葉で表れ
ていない隠れている情報を察する」という意味です。率直に伝えると
相手に恥ずかしい思いをさせたり、場合によっては失礼になってしま
うようなシーンで使うことができます。つまり、「もっと深く状況を
理解すべき」というメッセージが含まれます。

時代を物語っている。

It's a sign of the times.

【使い方例】

We took this group photo during covid.
コロナ禍で、集合写真を撮ったんだよ。

Yes, everybody is wearing masks and is socially
distancing.
みんなマスクをしていて、ソーシャルディスタンスを保ってるよね。

> The photo is a sign of the times.
> 時代を物語っているね。

258

注目されてきている。

It's come to the fore.

【使い方例】

> With lockdown, everyone had to work from home.
> ロックダウンになって、みんな在宅勤務になったよね。

> > Yes, everyone's talking much more about the benefits of work from home.
> > そうだね、みんな在宅勤務の良さについて話してるよね。

> Yes, it's really come to the fore.
> うん。在宅勤務が注目されてきてるね。

259

それは全くの見当違いだ。

Nothing could be further from the truth.

【解説】

Nothing could be further from the truth. の最後に than that を補って考えてみると意味が掴みやすくなります。 that＝「相手が言ったこと」です。

これを直訳すると、「それ（相手が言ったこと）ほど事実から遠いものはない」、つまり「それ（相手が言ったこと）は全く事実ではない、まったくの見当違いだ」という意味になるのです。

なお、このフレーズはイディオムなので、そのまま覚えてしまうと良いかもしれません。

そんなはずない。

That can't be right.

【解説】

何か明らかに筋の通っていない話や明らかに間違っているものををを見
たり聞いたりしたときに使えるフレーズです。

ちなみに、同じニュアンスで使える英語フレーズは、It doesn't make
sense.（理にかなっていない）/ That's wrong.（間違っている）/ That's
strange.（おかしい）があります。

要は「何かの間違えではないか」というニュアンスで使うフレーズです。
では、反対に「合っている」「その通りだ」と言いたい時は、That
can be right. とは言いません。シンプルに That's right. と言います。
can は「可能性」の意味合いを含んでいるので、That't can't be
right. は can't を使うことで、完全に否定するのではなく、「違うの
ではないか」「そんなはずはない」「ありえない」という微妙なニュア
ンスを表現してるのです。

頭の片隅に置いておく。

I'll keep it at the back of my mind.

【使い方例】

Do you have any thoughts on this matter?
これについて何か考えありますか?

I can't think of any off the top of my head. I'd
never even thought of that before, but will keep
it at the back of my mind.
すぐには思いつかないです。考えたことありませんでしたが、頭の片隅に
置いておきます。

> Let me know if you come up with an idea.
> 何か思いついたら、教えてください。

262

気にかけている。

It's on my radar.

【使い方例】

> When are we going to talk about the big event?
> あの大きなイベントについて、いつ話をするんだっけ?

> We are going to discuss it in the meeting tomorrow.
> 明日の打合せで議論する予定だよ。

> Okay. It's on my radar now.
> 良かった、気になってるんだ。

263

やる意味ないよ。

There's not much point.

【解説】

「何かをする、しない」の議論をしている時、「それをする意味がない」「やらなくていいよ」「時間のムダだよ」と言う場面でよく登場するフレーズです。

There's not much point. = There's not much value in doing something. です。 There's not much point. だけでも使えますが、There's not much point in ～ ing. (～しても意味ないよ) という型でも使えます。

他の例文も見てみましょう。

There's not much point in going there.(そこに行っても意味ないよ)

There's not much point in doing it. (それをしても意味ないよ)

人それぞれだ。
To each their own.

【解説】

To each their own. は、I respect your opinion but not mine.（あなたの意見を尊重するよ。でも自分の意見とは違う）というニュアンスを持っています。

To each his own. という言い方もありますが少し古い言い方で、現代では To each their own. が一般的に使われています。

様子を見てみる。
I'll just wait and see.

【使い方例】

I've had back pain for a few days now.
ここ数日、背中の痛みが続いてるんだよね。

Why don't you go to the doctor?
医者行ったら?

I think I'll just wait and see if it gets better.
まずはちょっと様子を見てみようかなって思ってるよ。

【解説】

wait and see は You just have to wait till you see the result. 「その結果が出るまで待たなければいけない」というニュアンスが含まれています。

以下の例文も見てみましょう。

Let's just wait and see.（様子を見よう）

Best wait and see.（様子を見るべきだ）

You're just going to have to wait and see.（様子を見た方がいいよ。
我慢しなくちゃいけない）

なんか意外だね。

It's so random.

【使い方例】

Fancy meeting you here.
こんなところで会うなんて奇遇だね。

Yeah, I'm just visiting my friend who lives here.
そうだね、この辺りに住んでる友人に会いにきたんだよね。

It's so random that we bumped into each other.
ばったり会うなんて、なんか意外だね。

【解説】

random には、unexpected（予期してない）/ unusual（普通ではな
い）/ wierd（変な）/ strange（奇妙な）など複数の意味合いがあります。
以下のダイアローグも参考にしてみてください。

A：He is wearing a pink and purple shirt today.（彼は今日、ピン
　クと紫色のシャツを着てるね）

B：He is so random.（彼はちょっと変わってるね）

A：Do you want to live in Seattle for a month?（1ヵ月シアトル
　に住んでみない？）

B：You are so random, but that sounds good to me.（いきなりだね、
　でもそのアイデアいいね！）

A：I met Liz in my local supermarket in South London yesterday.
　（昨日、南ロンドンのうちの近くのスーパーでリズに会ったんだよね）

B：But she lives in North London!（でも、リズは北ロンドンに住んでるよね！）

A：Yeah, so random. She was visiting a friend who lives near me.（そう、意外だったんだ。彼女は私の家の近くの友人を訪ねてきてたんだ）

私は彼から学んだ。

I've learnt from his example.

【使い方例】

> When I was growing up, my uncle was my role model.
> 私が子供の頃は、おじさんを手本にしていたんだ。

> So basically you've learnt from his example.
> てことは彼から学んできたんだね。

> I'm still learning from him.
> 今でも彼から学んでるよ。

【解説】

このフレーズは、模範的な人から学んだと言いたい時に使えます。

ポイントは2つ。1つは learnt です。learnt は learn の過去形であり、過去分詞でもあります。learn の現在形・過去形・過去分詞は、一般的にアメリカ英語では〈learn-learned-learned〉ですが、イギリス英語では〈learn-learnt-learnt〉を使うことが多いです。

2つ目は、example です。example は「例」「例え」の他に、「手本」「（見習うべき）模範的行動」という意味もあります。

単純に I've learnt from him. だけでもいいですが、I've learnt from his example. とすることで、彼の行動を見習った、手本にしたというニュアンスまでも含まれます。参考までに現在形で I want to learn from his example.（彼を見習いたい）と言うこともできます。

「背中で語る、行動で示す」は、lead by example と言います。

He leads by example.（彼は行動で示す）

268

詳細が肝心だ。

The devil's in the details.

【使い方例】

> This proposal looks very interesting.
> この提案、良さそうだね。

>> I agree but the devil's in the details.
>> 私もそう思う。でも、詳細が肝心だからね。

> Yes, let's book sometime together this afternoon to go through it.
> よし、今日の午後、時間を押さえて一緒に確認しよう。

【解説】

God is in the details.（神は細部に宿る）ということわざから、The devils's in the details. が派生したと言われています。

269

全ての人を喜ばすことはできないよ。

You can't please everyone.

【使い方例】

> I've brought a chocolate cake.
> チョコレートケーキ持ってきたよ。

>> That's very kind of you but Jane doesn't like chocolate.
>> ありがとう、でも、ジェーン、チョコレート好きじゃないんだよ。

> You can't please everyone! I will have her slice!
> みんなを喜ばすことはできないよ。私が彼女の分も食べるよ!

考えることは同じだね。

Great minds think alike.

【使い方例】

> Shall we have a take away tonight?
> 今夜の夕食は持ち帰りにしない?

> I was just gonna suggest it.
> それちょうど提案しようとしてたんだよ。

> Great minds think alike.
> 考えることは同じだね。

自分と同じ考えを持った人に対してユーモアも交えて言う
フレーズだよ。

悪循環だね。

It's a vicious circle.

vicious circle = negative cycle of events だよ。

物事を広い視野で見なきゃね。

I need to put things in perspective.

Just now Mike was very rude to me.
さっき、マイクからひどい態度をされたよ。

Don't forget he has just lost his father.
彼ちょうど父親を亡くしたところだからね。

That's true. I need to put things in perspective.
そうだったね。広い視野で見なきゃね。

273

10 段階評価で言うと、

On a scale of one to ten,

【解説】

何かについて数字で表すとどうなるか聞きたい時に使えるフレーズで、1 が一番低くて、10 が満点としたら、どのくらいなのかと聞く決まり文句です。例文を見てみましょう。

How excited are you on a scale of one to ten, about it?

How happy are you on a scale of one to ten?

How tired are you on a scale of one to ten?

On a scale of one to ten, how healthy are you?

On a scale of one to ten, how interested are you in going to see that film?

答える時は、Eight や About eight. のように答えます。Strongest の 10 を超えてる時は、冗談半分で Eleven. といったように 10 以上の数字を言ったりすることもあります。

ちなみに、On a scale of one to ten, ではなく、On a scale from one to ten, と言うこともありますが、イギリスでは On a scale of one to ten, が一般的です。

ちょっとやり過ぎか気になってる。

I'm worried it might be a bit too much.

【使い方例】

I wrote a thank you letter but I'm worried it might be a bit too much.

お礼の手紙を書いているんだけど、ちょっと（手紙を出すことは）やりすぎか気になってるんだ。

Okay, give it here. I'll read it and let you know.

ちょっと見せてごらん。読んでどうだったか伝えるよ。

Thank you. I owe you big time.

ありがとう。恩に着るよ。

【解説】

I'm worried～ で、「～を心配している、懸念している」になり、その後ろに続く It might be a bit too much. で「やりすぎかもしれない」を意味しています。

I'm worried it might be a bit too much. = I'm worried it's a step too far. になります。過去形だと I'm worried I went too far.（行き過ぎたかもしれないと心配している）になります。

他の例文も見てみましょう。

I'm worried it might be a bit too crowded.（ちょっと混雑しすぎているかもしれないと心配しています）

I'm worried it might be a bit too cold.（ちょっと寒すぎるかもしれないと心配しています）

I'm worried it might be a bit too expensive.（ちょっと高すぎるかもしれないと心配しています）

興味あるから考えてみる。

Food for thought.

【使い方例】

> I'm thinking of buying a flat in London.
> ロンドンで区分マンションを買おうかと思ってるんだよね。

> I've heard the prices are very low in Yorkshire. Why don't you check it out?
> ロンドンじゃなくて、北部のヨークシャーの価格は低いらしいよ。確認してみたら？

> Yeah, thanks. Food for thought.
> ありがとう。興味あるから考えてみるね。

【解説】

> シンプルに言うと Food for thought は、I want to think about it.です。誰かが何か新しいアイデアを提案してくれた時などに、それに関して興味があるので時間をかけて考えたいということを意味します。

一晩考えてみよう。

Let's sleep on it.

そんなわけないじゃん。

That's rubbish.

【使い方例】

> I tried calling you several times last week.
> 先週何回か電話したんだけど。

That's rubbish. I've checked my phone. The last time you phoned me was two months ago.
そんなわけないじゃん。履歴見たけど、前回あなたから着信あったのは2ヵ月前だよ。

Oops, but I meant to.
えぇ…、かけたつもりだったけど。

【解説】

That's rubbish. で「何言ってんの」「そんなわけないじゃん」「違う」「意味ない」「そんなバカな」「ありえない。うそだ！」というニュアンスです。

I don't believe you./ That doesn't make sense./ That's not acceptable. などが言い換え表現にあたります。

I don't believe you. だと直接的な表現すぎる時に、カジュアルな言い回しとして That's rubbish. を使います。カジュアルな言い回しなので、フォーマルな場面では使わない方がいいでしょう。

使うタイミングは、相手が言ったことに価値がない時、何かの理由で相手が嘘をついていたり、無意味でばかげたことを言っているシーンで用います。

「そんなわけない、馬鹿なことを言うのやめて」というニュアンスを含めて、That's rubbish. と同じ意味合いで、Stop being rubbish. と言うこともあります。

もういけない子ね。

You're so naughty.

【使い方例】

You're so naughty. Your bed room wall is not for writing on.
もういけない子ね。ベッドルームの壁は落書きする場所じゃないよ。

> But I ran out of paper.
> でも紙がないんだもん。

> Well, you're going to have to wipe it off right now.
> すぐに綺麗に消しなさい。

【解説】

naughty は、すべきでないことをしている人に対して使う形容詞で、基本的に子供に向けて使うことが多いです。

大人に向けて naughty を使うことができるのはイギリス英語の特徴ですが、その際の意味合いは、大人の行動が子供じみている時に使います。例えば、友人がレストランで美味しいけど健康に悪そうなデザートを頼んだのを見て、You're naughty. と冗談で言うような場面です。本当はやめた方がいいと分かっていることをあえてしているから、というニュアンスです。冗談半分の砕けた表現なので、親しい間柄の友人・家族だけに使うようにしましょう。

注意する時は Stop being naughty. と言います。

279

あなたがやるなら、私もやるよ。

I will if you will.

【使い方例】

> I know it would be hard but I think we should start running everyday for our health.
> 大変だというのは分かっているんだけど、健康のためにランニングしなきゃと思ってるんだよね。

> I can't say I'm that keen but I will if you will.
> そんな乗り気じゃないけど、あなたがやるなら私もやるよ。

> Okay, let's do it.
> オッケー、じゃあやろうよ。

生意気なこと言わないの。

Stop being cheeky.

【使い方例】

> Do you know what time it is? Go to bed!
> 何時だと思ってるの?もう寝なさい。

> But you don't go to bed that early.
> でもママはそんなに早く寝ないじゃん。

> Stop being cheeky.
> 生意気なこと言わないの。

ちょっと待って、今調べてみるから。

Hang on a sec. I'm just looking it up now.

【使い方例】

> What does that word mean?
> この言葉の意味って何?

> Hang on a sec. I'm just looking it up now.
> ちょっと待って、今見てみるから。

> Thanks for being my dictionary.
> 私の辞書になってくれてありがとね!

【解説】

Hang on a sec.（ちょっと待って）は、Hang on a second. を短くした表現です。Gime me a sec. と言うこともできます。

I'm just looking it up now.（今調べてみるから）は、I'll just look it up now. と言っても OK です。

決まり文句のようなものなので、そのまま覚えてしまうのがいいでしょう。

282

よく分かったね。；うまくいったね。

You sussed it.

【使い方例】

See. I guessed the ending correctly, didn't I?
ね、（映画の）エンディング、私が予想した通りになったでしょ。

Yeah, you sussed it. You're clever!
本当だね、言ってた通りになったね。賢いね。

Go me!
えっへん！

【解説】

suss は過去形で使われることが多く、You sussed it. がよく使われる表現です。カジュアルな言い回しのため、家族や友人に対して用いるのが一般的です。

大抵の場合、何かをなんとか解決・理解した時に使われます。figure something out と言い換えられます。なお、主語を I（私）にして I sussed it. とすると、自慢気なニュアンスになってしまうため、あまり使われません。

仕方ないね。

I just have to get used to it.

【使い方例】

> Since working from home, my neighbours'
> floorboards have started to creak.
> 在宅勤務してるので、隣人の床がきしむんだよね。

>> That must be really annoying.
>> それって気になるよね。

> Yep, but I just have to get used to it.
> そうだね、でも仕方ない。

【解説】

> just have to〜で「〜するしかない」「〜しなければ仕方ない」「とにかく〜するしかない」という意味になります。

やりすぎだね。

It's overkill.

【使い方例】

> The Goth look that started in the UK mainly
> involves black clothes, hair and make-up.
> イギリスで始まったゴスって、主に、黒い服、黒い髪、黒い化粧なんだよね。

>> Yeah, in my opinion, the use of black is overkill.
>> そうだね、個人的には、黒の使い方がやりすぎだと思う。

> I agree it's not an easy look to maintain.
> 分かる。維持が大変そうだよね。

【解説】

overkill = too much = not necessary なので、必要以上な状態で、結果として非効率だと言いたい時に使える一言です。

285

ちょっと難しいかな。

That's gonna be tricky.

【使い方例】

Shall we meet up on Sunday?
日曜日に会わない?

That's gonna be tricky because my sister is coming to stay this weekend.
妹が泊まりに来るから、ちょっと難しいな。

No worries. Let me know when you are free.
分かった。空いてる日がいつか教えて。

【解説】

That's gonna be difficult. でも間違いではありませんが、That's gonna be tricky. と比べると少し堅い表現になるので、ネイティブの会話では That's gonna be tricky. がよく使われます。「ちょっと厳しい」「難しい」「微妙」と言いたい時に使えます。

286

この映画で何が一番心に残った?

What moved you most about the film?

【解説】

厳密に言うと正しくは、What moved you the most about the film? ですが、ネイティブは会話の時、the most の the を省くことが多いです。

もう邪魔しないよ。

I'll get out of your hair.

【使い方例】

Thanks for checking my homework. Have you finished yet?
宿題確認してくれてありがとう。もう終わった？

No, I need to concentrate on this last bit.
まだ、この最後の部分に集中しないといけないんだ。

Okay, I'll get out of your hair.
分かった、もう邪魔しないよ。

【解説】

I'll get out of someone's hair. = I stop bothering someone. です。I'll leave you be. も「もう邪魔をしない」という意味ですが、I'll get out fo your hair. よりも丁寧な言い方なのでビジネスシーンでも使えます。

参考までに、誰かに向かって「邪魔しないで」と言いたい時は、Get out of my hair. と少し柔なか口調で言うといいでしょう。

任せておいて。

I'll sort it out.

【使い方例】

There's water dripping from the ceiling!
天井から水が滴り落ちてるんです。

Don't worry. I'll sort it out asap.
心配しないでください。すぐに解決します。

> Please because my carpet is getting damp.
> お願いします。カーペットが水浸しなんです。

【解説】

イギリス人は sort something out をよく使います。

sort something out ＝ get rid of the problem（問題を取り除く、克服する）＝ solve a problem（問題を解決する）です。

イギリス人が sort something out を使う時、「自分が解決するから任せておいて」というニュアンスが含まれています。

ここで、似たようなフレーズに figure out がありますが、sort out の違いは何でしょうか？イギリス人ネイティブに尋ねたところ、2つはとても近い意味を持つものの、figure out は、何かを実行する前のステップである、その状況を理解するプロセスに重きが置かれているのに対し、sort out は何かを実行して問題を解決すること、問題解決が実現することに重きが置かれている、とのことでした。

figure out も sort out も「問題を解決する」という意味ではほぼ同じ意味ですが、figure out は解決策実行前の考える段階、sort out は問題解決を実際にしている段階に重きが置かれているんですね。

289

絶対ありえない。

Never in a month of Sundays.

【使い方例】

> You keep buying a lottery ticket every week.
> 君は毎週宝くじを買い続けてるよね。

> Yes, I'm always hopeful that I'll win the big prize.
> そうだね、大当たりが出ればいいなって思ってるんだ。

> Sorry to say this but never in a month of Sundays is that going to happen.
>
> 言いづらいけど、絶対にありえないよ。

【解説】

Never in a month of Sundays. は、「全て日曜日で埋まっている月が来ることは絶対にありえない」ということから、Not possible./ Absolutely no chance of it happening./ It is never gonna happen. という意味で用いられます。以下の例も見てみましょう。

A：Are you ever going to paint our spare bed room?（いつ予備の寝室の壁を塗る予定？）

B：Never in a month of Sundays, I'm afraid.（残念ながら、ありえないかな）

A：Is he ever going to stop arriving at work late?（彼はいつ遅れずに出勤するようになるのかな？）

B：Never in a month of Sundays.（無理でしょう）

Never in a month of Sundays. は決まり文句として使われるのがほとんどなので、このまま覚えてしまいましょう。

あまり知られていませんが、イギリスは「ブックメーカー」でも有名です。「ブックメーカー」とは、合法的な賭けを運営している会社です。

例えば、スポーツの試合結果だけでなく、「アメリカ大統領選」、「日本の次期首相」、「アカデミー賞」、「ビル・ゲイツ氏の再婚相手」、「ロンドンでクリスマスに雪が降るか?」、「人類はいつ火星に行くか?」など世の中のあらゆる出来事が賭けの対象になっています。

William Hill(ウイリアム・ヒル)、Ladbrokes(ラドブロクス)、Coral（コラル）、Paddy Power（パディー・パワー）などのブックメーカーがロンドンの主要駅の駅前に店舗を構えています。

そんなに考えてなかった。
I haven't given it too much thought.

【使い方例】

Where are you gonna go on holiday next summer?
次の夏季休暇、どこに行く予定にしてるの?

I haven't given it too much thought. It's still only October.
まだそんなに考えてなかった。まだ 10 月だよ。

The best deals are now.
今がお買い時だよ。

【解説】

I haven't given it too much thought. は I haven't thought about it much. と言い換えることもできます。「考えたこともなかった」は I never thought of that. と表現します。

また、I will give it a thought. は「考えておく」という決まり文句で、I will think about it. と同じ意味です。

I will give it another thought. とすると、「再度考えてみる」「もう一度検討してみる」という意味で使えます。一度決断をしたのに、また何かを考えようとしている人に向けて、「もう考えなくていいよ」と言いたい時は、Don't give it another thought. と言ったりもします。

これまでのトップクラスだ。
It's up there with the best.

【使い方例】

Did you enjoy that new recipe?
新しいレシピどうだった?

Yeah, it's up there with the best I've ever tasted.
そうだね、今まで食べた中でもトップクラスに美味しいよ。

Okay, it's going in the favourites folder.
そうね、じゃあ「お気に入りフォルダ」に入れておくね。

【解説】

up there with = as good as です。つまり、A is up there with B. = A is as good as B.「A は B と同じくらい良い」という意味です。
例えば、以下のように使えます。

That holiday was right up there with my other favourite holidays.
(今回の休暇はこれまでで一番の休暇と同じくらい最高だった)
(= The holiday was as good as my other favourite holidays.)

be up there with 〜 は、be up there with best のかたちで使うことが一番多いです。

It's up there with the best. = It's one of the best. になります。

A : I tasted Clare's chocorate cake yesteryday. It was delicious.
(クレアのチョコレートケーキを昨日食べたんだ。とても美味しかったよ)

B : Yes, she is up there with the best. Amazingly, she is self-taught.
(彼女の腕前はピカイチだよね。しかも驚くべきことに自分で全部勉強したんだって)

何かがとても良い、素晴らしいと言いたい時、〇〇 is very good. と言う代わりに、このフレーズを使ってみましょう。
このフレーズは、友人・家族だけでなくビジネスシーンでも使えます。

どこで間違ったのかな？

Where did things go wrong?

【使い方例】

This meal is a disaster.
この料理、ひどいね。

Yeah, normally you are a very good cook. Where did things go wrong tonight?
そうだね、いつも料理上手なのに。どこで間違ったのかな？

I guess from the beginning.
最初からの気がする。

【解説】

何かによって状況がネガティブな方向に転じてしまった時に使うフレーズです。料理を失敗した時や、恋人との別れで使うことが多いです。

目からウロコが落ちる思いだった。

It was a real eye-opener.

【使い方例】

I've just finished reading her biography.
彼女の伝記をちょうど読み終えた。

How was it?
どうだった？

It was a real eye-opener.
目からウロコが落ちるくらい、新しい学びがあったよ。

【解説】

何かに驚かされたり、新しいことを学んだ時に使われます。

It was a real eye-opener. は過去形で使われることが一般的です。近いフレーズに It was very interesting. があります。2つとも、考えが変わるような新しい発見・学びがあることが共通点ですが、It was a real eye-opener. には「驚き」の要素が含まれます。

294

私はそれでいいよ。

Fine by me.

【使い方例】

> Shall we get a take away?
> 今日は食べ物買って帰ろうか？

> Fine by me, that way I won't have to do any cooking.
> 私はそれでいいよ、そうすれば、料理しなくていいから。

【解説】

Fine by me. は、That's fine by me. の短縮形で、I'm fine with it. と同じ意味です。つまり、「私は構わないよ」と言いたい時や、「（何かの提案に対して）自分は賛成だ」と言いたい時に使える表現です。

スラングではありませんが、カジュアルな言い回しなので、家族・友人などの親しい間柄の人に向けて使うことが多いです。

295

うまくいったよ！

I smashed it!

【使い方例】

> How did your exam go?
> 試験どうだった？

> Great. I smashed it!
> 完璧。うまくいったよ!

> Good. But actually you haven't got the result yet.
> 良かったね。でもまだ結果受け取ってないよね。

【解説】

I smashed it! = I did it very well. です。何かをものすごく上手くやり遂げた時に使えるフレーズです。誰かが何かを本当に上手くやった時にも、You smashed it!（完璧だよ！）と言うことができます。

296

ちょっと考えてみる。

I'll give it a think.

【使い方例】

> What would like for dinner?
> 夕食何食べたい?

> I don't know. I'll give it a think.
> 分からない。ちょっと考えてみる。

> Let me know before I go shopping.
> 買い物に行く前に教えて。

【解説】

何かを聞かれた際、即答できず、ちょっと考えたい時に使えるフレーズです。I'll give it a think. = I'll spend some time thinking about it. = I'll think about it. という意味です。

I'll give it a think. と I'll give it a thought. は同じ意味ですが、I'll give it a think. の方がカジュアルな言い回しです。

I'll give it a thought. は、比較的シリアスな話の時に使える言い回しです。

177

なお、I'll give it a thought. は I'll give it some thought. とも言えますが、I'll give it a think. は I'll give it some think. とは言いません。

例えば、以下のように使い分けることができます。

A：What would you like for dinner?（夕食何食べたい？）

B：I'll give it a think.（ちょっと考えてみる）

A：What do you want to do after university?（大学卒業したら、何するの？）

B：I don't know. I need to give it some thought.（分からない。考えなきゃ。）

297 ◢━━━━━━━━━━━━━━━━━━━━━━━━━━━━━━▶

両方の良いとこ取りはできないよ。

You can't have your cake and eat it.

【使い方例】

I like to have a glass of wine with my evening meal. But if I do, I can't sleep.

夕食と一緒にワイン飲むの好きなんだ。でもそうすると、寝れなくなっちゃうんだよね。

Well, you can't have your cake and eat it. You have to choose.

うん、両方の良いとこ取りはできないよね。どっちかを選ばないと。

【解説】

このフレーズは、基本的にこのままのかたちで使われるので、このまま覚えましょう。

You can't have your cake and eat it. の意味は You can't have both./ You want two good things at the same time but it is not possible./ It could be greedy.（greedy=貪欲な）です。

確かに、「ケーキを所有すること」と、「ケーキを食べること」を同時に実現させることはできないですよね。

298

ピカイチだ。

It's top-notch.

【使い方例】

This wine I was given for my birthday is delicious.
誕生日にもらったこのワイン、美味しいね。

I agree, it's top notch.
そうだね、ピカイチだよね。

【解説】

top-notch = excellent, meaning of very high quality です。

そもそもなぜ top-notch が「最高の」「一番の」という意味になったのでしょうか。

notch は「V字型の刻み目」「切り目」「くぼみ」を指します。よって、top-notch は「一番上にある切り目」という意味になります。

小さい頃、家の柱で身長を測って切れ目を入れたりしましたよね。まさにそのイメージで、「一番上の切れ目」= top-notch という意味合いなんです。

なお、このフレーズはビジネスでもカジュアルシーンでもどちらでも使えます。ややクラシカルな響きがあります。

299

もう若くないんだよ。

I'm no spring chicken anymore.

【使い方例】

> Come on. We need to run for the bus.
> 急いで。走らないとバスに間に合わない。

> I'm running as fast as I can. I'm no spring chicken anymore.
> 全力で走っているよ。もう若くないんだよ。

【解説】

spring chicken は young person「若者」を指し、通常、否定形で「もう若くはない」というかたちで使われます。

〇〇 is no spring chicken. =「〇〇はもう若くない」になります。

このフレーズはカジュアルな表現なので、親しい間柄の家族や友人、同僚に使います。

例えば、パブに行ってお酒を飲んでいる時、こんなふうに使ってもいいかもしれません。

I can't drink alcohol anymore. I get such a hangover the next day. I'm no spring chicken anymore.

（もう飲めないよ、明日二日酔いになっちゃう。もう若くないから）

300

それでいこう。

Let's go with that one.

【使い方例】

> Which proposal do you prefer?
> どちらの提案が良いですか?

> Let's go with that one.
> そっちの案にしよう。

【解説】

Let's go with that one. = Let's choose that one.「それを選ぼう」「それにしよう」という意味になります。

ちなみに、今自分が話しているものや近くにある何かを選択する際、例えば、レストランでメニューを指差しながら「これにします」と言いたい時は、I'll go with this one. もしくは I'll go for this one. と言うのが自然です。

301

考え方が大きく変わった。

There's been a massive shift in thinking.

【使い方例】

> Not so long ago people used plastic bags for everything.
> 最近までみんなビニール袋をいろいろなところで使ってたよね。

>> Yes, there's been a massive shift in thinking. I'm glad.
>> うん、考え方が大きく変わったんだね。嬉しいよ。

> I hardly see anyone with a disposable plastic bag anymore.
> もう使い捨てできるビニール袋を使っている人ほとんど見ないもんね。

【解説】

a massive shift = a big change で、There's been a massive shift in ～ で「～に大きな変化があった」になります。

例えば、There's been a massive shift in how people are woking.（働き方が大きく変わった）と言うこともできます。

このフレーズは親しい間柄の友人・家族との会話でも、フォーマルなビジネスシーンでも使えます。

以前、イギリスでは、海亀の鼻の穴にプラスチックのストローが入ってしまっている動画に注目が集まりました。自然に還らない大量のプラスチックゴミが環境（海洋）汚染を引き起こすだけでなく、そこに生息する生物をも苦しめているという事実を目の当たりにし、衝撃を受けた人が多かったのです。

その映像は、環境対策意識に更なる影響を与えたと言われており、プラスチックストローが紙ストローに変わり、スーパーなどで買ったもの入れる大きいビニール袋がリユース可能な厚手の袋になり、かつ有料になりました。そして、日本のスーパーの野菜売り場に置いてあるような小さい透明の薄いビニール袋さえも、イギリスのスーパーからはなくなっています。野菜や果物は、土に還る素材で作られた Biodegradable Bags や Home Compostable Bags に入れられて陳列されています。

（Biodegradable：生物分解可能な、Compostable：堆肥にできる）

302

いろんな人がいる。

It takes all sorts.

【使い方例】

He likes to eat his eggs raw.
彼は卵を生で食べるの好きなんだよね。

In the UK, that's really weird.
イギリスだと、とても変なことなんだよ。

It takes all sorts.
いろんな人がいるもんだね。

【解説】

It takes all sorts. は、誰かの言動に対して自分はそうしないだろうと思う時、自分はしない行動を誰かがしている時に使える表現です。

このフレーズにはほんの少しネガティブな要素も含まれます。

To each their own. と ほぼ同じ意味合いです。

あり得そうだ。

That's on the cards.

【使い方例】

I've heard we're gonna get a new boss this year.
新しい上司が来るって聞いたよ。

Yes, I've heard that's on the cards.
うん、あり得るんじゃないかって聞いたよ。

Do you know who that is going to be?
誰になるかって知ってる?

【解説】

Something is on the cards. = Something is very likely to happen./ That's probably gonna happen. 「(何かが) 起こり得る、ありそうだ、あり得る」と言いたい時に使います。1800 年代前半頃に生まれたフレーズで、タロットカードやトランプを使った運勢占いが由来とのこと。諸説あるようですが、占い師が手元のカードに出てきたものを、〇〇 is on the cards. (〇〇がカードに出ています) と言うことが転じて「〇〇が起こる可能性がある、〇〇あり得る」というニュアンスになったようです。

なお、イギリス英語では be on the cards ですが、アメリカ英語では be in the cards になります。

やってみる。

I'm gonna go for it.

【使い方例】

> I want to run the marathon this year.
> 今年はマラソンしたいんだよね。

>> You've been talking about it for ages.
>> ずっと前から同じこと言っているよね。

> I'm gonna go for it.
> ちゃんとやってみるよ。

【解説】

直訳すると、「それに向けて進む」で、まさに何かの達成に向けて進んでいくイメージです。

I'm gonna go for it. = I'm gonna do it. つまり、「（何かを得るためにしなければならないことを）やってみる」と言う意味合いです。

以下の3つのは意味合いは同じですが、丁寧さが異なります。

I'm gonna give it a try.〈この中では一番フォーマルな表現〉

I'm gonna give it a go.〈次にフォーマルな表現〉

I'm gonna go for it.〈一番カジュアルな言い回しで会話でよく使われる〉

また、go for it はこんな使い方もできます。

We're gonna go for it.（やってみる）

Let's go for it.（やってみよう）

Are you gonna go for it?（やってみるの？）

Go for it.（頑張れ）

305

それでいいです。

That'll do.

【使い方例】

> Can you give me two hundred grams of dark chocolate, please?
> ダークチョコレート 200 グラムください。

> Sure, but this piece is a bit more, is that okay?
> 分かりました、これだとちょっと多いけど大丈夫?

> Sure, that'll do.
> はい、それで結構です。

【解説】

That'll do.= That's enough./ When you don't want anything more of something. 「それで十分だ、もう結構です、それでいいよ、間に合ってる」という意味合いです。

例えば、こんな場面で使えます。

A：Do you want me to do anything else?（何か他にも私にできることある？）

B：No, that'll do.（大丈夫、もう十分だよ。）

A：Would you like some more?（おかわりいる？）

B：No thanks, that'll do.（いや、もういらないよ）

参考までに、「今のところはもう十分だ」「ひとまずそれで十分だ」と言いたい時は、That'll do for now. と表現できます。

このフレーズはポジティブな意味でもネガティブな意味でもありません。

306

考えただけでもぞっとする。

It doesn't bear thinking about.

> Some companies are asking their staff to start working from the office full time again.
>
> いくつかの会社はオフィスに出勤するように従業員に伝えているようだね。

> I know, I really hope my company doesn't do that.
>
> 聞いたよ、うちの会社が同じような決定をしなければいいけど。

> I agree, it doesn't bear thinking about. I'll leave my job if they ask me.
>
> そうだよね、考えただけでもぞっとするね。もしオフィスで働けって言われたら、会社辞めるかも。

【解説】

It doesn't bear thinking about. = You don't want to think about it./ You don't want to imagine.「考えたくない、イメージしたくない」という意味合いです。

I don't want go there. というフレーズも「考えたくない」という意味ですが、It doesn't bear thinking about. とは何が違うのでしょうか？イギリス人に聞いてみたところ、このように教えてくれました。

I don't want to go there. は、「どんな理由かは分からないけど、気分が悪くなりそうだから、ただ単に話したくない。その話題についてストレスに感じたり、怖さを感じたりしているわけではない」ということ。

一方、It doesn't bear thinking about. は、「その話題について話すことで、ストレスを感じたり、怖さを感じたりする。また、何かが起こって欲しくない」というニュアンスの違いがあります。

307

私の話を鵜呑みにしないで。

Don't take my word for it.

【使い方例】

> I heard the restaurant is really good.
> あのレストラン、とても美味しいって聞いたよ。

>> Okay, thanks. I'll book a table there.
>> ありがとう、予約してみる。

> Don't take my word for it. Best to read some reviews online.
> 私の言うことそのまま信じないでね。オンラインの口コミとかも見た方がいいよ。

【解説】

take my word for it = 100% believe what you say 「(真実を語っているから私の言っていることを) 信じていいよ」という意味です。
Don't take my word for it. = You do your own research./ Don't just rely on my opinion./ Don't just listen to me. 「私の言葉をそのまま聞いて、信じないで、自分で調べて」という意味になります。

308 ━━━━━━━━━━━━━━━━━━━━━━━━━━

やってみるよ。

I'll have a go.

【使い方例】

> I've started walking up the 7 flight of stairs everyday.
> 毎日7階分の階段を歩いて登ることを始めたんだ。

>> That's impressive. I think I'll have a go from tomorrow.
>> すごいね。私も明日からやってみようかな。

have a go = give it a go　つまり、「やってみる」「試してみる」というニュアンスです。

I'm gonna go for it. という表現もありますが、情熱や気持ちが含まれていて、I'll have a go. よりも「頑張る」というニュアンスが強くなります。

そんなこと誰が言ってるの？

Who says?

【使い方例】

> You're not supposed to walk on the grass.
> 芝生の上、歩いてはダメなんだよ。

>> Who says?
>> 誰がそんなこと言ってるの？

> That sign there...
> あっちに看板があったよ…

【解説】

Who says? には、考えや既成概念、意見などに同意できないというニュアンスが含まれます。

Who says? に似たフレーズで、Says who? がありますが、2つの違いは何でしょうか？ 2つは全く同じ意味ですが、Says who? の方がより攻撃的・挑戦的な響きを持っています。

どちらともアグレッシブな表現なので使う場面を考えて使用しましょう。

私の考えとは違う。

It doesn't chime with me.

【使い方例】

> What do you think of the proposal?
> この提案に対してどう考えますか？

>> It doesn't chime with me.
>> 私の考えとは一致しません。

> Okay, which bits do you not agree with?
> どの部分が同意できないのですか？

【解説】

chime with = agree with/ be in harmony with「相手の考え、企画、感覚などに対して賛成、調和、似ている」という意味で、ビジネスで使われることが多い表現です。

肯定文ではほとんど使われず、主に否定文で使われます。2番目によく使われるのは、疑問文です。

Does that chime with you? は Do you agree with that? と同じ意味で使われます。

例えば、こんなやりとりイメージになります。

A：I follow her on X because I usually agree with what she says.
（彼女の言うことに同意できるから、彼女のXをフォローしてるんだよ）

B：Even with her opinion on climate change? Does that chime with you?
（彼女の気候変動に対する考えについても？あなたと考えが一致してるの？）

参考までに、chime with は肯定文ではほぼ使われませんが、もし使うとしたらこんな表現ができます。

His view of life chimes with mine.（彼の人生哲学には共感できる）

肯定文で自分を主語にして I chime with you. と言うことはありません。

右に同じ。；同感。

I second that.

【使い方例】

I love working from home. It has so many benefits.
在宅勤務好きなんだよね。メリットがたくさんあるから。

I second that. Can't imagine ever going back to working 5 days in the office again.
同感。週5日のオフィス勤務に戻るのが想像できない。

【解説】

I second that. は I agree. と同じ意味で、I agree. よりもカジュアルな表現です。

そんなことはないと思いますが。

Not that I know of.

【使い方例】

Is there a post office near here?
近くに郵便局ありますか?

Not that I know of.
私の知る限りはないと思いますが。

Okay, thanks.
分かりました、ありがとう。

【解説】

Not as far as I know. や Not as far as I'm aware. と同じ意味で、「私が知っている限りは、違う・そうではない」というニュアンスで使える便利な一言です。

313

朝飯前だ！

Piece of cake!

【使い方例】

> How was the exam?
> 試験どうだった？

>> Piece of cake! All the questions I revised for came up.
>> 朝飯前だった！復習した内容が全部出たんだ。

【解説】

Piece of cake! = It was easy./ No problem./ Easily done. です。

It's a piece of cake! と習ったかもしれませんが、It's a piece of cake! は堅苦しい響きになるので、ネイティブは短く Piece of cake! と言います。

Easy peasy! という表現もありますが、Piece of cake! の方がよく使われます。

314

絶対うまくいかない！

It's gonna end in tears!

【使い方例】

> I heard Max has bought a second house in France.
> マックスがフランスに別荘を買ったって聞いたよ。

But he doesn't speak French and has no clue about how to look after his own house.

でも彼はフランス語話せないし、その家のメンテナンスをどうやるのか分かっていないよね。

I know, it's gonna end in tears!

そうだね、うまくいかないだろうね。

end in tears = end badly だよ。

315

私も前からそう思ってたよ。

You're preaching to the converted.

【使い方例】

Our next car has to be an electric one. Climate change gives us no choice.

今度買う車は電気自動車だね。気候変動を考えると、それしかないよね。

You're preaching to the converted. I will never buy a petrol or diesel car again.

私も前からそう思ってた。ガソリン車やディーゼル車は2度と買わないよ。

【解説】

preach は「説教・伝道する」、the converted は「改宗者」なので、preach to the converted は、「もうすでにその宗教に改宗している人に対して、改宗するように説得している」という意味になります。つまり、相手が何かについて自分を説得しようとしてきているけど、自分はもうその相手と同じ考え・思いだよと言いたい時に使えます。例えば、仕事において誰かが新しいシステムの導入を自分にすすめてきた時、すでに自分もその新しいシステム導入に賛成していたら、

You're preaching to the converted. と言うことができます。この、
You're preaching to the converted. は I already agree with you
to get a new system. という意味になります。

316

そうくるとは思わなかった。

I didn't see that coming.

【使い方例】

I've decided to move to France.
フランスに引っ越すことにしたよ。

Wow, I didn't see that coming. Since when do you
like France?
そんなこと言うなんて思ってもみなかったよ。いつからフランスが好きだったの?

Since I watched that French film last night.
昨晩フランスの映画を見て以来だよ。

【解説】

I didn't see that coming. = I didn't expect that. です。
常に過去形で使われるカジュアルなフレーズです。

317

運が良いですね。

You're in luck.

【使い方例】

I'm looking for these shoes but in size 5.
この靴のサイズ 5 を探しているんですが。

> Let me have a look. You're in luck, this is the last pair.
> 確認します。運が良いですね、これが最後の一足です。

【解説】

　You're in luck. は無理だろうなと期待してなかったけど、結果が幸運にもその人（You）が望んでいたものになった時に使えるフレーズです。

　You're in luck. は、単体で使わず、大抵の場合 You're in luck. に続いて、何が幸運・ラッキーだったのかを説明するための一言を付け加えます。ただ、何かを手渡しする時で、何が幸運だったのか明確である場合には、You're in luck. の理由説明は不要です。

　例えば、以下のような場面です。

A：Have you got any easter eggs left?（イースターエッグは残っていますか？）

B：You're in luck. [Handing over an egg.]（[卵を手渡しながら] 運が良いですね）

　ちなみに You're in luck. の方が You're lucky. よりフォーマルな表現で、ビジネスでも使える一言です。

318

彼はあなたのためを思っている。

He has your best interests at heart.

【使い方例】

> My dad is always giving me advice. I wish he'd back off!
> パパっていつも私にアドバイスしてくるんだよね。放っておいて欲しいのに。

I'm sure he has your best interests at heart. You should at least listen to him.

彼はあなたのことを思っているんだと思うよ。少なくとも彼が言っていることに耳を傾けるべきだよ。

Okay, but it doesn't mean I'll always do what he suggests.

分かったわ、でも彼が言ったことに常に従うってわけじゃないからね。

【解説】

have someone's best interests at heart は「本当にその人のためを思っている、助けてあげたいと思っている」という意味のフレーズです。

319

1日の終わりに飲む紅茶は格別だ。

There's nothing like a good cup of tea at the end of the day.

【使い方例】

You've had a really long and tiring day, let me make you a cuppa.

長くて大変な1日だったね、紅茶入れるよ。

Perfect thanks, there's nothing like a good cup of tea at the end of the day.

ありがとう、1日の終わりは紅茶に限るね。

【解説】

There's nothing like something positive/enjoyable は、自分自身がとても楽しめたり、欲しているものを指す時に使えるフレーズです。例えば他にもこんな使い方ができます。

There's nothing like going for a walk to clear your head. (気分転換したい時は散歩に限るね)

There's nothing like doing a bit of sports. （適度なスポーツに勝る
ものはないね）

いつか使うかもしれない。

It might come in handy.

【使い方例】

Now that we've unpacked the TV, we don't need
to keep the box.
テレビを箱から出したから、この箱もう要らないよね。

I disagree, it might come in handy. Let's keep it.
そうは思わないわ、いつか使うかもしれない。とっておきましょう。

Okay, but it'll need to be flattened.
わかった、でも潰して平にしておかないとね。

【解説】

It might come in handy. = It might be useful in a particular
situation. 「いつかどこかで使えるかもしれない」 という意味です。
It came in handy. で 「役に立ったよ」 という表現も併せて覚えてお
きましょう。

何でもするよ。

I'm all yours.

【使い方例】

Have you finished your work yet? I've been waiting
all day to spend some down time with you.
もう仕事終わった？一緒にゆっくり過ごそうと思って1日中待ってるんだけど。

> Sorry, yes. I'm all yours.
> ごめん、うん終わった。何でもするよ。

【解説】

I'm all yours. = I'm giving you my full attention. 「自分の注意を全てあなたに向けるよ」、つまり「何でもやるよ」という意味です。

322

楽勝だよ。

It's a doddle.

【使い方例】

> I've just bought a bookshelf that is self assembly. Help !
> 自分で組み立てないといけない本棚買ったんだ。手伝って!

> I've done this many times. Let me do it. It's a doddle.
> 何度も組み立てたことあるよ。やらしてごらん。楽勝だから。

It's a doddle. = It's very easy./ Easy peasy./ Piece of cake. 「楽勝、とても簡単」という意見だよ。

323

大丈夫だよ。

I can assure you it's not a problem.

【使い方例】

> I can give you a lift home if you want.
> 車で送ろうか?

> Thanks, but we live in opposite directions.
> ありがとう。でも私は別方向だよ。

> I can assure you it's not a problem. Grab your coat.
> 大丈夫だよ。コート取ってきて（行く準備して）。

【解説】

I can assure you = without doubt つまり、「自分が確信している、強く信じている」という意味です。

I can assure you の後ろに it's not a problem. を付けて、I can assure you it's not a problem. にしたのがこのフレーズであり、決まり文句のようによく使われる表現です。

I can assure you it's not a problem. = It's fine. つまり、「大丈夫、問題ない」という意味です。

I can assure you を使ったフレーズは、このフレーズの他に、次に紹介する I can assure you that's not the case. の2つがよく使われる表現なので、一緒に覚えましょう。

324

そうじゃないと思う。

I can assure you that's not the case.

【使い方例】

> I've heard the food at the restaurant is bad since they changed management.
> このレストランは経営が変わってからあまりおいしくなくなったって聞いたよ。

> I can assure you that's not the case. I went there last week and everything was delicious.
> 私はそうじゃないと思うよ。先週のディナーに行ったけど、おいしかったよ。

【解説】

I can assure you that's not the case. = I think you're mistaken./ I think you're wrong. になります。

I think you're mistaken. や I think you're wrong. は直接的な表現なので、イギリス人はあまり好んで使いません。その代わりに、相手を配慮した丁寧な言い方として I can assure you that's not the case. を使います。

325

そうは思わない。; 信じがたい。

I don't buy it.

【使い方例】

Amy spilt red wine over me during dinner. I know she doesn't like me but...
エイミーが夕食の時、赤ワインを私にこぼしたんだ。彼女、私のこと好きじゃないって知ってるけど…

I heard she said it was a mistake.
彼女はわざとじゃないって言ってみたいだよ。

I don't buy it. I think she did it on purpose.
信じがたいな。わざとやったんじゃないかって思う。

【解説】

I don't buy it. = I don't agree./ I'm not convinced./ I don't believe. です。なお、I don't buy it. の方が I doubt it. よりも強い意味になります。

I doubt it. が「疑わしい」「疑問に思う」程度なのに対し、I don't buy it. は「信じられない、そうは思わない、腑に落ちない」といった強い否定のニュアンスがあります。

提案は大歓迎だ。

I'm open to suggestions.

【使い方例】

How are you going to celebrate your special birthday?
あなたの特別な誕生日どうやって祝う予定なの?

I really don't know but I'm open to suggestions.
まだよく分からない、でも提案は大歓迎だよ。

How about a party on a boat?
じゃあ船上パーティーはどう?

【解説】

I'm open to suggestions.= I welcome any suggestions./ I'm ready to consider new things. つまり、「提案・新しいこと・自分の中にない考えに対して歓迎する」というニュアンスです。
カジュアルに親しい間柄の友人・家族・同僚に使える他、ビジネスシーンでも使っても問題ないです。

画期的なものだ。; 素晴らしいものだ。

It was the best thing since sliced bread.

【使い方例】

My grandmother was telling me how she used to hand wash every bit of clothing.
おばあちゃんが昔どうやって手洗いで洗濯をしていたか教えてくれたんだ。

> I bet she was relieved when the washing machine was invented!
> じゃあ洗濯機が発明された時は本当に助かっただろうね。

> Yes, she said that at the time, it was the best thing since sliced bread.
> うん、彼女曰く、洗濯機は画期的な発明だったんだって。

【解説】

パソコンやスマホなど、私たちの生活を変えた素晴らしい発明品はたくさんありますよね。そんな新しく素晴らしいものを言い表す時、このフレーズが使えます。

the best thing since sliced bread を直訳すると「スライスしたパン以来の最高の発明品」という意味になります。イギリス人曰く、スライスされたパンが発売された時、生活がより便利になる素晴らしいアイデアだとみんな喜んでいたことに由来する、ユーモアを混じえた表現なのだそうです。

なお、このフレーズは過去形で使われることが多いです。

328

今振り返ると、別のやり方があったと思う。

With hindsight, I would have done it differently.

【使い方例】

> I like the colours you've painted your flat with, especially the black accent wall.
> あなたの家の新しい壁色いいね、特に、アクセントになっている黒の壁が素敵。

With hindsight, I would have done it differently.
A more neutral colour and no black.

今になって考えると、もっと別のやり方があったんじゃないかって思うんだ。
もっとニュートラルな色で、黒じゃない色が良かったかなって。

Well, I think you've done something amazing here.

でも、私は今の色合い良いと思うよ。

【解説】

with hindsight = with the knowledge you have after the event
つまり、「出来事の後の知識で考えると」「今になって考えると」という意味です。hindsight の語源を探ってみると、hind =「後ろ」、sight =「見る・眺め・光景」なので、「後から見ると」というイメージになるのでしょう。

329

それらを減らさないといけない。

You need to cut back on those.

【使い方例】

I need to lose weight before my summer holiday.
夏休みの前に体重減らさないとな。

In that case, you need to cut back on those donuts you eat every day.
だったら、毎日食べてるドーナツの量減らさないとね。

【解説】

cut back on は、「何かの量(特に何かの消費量、飲食量やお金)を減らす」という意味です。
次のような使われ方もよくします。

You need to cut back on the amount time you watch TV.（テレビを見る時間を減らす必要がある）

cut back on と cut down on は同じ意味で使われます。

330

（私たち）まだまだイケるね。

We've still got it.

【使い方例】

I think that went well, even though we haven't done it for ages.
うまくできたね、私たち長い間やっていなかったのに。

Yep, we've still got it.
まだまだ腕は錆びついてなかったね。

【解説】

We've still got it. = We've still got the skill to do the thing.「まだ何かをする能力がある」という意味です。主語を「私（I）」にして、I've still got it.（私もまだまだイケるね）、「あなた（You）」を主語にして You've still got it.（あなたの腕、まだ錆びついてないね）と言うこともできます。

331

それで間に合わすしかない。

I guess we'll just have to make do.

【使い方例】

We've run out of fresh coffee. We only have instant left.
コーヒー豆切らしちゃってるね。インスタントコーヒーしかないみたい。

> I guess we'll just have to make do.
> それで間に合わせるしかないね。

【解説】

ポイントは I guess we'll just have to make do with +〈代替するもの〉です。

※〈代替するもの〉がその前の会話で登場していたら全て言わずに、I guess we'll just have to make do. で終わらせるのが自然な言い方です。

make do with 〜 = manage with the second best available resources つまり、ベストではないけど、次に適切なもので済ませる、という時に使うんですね。

I guess we'll just have to make do with +〈代替するもの〉. = We'll have to use something instead. です。

例えば、子供がチョコレートアイスを食べたがっていたけれど売り切れで、代わりにバニラアイスで我慢しなさいと言う時には、

You'll just have to make do with that for now. と表現できます（that =バニラアイス）。

332

どうやらそのようだね。

Apparently so.

【使い方例】

> I think someone has moved into the flat upstairs.
> 誰か上の階に引っ越してきたようだね。

> Apparently so, I can definitely hear footsteps.
> そのようだね。足音聞こえるからね。

【解説】

Apparently so. = It seems to be the case. です。イギリス人は、It seems to be the case. も使いますが、どちらかと言うと Apparently so. をよく使う傾向があります。

333

そんなに良いとは思わない。

I don't rate it.

【使い方例】

What do you think of his new car?
彼の新車どう思う?

I don't rate it. I prefer less flashy cars myself.
あんまり好きじゃないかな。私はもうちょっと派手じゃない車がいいな。

I agree, but that shade of green is definitely eye-catching.
私もそう思う、でも、緑色が目立つね。

【解説】

I don't rate it. = I don't think it's very good. 「そんなに良いとは思わない」という意味合いです。

動詞の rate には、「〜の価格を査定する」「〜を格付けする」の他に、「〜の（重要性や価値を）評価する」という意味があります。

つまり、このフレーズを直訳すると「それを評価しない」となり、自然な英語にすると「それは良いとは思わない」になります。

334

絶対ありえない。

Not in a million years.

【使い方例】

> I never thought Brexit would happen.
> ブレグジットが起きるなんて思ってもみなかったよ。

> Me neither, not in a million years.
> 私も。絶対ありえないって思ってた。

extremely unlikely「まずありえない」と同じ意味だよ。

335

誰にも言わないよ。

I'm keeping mum.

【使い方例】

> Do you know what my surprise birthday present is? You know I hate surprises!
> 私のサプライズ誕生日のプレゼント何か知ってる?サプライズが苦手だって知ってるでしょ!

> Yes I do, but sorry, I'm keeping mum. I promised your husband I wouldn't tell you.
> 何か知ってるよ。でも何も言えないんだ。あなたの夫とあなたに言わないって約束してるから。

【解説】

I'm keeping mum. = I'm not going to tell you./ I'm keeping the secret. つまり、「秘密を守る、口外しない、黙っている、誰にも何も言わない」という意味です。

336

噂をすればなんとやらだね!

Talk of the devil!

【使い方例】

> Have you seen Fiona recently?
> フィオナに最近あった?

>> No. But look, she's over there!
>> いや、あ、でも見て、彼女あそこにいるよ。

> Talk of the devil!
> 噂をすれば影がさすね!

【解説】

噂をしていた人が、偶然にもひょっこりと目の前に現れることってありませんか?そんな時、日本語では「噂をすれば影がさす」「噂をすればなんとやら」と言いますね。そんな時に使うフレーズです。

337

前言撤回させて。

I have to eat my words.

【使い方例】

> I heard you told Matt you didn't believe he'd complete the London marathon, but he did!
> あなたマットに対してマットはロンドンマラソン完走できないって言ったんだって。でも彼完走したね。

>> I know, I had to eat my words and apologise to him.
>> そうだったね、前言撤回して、彼に謝らないといけなかったよ。

> I also heard that he's suggested you run the marathon next year as a way of saying sorry!
> そしたら、彼は、謝罪の意味を込めて来年あなたがマラソンを完走することを提案してきたって聞いたよ!

I have to eat my words. 以前に言ったことが間違っていたので、少し恥ずかしいけどその発言を引っ込めたい時に使います。

自分の発言が間違っていて、謝罪の意味も込めてその発言を撤回したい時、まさに文字通り「言葉を食べてしまう、無かったことにする」というようなイメージです。

338

受け入れがたい。

That's hard to swallow.

【使い方例】

Have you heard, our boss has decided no one will get a pay rise this year.
今年、誰も昇給させないって上司が決めたらしいけど、聞いた?

No, what? Even given we are in a cost of living crisis? That's hard to swallow.
聞いてないよ、生活費が恐ろしく上がっているのに? 受け入れがたいよ。

You're telling me!
本当にそうだよね!

【解説】

That's hard to swallow. = It's difficult to accept. つまり、「受け入れるのが難しい」という意味です。

swallow は「飲み込む」なので、hard to swallow は文字通り、「飲み込むのが大変だ」という意味です。日本語でも何かを受け入れられない時に「飲み込めない」と表現するので同じイメージですね。

339

絶対誰にも言わない。

I promise I won't spill the beans.

【使い方例】

I've booked a lovely surprise for Lizzy's birthday.
リジーの誕生日に素敵なサプライズな予約したんだ。

What is it? I promise I won't spill the beans.
何それ?秘密にしておくから。

Okay, but don't tell anyone.
分かった、誰にも言わないでね。

【解説】

spill the beans = tell a secret「誰かに秘密をもらす」という意味です。
直訳すると「豆をこぼす」になりますが、「豆」=「秘密」と見立てて、「秘密をこぼす」→「秘密を漏らす」というようなイメージなのでしょう。なお、この spill the beans は、I promise I won't とセットで I promise I won't spill the beans. のかたちで使うことが多いです。

340

ためになった。

I got a lot out of it.

【使い方例】

I've just done a course on Japanese cooking.
日本料理の作り方を習うコースを終えたんだ。

That sounds fun.
楽しそうだね。

Yes, I got a lot out of it. For example, now I can make yakisoba.
うん、たくさん勉強になったよ。例えば、焼きそばを作れるようになったんだ。

【解説】

何か多くのことを学んだり、得ることができて、有益だったと言いたい時にこのフレーズが使えます。I got a lot out of it. ＝ I benefitted a lot from it.「たくさんの有益なことを得た」という意味です。

カジュアルな響きがあり、親しい間柄の友人・家族・同僚に使います。フォーマルな場面では It was very beneficial. と表現するといいでしょう。

他にも、I learnt a lot from it. / I received a lot of information. / What I learnt is useful. / I benefitted a lot from it. などもバリエーションとして覚えておきましょう。

341

ごめん、間違えた。

Sorry, I got it wrong.

【使い方例】

> Hi, it's nice to see you but I'm surprised to see you tonight.
> やあ、また会えて嬉しいよ、でも今夜会うなんて思ってなかったから驚いたよ。

>> Given you're in your dressing gown, I think I've come for the party a day too early. Sorry, I got it wrong.
>> あなたが部屋着を着ているところを見ると、1日早くパーティーに来ちゃったみたいだね。ごめん、間違えちゃった。

> No worries, come in anyway for a quick drink.
> 大丈夫だよ。まあ上がって、軽く飲んでいきなよ。

【解説】

間違えたり、誤解していた時、さらっとイギリス人が使う一言がこのフレーズです。

I get it wrong. = I made a mistake./ I misunderstood. です。

とてもカジュアルな表現なので、仕事の上司や目上の人には使わず、通常、親しい間柄の友人・家族・同僚のみに使います。

なお、it の部分を変えて以下のような使い方もできます。

I got the date wrong.（日にちを勘違いしていた）

I got the time wrong.（時間を勘違いしていた）

I got the place wrong.（場所を勘違いしていた）

類似表現として I screwed up. があります。「お互い勘違いしていた」は、We've got our wires crossed. という表現が自然です。

342

（こんな機会を逃して）損したね。

It's your loss.

【使い方例】

> We've decided to go to Paris next week, do you want to come?
> 来週パリに行こうと思っているんだけど一緒にどう？

>> No thanks, I don't like French food.
>> 私はいいよ、フランス料理好きじゃないし。

> It's your loss.
> 行かないなんてもったいないね。

【解説】

It's your loss. = You are missing out. です。

「あなたが楽しいだろうと思うことをその人が逃してしまった」シチュエーションで使えるフレーズです。

このフレーズは、ネガティブなニュアンスを含むので、よく知っている人にしか使いません。

反対に、あなたが相手の行動をサポートしている場合は、と Go you! と言います。

話半分で聞いた方がいい。

You need to take it with a pinch of salt.

【使い方例】

> He was late to work again this morning. This time apparently it was his dog's fault.
> 彼今朝も遅刻してきたね。今回は犬のせいだったようだけど。

> You need to take what he says with a pinch of salt. I'm not convinced his excuses are always genuine.
> 彼の言うことは話半分で聞かないといけないよ。彼の遅刻理由はいつも真実とは限らないから。

【解説】

take something with a pinch of salt = doubt the truth「真実かどうか疑う」という意味合いです。

日本語では「話半分で」と表しているところが、英語だと「ひとつまみの塩で」と表現するんですね。

絶対にしたい（見たい／行きたい）。

Wouldn't miss it for the world.

【使い方例】

> Are you going to watch the Queen's funeral?
> エリザベス女王の国葬見る？

> Wouldn't miss it for the world.
> 絶対見逃したくないよ。

> I agree, it's a truly historical event.
> 私も。本当に歴史的なイベントだよね。

【解説】

> Wouldn't miss it for the world. は、「もし世界をくれると言われても、世界をもらうよりも、もっとしたいことがある」つまり、「何があっても、どこかに絶対に行きたい、何かを見たい、したい」という時に使います。
>
> Wouldn't miss it for the world. は、決まり文句のようなものなので、主語なしで使うのが一般的です。

345

貧乏暇なしだ。

No rest for the wicked.

【使い方例】

> I'm leaving now, it's been a long day. What about you?
> もう帰宅するよ、長い1日だった。あなたは?

> No rest for the wicked. I have to finish and send this proposal out before I leave today.
> 今日中に終わらせなくちゃいけないことがあってね。今日帰る前に提案資料を作成して送らないといけないから。

> Well, good luck with that!
> 分かった、頑張ってね!

No rest for the wicked. は、直訳すると「悪人に休息なしだ」になり
ます。日本語では、「貧乏暇なしだ」が近い表現になります。「たとえ
疲れていたとしても、働き続けないといけない」というニュアンスです。
このフレーズは、カジュアルな感じで友人・家族に使うことができ
ますが、主に仕事おいて使われる言い回しです。別の英語表現では I
have to keep going. と同じ意味合いです。

346

やらなきゃいけない。

Needs must.

【使い方例】

> That's a huge spider on the wall over there!
> 大きな蜘蛛があそこの壁にいるよ。

>> Gosh, yes! We're both afraid of spiders, but one
>> of us has to take it outside.
>> うわー、本当だ! 私たちどっちも蜘蛛苦手だけど、どちらかが蜘蛛を外に
>> 出さないといけないね。

> Needs must. Thanks for volunteering.
> やらなきゃならないね。ありがとう、自発的にやってくれて。

【解説】

Needs must. は「やりたくない、気が乗らないけれど、逃れられな
いこと・やらなければならないこと」に対して使うフレーズです。
別の英語で言い換えると、We've got no choice.「それをする以外
の選択肢はない」というニュアンスになります。

347

知らない悪魔より知ってる悪魔の方がましだ。

Better the devil you know.

【使い方例】

> I'm thinking of changing my broadband provider as my monthly bill is so high.
> 月額の料金が高いから、ネットのプロバイダー別の会社に変えようかな。

> But an excellent connection is very important for your job, isn't it? Better the devil you know.
> でも仕事に使っているから、ちゃんと繋がるっていうのがとても重要じゃないかな? 知らない悪魔より知ってる悪魔の方がましだよ。

> I don't agree. There must be another company that offers an excellent connection and is much cheaper.
> そんなことないよ。きっとネットワークも安定していて、もっと安い会社があるはずだよ。

【解説】

2つの良くないものを比べた時、どちらも悪いなら、知らない悪いものより、知っている悪いものの方がリスクが少ないため、まだましだと言いたい時に使えます。

348

全く別物だ。

It's a different kettle of fish.

【使い方例】

> I heard you've started training for the marathon after talking about doing it for years. How's it going?
> ずっとマラソンしたいって言ってたけど、とうとうトレーニング始めたんだってね。調子はどう?

> It's much harder than I was expecting! Talking about it and actually doing it are definitely not the same. It's a different kettle of fish.
>
> 思っていたよりずっときついよ! 話すのと実際にやるのでは全然違うね。全く別物だよ。

【解説】

It's a different kettle of fish. = It's completely different. つまり、「全く別物だ、別の事柄だ」とい意味合いです。

なお、別の英語表現では、You can't compare. が最も近い言い回しです。

参考までに、a kettle of fish には、①「混乱状況」、②「事柄」の2つの意味があります。このフレーズでは②の意味で使われています。

kettle は、鮭を丸ごと入れることができる横長の伝統的な鍋・ヤカンから来ているようです。昔スコットランドの地方で、川辺にピクニックに行って、生きた鮭をそのまま鍋に入れて調理して宴会をしていたことが由来のようです。

349

きっと思い出すだろう。

It'll come back to me.

【使い方例】

> I know I walked into the kitchen for a reason, but right now, it escapes me.
>
> 何か理由があってキッチンに来たんだけど、思い出せない。

> That's frustrating. Try going back to where you had the thought.
>
> それはモヤモヤするね。その考えが浮かんだ場所に戻ってみたら。

> Good idea. I'm sure it'll come back to me.
>
> いい考えだね。そしたらきっと思い出す気がする。

【解説】

It'll come back to me. = I'll remember. つまり、「思い出すだろう」
という意味です。

基本的には、me（私）が何かを思い出す（It'll come back to me.）の
かたちで使われることが多いですが、you（あなた）が思い出すだろ
うという意味でも使えます。

Don't worry it'll come back to you.（心配しないで、きっと思い出
すよ）

It は fact や information などの思い出せないことを指しています。

350

彼は彼女を褒めた。

He paid her a compliment.

【使い方例】

She's beaming from ear to ear. I wonder what he
said to her.
彼女は満面の笑みだったね。彼、彼女に何て言ったんだろう。

I guess he must have paid her a compliment
about her presentation.
彼女のプレゼンについて褒めたんじゃないかな。

Well deserved. It was the best so far.
それはそうだよね、これまでで1番だったから。

【解説】

pay someone a compliment = say something nice about
someone つまり、「誰かについて素敵なこと（良いこと）を言う」
というニュアンスです。

I paid someone a compliment. のように、主語を I（私）にすること
もできます。

特筆すべきことはない。

It's nothing to write home about.

【使い方例】

I test drove the new model yesterday.
昨日新しいモデルの車をテスト運転してみたんだ。

How did you find it?
どうだった？

It's nothing to write home about. I prefer the model I've got now.
特にこれといったことはなかったな。今のモデルの方が好きだな。

【解説】

nothing to write home about = nothing special つまり、「特別なことはない」「たいしたことではない」「ごく普通の」という意味です。第一次世界大戦中に、負傷した軍人たちが「家に手紙を書いて知らせるようなことではない（たいしたことではない）」という意味で使ったことが由来のようです。

352

パッと思い浮かばない。

I can't think of any off the top of my head.

【解説】

同様の意味のフレーズとしては、I don't have any idea/examples in my head. があります。

ど忘れした = My mind went blank./ My mind has gone blank.

単語が思い浮かばない = I can't think of the word.

353

調子に乗った。

I got carried away.

354

うっかり忘れてた。

It just slipped my mind.

【使い方例】

> Are you joining the meeting? Everyone is waiting.
> 打合せに参加するの?みんな待ってるよ。

> Oh sorry, it just slipped my mind. I'm coming.
> ごめん、すっかり忘れてた。今いくよ。

I forgot it. と同じ意味だよ。

忙しくてやりたいことできてない。

Life keeps getting in the way.

【解説】

日本語にするのが難しい表現ですが、ネイティブがよく使う言い回しです。

何かをしたいけど、日常生活でやらなければならないことが出てきて、本当にやりたいことができない時に使える一言です。

get in the way は、「妨げになる、邪魔になる」という意味なので、Life keeps getting in the way を直訳すると、「生活が邪魔をする」「生活が道を塞ぐ」になり、何かをしようとしているのに、日常のやらなければいけないことに追われてできないというニュアンスです。

例えば、このように使えます。

I've always wanted to go traveling abroad, but life keeps getting in the way.（海外旅行にずっと行きたいと思っているけど、いろいろと生活が忙しくていけない）

Sometimes life gets in the way, but that's okay.（時々、生活が邪魔をすることがあるけど、でもそれはそれで大丈夫）

I know I should study more, but life keeps getting in the way.（もっと勉強しなきゃとは思うんだけど、生活が邪魔してね）

参考までに、継続的に邪魔をされていないのであれば、keep を使わず、Life gets in the way. だけでも使えます。

また、Life の部分を置き換えて、こんな使い方もできます。

Work sometimes gets in the way of my social life.（時々、仕事がプライベートを邪魔する）

She never let her feelings get in the way of her job.（彼女は仕事と感情を混同することはない）

Your social life must not get in the way of your studies.（遊びが勉強の妨げになってはならない）

なんかうわの空だよ。

You look spaced out.

【使い方例】

> You look really spaced out. I know it's been a
> long day. You should go home.
> なんかうわの空だよ。長い1日だったからかな。もう家帰ったら?

> Thanks. I'm gonna go home now.
> ありがとう。もう帰宅するね。

> Hope you get a good night sleep.
> しっかり休めるといいね。

【解説】

I（私）を主語にしたい時は、I'm feeling a bit spaced out.（なんか
うわの空だ/ボーっとしてた）と言うのが自然です。脳がしっかり働
いていない、今起きていることに意識が向いていない状態です。同じ
意味のフレーズとして My mind was else where. も併せて覚えてお
きましょう。

新しいことを始める。

I'm going to dip my toe in the water.

水に入る時、水温がどのくらいなのかそっとつま先で確認
するイメージだよ。

徐々に慣らしていくよ。

I'm easing into it.

【使い方例】

> I have started to run.
> ランニング始めたんだよ。

>> How many minutes are you running every day?
>> 毎日何分くらい走ってるの?

> To start with just 10 minutes because I'm easing into it.
> まずは10分からだよ、徐々に慣らしていきたいから。

【解説】

自分がやりやすいペースで何かをすると言いたい時に使える一言です。このフレーズを別の言い方をすると、I've decided to ease into it. になります。

今やることが沢山あるんだよね。

I've got a lot going on at the moment.

【使い方例】

> You look like you haven't slept for a week.
> 1週間くらい寝れてないような感じだよ。

>> I've got a lot going on at the moment.
>> 今やることが沢山あるんだよね。

> Why don't you have counseling?
> カウンセリング受けてみたら？

360

波長が合ってる。

They're on the same wavelength.

【使い方例】

> Those two get on so well.
> あの2人ってウマが合ってるよね。

> Yeah, seems like they are on the same wavelength.
> They could be twins.
> そうだね、波長が合ってる感じする。双子って感じ。

【解説】

be on the same wavelength はイディオムで be in harmony with each other「（2人の）心が通い合っている、考え方・議論・話が合う、波長が合う」という意味です。

「私たちは気が合う」と言いたい時は、We're on the same wavelength. になります。同じ意味の表現として、They understand each other./ They think in a similar way./ They get on naturally. などがあります。

361

最新情報だよ。

Hot off the press.

【使い方例】

> I've just received a photo of my nephew. He was born this morning.
> 甥の写真がちょうど今届いたんだ。今朝産まれたんだよ。

Wow, hot off the press. Let me have a look.
ホヤホヤの情報だね、見せて。

Sure. Here you go.
もちろん、ほら。

362 •————————————————

お互いのことをよく知っているんだね。

You two know each other inside out.

【解説】

inside out は、衣服を裏返しに着ている状態を指す言葉として有名ですね。でも実は inside out には know someone/ something very well（誰かや何かをよく知っていること）という意味もあります。

まさに「裏まで全てをくまなく知っている、熟知している、隅から隅まで知っている」というニュアンスなんですね。

いくつか例文を見てみましょう。

I know London inside out.（ロンドンを裏から表まで知り尽くしている）

I know the system inside out.（そのシステムを熟知している）

I know him inside out.（彼を徹底的に理解している）

I know my business inside out.（自分のビジネスを中身からよく知っている）

363 •————————————————

おじゃんになっちゃった。

It went pear-shaped.

【使い方例】

My friends and I had a plan to have a picnic in the park last weekend, but it rained.
先週、友達と公園にピクニックに行く予定だったんだけど、雨が降っちゃたんだよね。

That's such a shame. Your plan went pear-shaped. Better luck next time.
残念だったね。せっかくの予定が台無しだね。次は行けるといいね。

Yeah, but next week we will have a heat wave.
そうだね、でも、次の週は熱波なんだよね。

【解説】

pear は「洋梨」という意味ですが、go pear-shaped で「うまくいかない」という意味になります。由来は諸説あるようで、一説によると英国空軍のスラングから来ていて、きれいな円を描くはずの曲芸飛行が、いびつな円になってしまったことから来ているという説です。
また他に、ガラス工芸の時、うまく球形を作れず、洋梨のような形になってしまったことから来ているという説もあります。いずれにせよ、「本来あるべき形にならなかった」というイメージがあるんですね。

364

たらい回しにされた。

They kept transferring me.

【使い方例】

I'm really frustrated with my internet provider.
インターネットプロバイダー、本当にイライラする。

Why?
なんで?

Because I phoned them yesterday to ask them simple questions, but they kept transferring me before I finally got my answer.

昨日、簡単な質問をしたくて電話したんだけど、答えをもらうまでにたらい回しにされたんだよ。

【解説】

　　イギリスでは、公共サービス（水道、ガス、電気、インターネット）や銀行などに電話で問い合わせをすると、次から次へと別の窓口に回されることがあります。10分以上待たされ、保留中に流れている音楽が頭から離れなくなるほどです。ようやく繋がった担当者に丁寧に質問するも要点を得ず、別の担当者に回され、また別の担当者に同じ話を一からしなければなりません。質問に対して、的を得た返答が来ないことが多く、別の聞き方をして何とか伝えようとするのですが、頑なに同じ返答を繰り返されることもあります。そのやり取りを何ターンか繰り返すと、また別の担当者に回されます。（※コールセンターの担当者によって様々な発音の特徴があり聞き取りづらい場合は、余計にエネルギーを使います）こういったいわゆる「たらい回し」はしばしば起こります。

　　そんな状況を英語で表現すると、このフレーズになります。

　　transfer が「転送する」という意味なので、keep transferring me で「私を転送し続ける」＝「たらい回しにする」という意味になります。

365

以前と全然違う。

It's a far cry from what it was.

【解説】

　　a far cry from 〜 = very different to 〜 です。なお、different to 〜はイギリス英語、 different from 〜はアメリカ英語です。

　　なので、このフレーズは、このように言い換えることができます。

It's a far cry from what it was. = It's very different to what it was.

このフレーズは、以下のように場所や人に対して使うことが多いです。

Modern-day Canterbury is a far cry from what it was when I was there as a student.（今のカンタベリーは、昔学生時代で過ごした時とは全く異なる）

He is a far cry from the person he used to be.（彼は、昔の彼とは全く別人だ）

なぜ、a far cry from～が、「～とは大きく異なる」という意味になったのでしょうか？

far は「遠い」、cry は「叫び」という意味があります。つまり、「叫んでも届かないくらい遠く離れている」→「大きく異なる、全く違う」というのが由来だそうです。

このフレーズは、カジュアルな友人・家族との会話、フォーマルなシーンでもどちらの場面でも使えます。会話で多く使われる言い回しです。

366

彼は一線を越えた。

He crossed the line.

【使い方例】

He is always criticising my mother, but last night was too much.
彼っていつも私の母のこと批判してくるの。でも昨晩のはちょっと行き過ぎだったわ。

From what I heard, he really crossed the line.
聞いた限りだと、彼は一線を越えたね。

Yeah, I've had enough. I'm gonna chuck him.
そうなの、もう十分。彼と別れるわ。

cross the line = go too far/ behave in a way that is not acceptable です。cross the line(一線を越える)は、get carried away(調子に乗る)よりも強い意味合いで使われます。

また、次のように使うこともあります。

I think I might have crossed the line.（ちょっと行き過ぎたかもしれない）

Did I cross a line just now?（ちょっとまずかったかな？）

367

汚れている。

It's filthy.

【使い方例】

I haven't washed my car for a year.
もう 1 年くらい洗車してないよ。

Yeah, I can tell it's filthy.
そうなんだ、確かにだいぶ汚れているね。

Yeah, I need to clean it soon because I'm finding it difficult to see through my wind screen.
そうだよね、フロントガラスから前が見えないから、早くきれいにしないといけないよ。

【解説】

イギリス人に filthy を別の単語で何と言うか尋ねたところ、very dirty とのこと。dirty も filthy も日本語だと同じ「汚い」になりますが、filthy の方が dirty よりもさらに汚れている状態を指すします。

368

さっぱり分からない。

That has completely baffled me.

【使い方例】

> I spent the whole night tossing and turning because I was too hot.
> 暑すぎて一晩中寝返り打ってたよ。

> That's weird considering it got to minus 2 degrees overnight.
> 変なの、昨晩はマイナス 2 度だったのに。

> I know that has completely baffled me.
> そうなんだよね、さっぱり分からない。

【解説】

That has completely baffled me.= It has completely confused me. つまり、全く分からなくて困惑している状態を指します。

A：Did you write this note?（このメモ書いた？）

B：That's my hand writing but I don't remember writing the note. That's completely baffled me.
（これ私の筆跡だね、でもこのメモ書いた覚えないなぁ。さっぱり分からない）

A：Maybe you wrote it in your sleep.（たぶん、寝ている間に書いたんだろうね）

このフレーズは、ビジネスでも、カジュアル（家族・友人）でもどちらでも使える言い回しですが、できればビジネスシーンでは使わずにいたいものです。

369

真顔でいるのが難しい。

It's difficult to keep a straight face.

> I didn't know he had such a high voice.
>
> 彼があんなに高い声だなんて知らなかったわ。

> Yeah, it's difficult to keep a straight face when he is talking.
>
> そうだよね、真顔でいるのが難しかったよ。

> You bet.
>
> だよね。

【解説】

イギリス人はジョークが好きですが、一方で分かりにくいことがあります。ジョークを言う時、決まって真顔だからです。

眉間にしわを寄せて小難しい顔をして話し出すので、批判的なことを言われるのかと思って、心の準備をしながら最後まで聞いていると、結局ジョークだった、ということがよくあるパターンです。

イギリス人も、British people often keep a straight face when joking. と言っていました。面白いことを真顔で言うというギャップも、またこだわりなのでしょう。

370

別のこと考えてた。

I was miles away.

【解説】

be miles away を直訳すると「何マイルも離れている」になるため、I was miles away は、何か別のことを考えているため、今目の前で起きていることに意識が向いていない状態を指します。

このフレーズは、ビジネスシーンでもカジュアルな場面でも使えます。また、文語ではなく口語として使うことが多いです。

同じ意味の表現として、My mind was on the other things. というフレーズがあります。

道路の制限速度は、日本ではキロメーター表示ですが、イギリスではマイル表示になっています。
例えば、日本の高速道路にあたるような、Motorway（モーターウェイ）では時速 70 マイル（時速 112 キロメーター）といった具合です。※ 1km=1.6mile

371

臭い。

It smells rank.

【使い方例】

Some people think that the fruit called durian smells like rotten onions.
ドリアンって腐った玉ねぎみたいな匂いがするって言われてるよね。

I agree. It smells rank.
そうだよ、悪臭がするんだ。

Apparently it tastes good.
美味しいみたいだけどね。

【解説】

rankは、「匂いがひどい」「臭い」という意味です。「臭い」は rank 以外にも disgusting/ stink などがあります。

372

半分終わったところ。

We're half way through.

【使い方例】

We've worked hard painting the flat today.
今日は部屋のペンキ塗り頑張ったよね。

> Yeah, we're half way though. We should be able to finish next week.
> そうだね、半分までは塗ったよね。来週には全部終わるはずだね。

【解説】

We're half way through. = We have done half of what we are intending to do.「半分終わった、途中まで来た、予定していた半分まで完了した」という意味です。

373

直接体験したことがある。

I have first-hand experience of that.

【使い方例】

> I love long train journeys and have always wanted to travel on the Trans-Siberian Railway.
> 長距離列車の旅が好きで、ずっとシベリア鉄道に乗ってみたいんだよね。

> I have first-hand experience of that. It was amazing.
> シベリア鉄道、直に乗ったことあるよ。最高だった。

【解説】

first-hand = direct です。first-hand（形容詞）に続く名詞としては、first-hand information（直接聞いた情報）、first-hand experience（直接の体験）などがよく使われる組み合わせです。

なお、second-hand は、「また聞きの」「受け売りの」という意味になります。

374

全くウケなかった。

That went down like a lead balloon.

【使い方例】

> He started off his speech with a really bad joke.
> スピーチの初めのジョーク滑ってたね。

> Yeah, I heard it went down like a lead balloon.
> うん、全く受けてなかったって聞いたよ。

【解説】

That went down like a lead balloon. は、「(誰かの言ったことが)ウケなかった、失敗に終わった、通じなかった」という意味です。
文字通り「順調に飛んでいた風船が、鉛のように重たくなって急に落ちてしまった」というイメージのユーモラスな表現です。

375

彼女は彼に文句を言った。

She had a go at him.

【使い方例】

> I think my neighbour forgot to put the rubbish out yesterday.
> 昨日隣人がゴミ出し忘れたみたい。

> Yes, you told me that happens quite often.
> そういうことが結構あるって前も言ってたよね。

> Yeah, yesterday his wife had a go at him again.
> そうなんだよね、昨日も彼女は夫にまた文句を言ってたよ。

【解説】

have a go at 〜 = criticise つまり、「(誰かを)批判する、(誰かに)文句を言う、(誰かを)攻撃する」という意味です。

なお、この have a go at〜 は I（私）を主語にすることは滅多になく、基本的には I（私）以外の他者を主語にして使います。参考までに、現在形ではこんな感じで使えます。

She has a go at somebody else. （彼女は他の誰かに文句を言う）

見れなかった。

I didn't get to see it.

【使い方例】

Have you seen the latest Spiderman film?
スパイダーマンの最新版の映画見た？

No, I didn't get to see it. Was it as good as the reviews?
いや、見れなかった。レビューと同じくらい良かった？

【解説】

get to〜 = manage to〜 / have the opportunity to〜 / be able to〜　つまり「何とか〜する」「〜する機会がある」「〜できる」という意味です。

get to〜 は、基本的に口語で用いられる表現で、ここで紹介しているフレーズのように過去形の否定形で使われることが多いです。

いくつか例文を見てみましょう。

I didn't get to read it. （読めなかった）

I didn't get to watch it. （見れなかった）

I didn't get to try it. （試せなかった）

I didn't get to go there. （行けなかった）

ここで、I couldn't see it. と I didn't get to see it. の違いを見てみましょう。

I couldn't see it. は、見れなかった理由が自分のコントロールできない外部要因があるというニュアンスを持つのに対し、I didn't get to see it. 見れなかった理由が自分のコントロール内にあったのに、自分がやらなかったというニュアンスを持ちます。

I couldn't see it because my TV was broken.

（テレビが壊れていたから見れなかった）

I couldn't see it because the cinema was closed.

（映画館が閉まっていたから見れなかった）

I didn't get to see it because I had to do something else.

（他にやらないといけないことがあって見れなかった）

テレビが故障してたり、映画館が閉まっていて見れなかったのは、自分のコントロール外なので、I couldn't see it. と言うのが自然です。一方で、「何か別のことをしなければいけなかったので、見れなかった」というのは、自分の意志で別のことをしたので、I didn't get to see it. となるのです。

get to〜 は否定形だけでなく、Did you get to see it? のように疑問形で使うこともありますが、I got to see it. のように肯定形で使うことはあまりありません。

377

彼は〜について長々と話した。

He kept rabbiting on about 〜 .

【使い方例】

> I bumped into my neighbour again yesterday.
> 昨日近所の人にまたばったり会ったんだ。

>> Is he well?
>> 彼元気そうだった？

> Yes, but he kept rabbiting on about his boiler.
> うん、彼の家の給湯器について長々と話をされたよ。

rabbit on = keep talking about something which isn't really interesting to the listener「聞いている人にとって大して興味のない話をずっと話し続ける」という意味合いです。

378

その場ですぐに

then and there

【使い方例】

My landlord came round to have a look at my boiler, which had stopped working.
家の給湯器が止まったから、大家さんが見にきたんだ。

Did you manage to fix it?
修理できたの?

Yes, there was no need to call an engineer, he fixed it then and there.
うん、エンジニアを呼ぶ必要なかったんだ。彼がその場ですぐに直したからね。

【解説】

then and there = immediately「その場で、すぐに」という意味です。以下のような使い方もできます。

She gave it to me then and there. (彼女はその場ですぐにそれをくれた)

He finished it then and there. (彼はその場ですぐに終わらせた)

It was resolved then and there. (すぐに解決した)

379

気を抜いちゃったんだね。

You took your eye off the ball.

【使い方例】

> What's up?
> どうしたの?

> My doorbell just rang as I was eating dinner, and when I came back my cat was tucking into my food.
> 夕食中にドアベルが鳴ったから出て戻ってきたら、猫が私の夕食をガツガツ食べてたんだ。

> You took your eye off the ball there. I bet she was happy!
> ちょっと目を離しちゃったんだね。猫はさぞハッピーだっただろうね!

【解説】

take your eye off the ball = stop paying attention to something for a moment つまり、「今やっていることから、少しの間注意をそらした」という意味です。

このフレーズは一般的に過去形で使われることが多いです。

380

彼女はやり遂げた。

She nailed it!

【使い方例】

> How did her audition go?
> 彼女オーディションどうだったのかな?

> She nailed it! They offered her the job then and there.
> 通ったよ!その場ですぐに決まったって。

nail は名詞で「爪」「釘」という意味ですが、動詞として「釘で打ち付ける」「獲物を仕留める」「核心をつく」という意味もあります。

She nailed it! を直訳すると「彼女はそれを釘で打ち付けた、仕留めた」ですが、意味は「彼女はうまくやった、成功した」となります。

nail something = be successful つまり、She nailed it! は、She was successful!/ She did it! と言い換えられます。

381

彼に振られた。

He chucked me.

【使い方例】

> You look sad, what happened?
> 悲しそうだね、何かあったの?

>> Harry chucked me last night.
>> 昨晩ハリーに振られたの。

> Wow, I didn't see that coming.
> そうなんだ、そんなことになるなんて思ってなかったよ。

【解説】

He chucked me. = He ended our romantic relationship. という意味です。

○○ chucked △△ で「○○は△△を振った」となります。

382

笑って済ませた。

I laughed it off.

【使い方例】

My new boss guessed my age, and added an extra 10 years to my actual age.

新しい上司が私の年齢を当てようとしてきたんだけど、実際の年より10歳も上に見られちゃった。

Oh dear, that must have been awkward.

えー、気まずかったんじゃない。

A bit. But I laughed it off. I have to work with him going forward, so it wasn't a time for an honest response from me!

少しね。笑い飛ばしたけど。これから一緒に働かないといけないから、何も言わないことにした。

【解説】

laugh something off は、「笑いたい気持ちではないけど、深刻な感じにならないように、軽い空気感にするように笑って対応すること」という意味合いが含まれます。

383

失言しちゃった。；ヘマしちゃった。

I dropped a clanger.

【使い方例】

I dropped a clanger when I told him what his birthday present was before he'd opened it.

彼が彼の誕生日プレゼントの箱を開ける前に、中身が何かって言っちゃったんだよね。

Oops!

ありゃりゃ!

I dropped a clanger. は、「恥ずかしい間違いをした」という意味合いです。

似たような意味のフレーズで、I put my foot in it.「失言する、ヘマをする、問題発言をする」がありますが、その違いはなんでしょうか？ put my foot in it. は「誰か別の人を自分のミスによってはずかしめた」というニュアンスなのに対し、I dropped a clanger. は「自分自身にとって恥ずかしいミスをした」というニュアンスです。

384

クレイジーだ。；普通ではない。

That's bonkers.

【使い方例】

My friend likes to sprinkle sugar over her boiled eggs.
私の友達、ゆで卵に砂糖をかけて食べるのが好きなんだよ。

That's bonkers. Why?
普通じゃないね。

She says she can't eat them any other way.
彼女はそれ以外の食べ方はできないって言ってたよ。

【解説】

bonkers = mad/ crazy です。このフレーズは、ポジティブでもネガティブでもない Light-hearted/comical word（気軽で愉快で面白い響きを持つ言葉）です。

That's bonkers. だけでなく、You're bonkers. と言うこともできます。使用頻度は高くありませんが、ネイティブなら誰でも知ってる That's crazy. の代わりに使えるカジュアルな口語表現です。

しくじった。

I just made a pig's ear of that.

【使い方例】

> What's that?
> どうかしたの?

>> A cake I baked, but it doesn't look anything like the photo in the recipe book. I just made a pig's ear of that.
>> ケーキを焼いたんだけど、レシピ本のようにうまくできなかったんだよね。しくじったかな。

> Well, I still want to try eating it, but maybe with my eyes closed.
> 私は食べたいと思うよ、ただし見ないようにしないとね。

【解説】

make a pig's ear of something = do something badly つまり、「うまくいかなかった（台なしになった）」という意味です。

You gave a presentation but it went badly, you can say this phrase. 例えば、プレゼンがうまくいかなかった時、このフレーズが使えるよ。

彼はもう年だ。

He is a bit long in the tooth.

My dad has discovered skate-boarding and he loves it.
父さんがスケートボードを始めて、ハマってるんだ。

Wow, he's a bit long in the tooth for that !
そうなんだ、ちょっと歳をとりすぎてる感じがするけどね!

You'd think, but actually he's quite good at it.
そう思うか、でも、割とうまいんだよ。

【解説】

be long in the tooth = be quite old です。

なぜ be long in the tooth で「年をとった」という意味になるのでしょうか?由来は馬の歯のようです。馬は歯で年齢を判断できるくらい、年をとると歯茎が後退して歯が長く見えるのです。そのことから、「年をとった」=「長い歯」（long in the tooth）が生まれたのだそう。

ちなみに、このフレーズは基本的に三人称単数、つまり、he/ she を主語で使うことが多いそうですが、自分に対しても使うことができます。

I'm a bit long in the tooth. （もう歳だ）

他人に対して使う時は、ダイレクトに He is old. などと言うよりは間接的でマシですが、それでも少し失礼な響きがあることに変わりないので、使い方には気をつけましょう。

387

かなり良い状態だ。

It's in quite good nick.

【使い方例】

I heard you're selling your Jaguar.
ジャガーを売りに出すって聞いたよ。

> Yep, it's in quite good nick, so I hope to get a
> good price for it.
> うん、かなり良い状態だから、良い値段が付くと良いなって思ってる。

【解説】

in quite good nick = in quite good condition です。つまり、nick
= condition となります。

このフレーズはカジュアルな口語表現です。

388

退屈な日常から脱する。

It allows me to escape the humdrum of my daily life.

【使い方例】

> So how come you are learning French?
> なんでフランス語を学んでるの?

> Because it allows me to escape the humdrum of
> my daily life.
> 平凡な日常に変化を与えたくてね。

> Well, French is definitely a beautiful language.
> フランス語って美しい言語だよね。

【解説】

毎日毎日単調な生活を送っていると、そこから脱したい、変化が欲し
いと思うことがありますよね。何かをすることで、その平凡な日常か
ら脱する・自由になることができると言いたい時、このフレーズが使
えます。

humdrum = the boring routine「退屈なルーティーン・日常」です。

順調だった。

It was plain sailing.

【使い方例】

How was your drive down to Devon?
デヴォンまでの車での旅行はどうだった?

Once we'd managed to leave London's busy
roads behind, it was plain sailing.
ロンドンの渋滞を抜けたら、あとは順調な旅路だったよ。

【解説】

plain が「簡単な」「明白な」で、sailing が「航海」なので、plain
sailing で「順調な航海」という意味ですね。
「問題なく、物事が簡単にスムーズに進んでいる様子」を指します。

耳に残って離れない。

It's ringing in my ears.

【使い方例】

I can't stop thinking about your parting comment.
It's ringing in my ears.
あなたの最後のコメントが耳から離れないんだよね。すごく印象に残ったんだ。

Well, I hope you take it in a positive way. I only
meant it as encouragement.
そっか、ポジティブな意味ならいいね。励まそうと思って言ったから。

Yes, I appreciate your honesty.
うん、正直に言ってくれてありがとう。

【解説】

> It's ringing in my ears. = It's made a big impression on me. 「強い印象・インパクトを与えた」というニュアンスです。

391

彼女は無理をした。

She bit off more than she could chew.

【使い方例】

> She joined the daily spin class, but gave up after 3 days.
> 彼女、デイリーのスピンクラスに参加したんだけど、3日でやめちゃった。

> Sounds like she bit off more than she could chew.
> ちょっと無理した感じだね。

> Yeah, she said she's gonna switch to the weekly class.
> そうだね、ウィークリーのクラスに変更するって言ってたよ。

※スピンクラス：ジムでインストラクターと一緒に行なう自転車マシンを使ったエクササイズ。

【解説】

> bite off more than you can chew は直訳すると「自分が噛める以上のものをかじりとる」という意味から、「自分の力を超えて無理をしている」というニュアンスになります。つまり、try something that is too difficult for that person「その人にとって難しすぎることにトライすること」なんですね。

392

脳が働かなくなる。

I'll be like a zombie.

> You should stop studying now and go to bed.
> もう勉強するのやめて寝なよ。

> I agree. I need to start winding down now and get some quality sleep. If I don't, I'll be like a zombie tomorrow.
> そうだね。もう肩の力を抜いて、しっかり寝ないとな。そうしないと、明日脳が働かないだろうね。

【解説】

I'll be like a zombie. = My brain won't be functioning well. つまり、「脳が働かない。無気力になる」という意味合いです。

zombie といえば、生き返った死体のことですが、それと同時に「(魂が抜けたような) 無気力な人」という意味もあります。

393

何もしてない。

Diddly squat.

【使い方例】

> What did you do at the weekend?
> 週末何したの?

> Diddly squat.
> 何もしてないよ。

> Well, you must be feeling totally refreshed now then.
> じゃあ、完全にリフレッシュできたんじゃない?

【解説】

diddly squat = nothing つまり、「なし、ゼロ、何もしてない」という意味になります。

泣きっ面に蜂だ！

That was a double whammy!

【使い方例】

> You look tired this morning.
> 疲れているように見えるよ。

>> Thanks. My neighbours had a party last night that went on till the early hours. Then, my cat woke me up at dawn asking for food.
>> ありがとう。隣の家で昨晩パーティーがあって、遅くまで続いてたんだ。その後、猫が夜明けに餌が欲しいって私を起こしてきたんだ。

> Wow, that was a double whammy!
> そうなんだ、それはダブルパンチだね！

【解説】

double whammy は、「2つのよくないことが同時に起きること」を指します。

whammy は「手ひどい失敗、不運な結末」という意味です。

彼らは意見が合わない。

They don't see eye to eye.

【使い方例】

> They are brothers, but they don't seem to get on.
> 彼らは兄弟なんだけど、あまりウマがあってないみたいだね。

>> I've noticed that too. It's been like that since I can remember.
>> 私も気付いてた。私が覚えている限りずっとそんな感じだね。

> I guess they don't see eye to eye on most things, then.
>
> 彼ら、ほとんどのことで意見が合わないからね。

【解説】

not see eye to eye = not be in an agreement つまり「同意できない」という意味合いです。基本的に否定形で使われます。

eye to eye が「目と目を合わせて」という意味に加えて、「目の高さが同じ」という意味合いがあるので、まさに「同じ目の高さでみる」＝「見解・考え・意見が一致する」というイメージになります。

396

聞いたことなかった。

I've never heard of it before.

【使い方例】

> Well, that's your word for today, then.
>
> じゃあ、これが今日の（新しく知った）言葉だね。

> Definitely, I've never heard of it before. Thanks.
>
> その通り、聞いたことなかったから。ありがとね。

【解説】

I've never heard of it before. = It's new to me. 「聞いたことなかった、初めて聞いた」という意味の定番のフレーズです。

397

彼、今頃くしゃみしてるよ。

I bet his ears are burning right now.

【使い方例】

> Do you realise we've been talking about him for about an hour?
> 彼について1時間以上話してるって気付いた?

> > I bet his ears are burning right now.
> > きっと今頃彼くしゃみしてるよ。

【解説】

日本では、その場にいない誰かの話をしている時、「（その人）今頃、くしゃみをしているだろう」と言いますが、英語では「くしゃみをする」ではなく、「耳が火照るのを感じているだろう」と表現します。ローマ時代から、右耳が火照ると良い噂、左耳が火照ると悪い噂という俗説があるようです。

398

目を光らせておくよ。

I'll be on the lookout.

【使い方例】

> I've noticed people are chucking rubbish in my garden waste bin.
> 誰かがうちの庭にあるゴミ箱にゴミを捨ててくんだよね。

> > How annoying. As I can see the bins from my kitchen, I'll be on the lookout for any cheeky person.
> > 迷惑な話だね。キッチンからゴミ箱見えるから、捨てる人がいないか見張っておくね。

> Cheers.
> ありがとう。

be on the lookout for〜 = to be aware something might happen so you pay attention つまり「何かが起こるかもしれないので、注意を払っておく」という意味です。

399

ど忘れした。

My mind went blank.

【使い方例】

I met an old friend at a party last night, but I couldn't remember her name. My mind went blank.
昨晩のパーティーで昔の友人に会ったんだけど、名前思い出せなかったんだよね。ど忘れしちゃって。

That must have been embarrassing.
恥ずかしかったんじゃない。

Not really, as she couldn't remember mine either.
そうでもなかったよ、彼女も私の名前思い出せなかったから。

【解説】

My mind went blank. は、「知っていることをど忘れする」という意味です。My mind has gone blank. も同様の意味です。

400

無駄骨だった。

I went on a wild goose chase.

【使い方例】

> I went all the way to the other side of town to buy some very rare and delicious honey, but they had run out.
> 街の反対側まで、貴重で美味しい蜂蜜を買いに行ったんだけど、売り切れだったんだ。

> What a waste of time.
> 時間の無駄しちゃったね。

> I agree, I went on a wild goose chase. I guess I'll have to make do with a pot of honey from the supermarket instead.
> そうね、無駄骨だった。スーパーにある蜂蜜で間に合わせるしかないね。

【解説】

wild goose chase は「大変なことをして、結果として時間を無駄にしてしまう」時に用います。野生のガンを追うことは、大変なわりに得られる価値が小さいことから来ているようです。

401

あまり詳しくない。
I'm not really au fait with that.

【使い方例】

> Can you help with my Roman history homework?
> ローマの歴史についての宿題手伝ってくれない?

> I'm not really au fait with that period of history. Anything more recent is fine.
> その時代についてあまり詳しくないんだ。もっとその時代よりも新しい時代なら大丈夫だけど。

> Okay, I'll Google it.
> 分かった、ググってみるよ。

an fait はフランス語で「精通している」という意味だよ。
なので I'm not really au fait with that. = I don't
really have detailed knowledge about that. とい
う意味だよ。あることについてあまり詳しくないと言いたい
時に使えるね。

意気投合した。

We just clicked.

【使い方例】

> My neighbour is one of my best friends.
> 私の隣人、仲良い友人の1人なんだ。

> That's handy.
> そんな近くにいると色々と便利だね。

> Yeah, we met one day in the hallway and started
> chatting. We just clicked, and have become great
> friends.
> そうだね、廊下で会って会話したんだ。そしたら、意気投合して仲の良い
> 友人になったんだ。

【解説】

We just clicked. は、「会ってすぐに意気投合する・打ち解ける」と
いうニュアンスのフレーズです。

When you meet someone for the first time,
within a few minutes you get on like a friend. そん
な時に使うフレーズだよ。

ピンとこない。

It feels counterintuitive.

【使い方例】

This is the first summer I've ever kept the windows shut on a hot day.
この夏、初めて暑い日に窓を閉じたままにしてたよ。

I know, me too. It feels counterintuitive, but it does keep the house cooler.
私もだよ。意外な感じはするけど、家の中を涼しい状態に保っておけるんだよね。

I'm so relieved it works, as I don't have air conditioning in my home.
エアコンが家にないから、この方法で室内を涼しい状態に保っておけてホッとしてるよ。

【解説】

counterintuitive = the opposite of what you expect つまり、「自分が思っていたこととは反対」という意味です。常識的に・普通に・直感的に考えることと、正反対のことが起こった時に使える一言です。

めったにない。

They are as rare as hen's teeth.

【使い方例】

So many people are moving out of London to Brighton.
たくさんの人がロンドンからブライトンに引っ越してるよ。

> I know, my friend wants to move there too but can't find any affordable properties.
> そうだね、私の友人もブライトンに引っ越したいんだけど、ちょうど買える ような不動産が見つからないって。

> It's crazy, they are as rare as hen's teeth.
> 高いもんね。めったに出てこないよね。

【解説】

このフレーズを直訳すると「めんどりの歯と同じくらい珍しい」にな りますが、そもそも hen には歯がないので、基本的には存在しない くらい珍しいもの、という意味になります。つまり、as rare as hen's teeth = very rare「非常に珍しい、稀な、めったにない」です。

405

彼らは結婚した。

They tied the knot.

【使い方例】

> I heard they got married last week.
> 彼ら先週結婚したって聞いたよ。

> Yes, they tied the knot in Barbados. Julie showed me the photos yesterday.
> うん、バルバドスで結婚したんだ。昨日ジュリーが写真を見せてくれたよ。

> Nice place to get hitched!
> 結婚するには素敵な場所だね!

【解説】

tie the knot = get married/ get hitched です。

由来は、2本の紐で結目を作ることから、「結ばれる、結婚する」と いう意味になったのだそう。

なお、tie the knot はカジュアルな表現で、get hitched はスラング
です。

406

何もしないでいた。

I was twiddling my thumbs.

【使い方例】

> Before smartphones, any time spent waiting for
> someone or something was usually wasted time.
> スマホが登場する前は、誰かや何かを待つ時間って、大抵の場合、時間
> の無駄になってたよね。

> I was twiddling my thumbs on many an occasion,
> but now I just pull out my phone instead.
> 私も何もしないことが多かったな。でも、今はスマホを取り出せばいいか
> らね。

> That's progress for you.
> 進歩したんだね。

【解説】

twiddle one's thumbs = not doing anything/ killing time で「何
もしないでいる」という意味です。

まさに、両手の指を組んで親指同士をクルクル回して、時間を持て余
してるというイメージです。

407

彼は唖然としていた。

His face was a picture.

【使い方例】

> I noticed his car is damaged.
> 彼の車、傷ついてたね。

> I know, I saw him discover the damage when he left for work this morning. His face was a picture!
>
> そうだね、今朝会社に出かける時、傷に気付いたみたいだったよ。唖然としてたよ。

> He needs to park his car in the garage. It's much safer.
>
> 車はガレージの中に駐めた方が良いね。そっちの方が安全だから。

【解説】

このフレーズは、誰かが驚いたり、怒りの表情になっている時に使えるフレーズです。

ちなみに、このフレーズは主語を My face にし、My face was a picture. とは言わないので要注意です。

他人の様子を指して、your face/ his face/ her face/ their faces のように使うのが一般的です。

408

彼女はすんなりとできるようになった。

She took to it like a duck to water.

【使い方例】

> Her cakes are amazing, I can't believe she's only recently discovered cake making.
>
> 彼女のケーキ、素晴らしかったね。最近始めたなんて信じられないよ。

> Me neither. She took to it like a duck to water. Now she's thinking of setting up a side business.
>
> 私も。彼女はすんなりとできるようになったよね。今ケーキ作りを副業にしようと考えているみたい。

> Good for her. I'll be a regular customer!
>
> 良いね。私常連になろうかな。

【解説】

like a duck to water = be good at something from the first time the person tries つまり、「初めから何かをうまくできる」という意味のフレーズです。まさにアヒルがすぐに水に馴染むくらい「自然に、簡単に、すんなりと」というイメージですね。

409

まだ未熟だ。

I'm still wet behind the ears.

【使い方例】

She's making progress with her horse riding lessons, but it's obvious she's still wet behind the ears.
彼女は乗馬レッスンで上達してけど、まだ乗りこなせてないね。

Yes, it's definitely still the horse who is deciding everything.
そうだね、まだ完全に馬に主導権があるね。

【解説】

wet behind the ears = lacking in experience つまり、「経験が浅い、未熟な様子」を表します。
wet behind the ears を文字通り訳すと、耳の後ろがまだ濡れている状態ということです。これは、幼い子供がシャワーを浴びた後に、体全体をタオルで拭ききれず、耳の後ろが濡れている状態、inexperiencedな様子をイメージするといいでしょう。

410

うまくいかなかった。

I screwed up.

I tried painting my nails for the first time, but look, I screwed up.

初めてネイルを塗ってみたんだけど、見て、なんかうまくいかなかった。

Well, you do seem to have more nail varnish on your skin than nails. But don't worry, practice makes perfect!

マニキュア液を爪よりも皮膚に多く塗ってしまったようだね。心配しないで、習うより慣れろだから。

【解説】

何かをしたところひどい結果になった時や、大きな失敗をした時に使えるフレーズです。

アメリカ英語では I messed up. と言いますが、イギリスでは I screwed up. をよく使います。

411 ━━━━━━━━━━━━━━━━━━━━

彼はそこの雰囲気にすっかり浸っている。

He's soaking up the atmosphere.

【使い方例】

We've only just arrived and he's already on the terrace, enjoying a glass of wine.

私たちちょうど着いたところなんだけど、彼はもうあそこのテラスにいて、ワインを楽しんでたよ。

Good for him. He's soaking up the atmosphere. I think I'll join him.

彼にとって良かったね。もう雰囲気に浸ってるね。彼のところに行ってみようかな。

> Me too, the view is amazing and it's such a
> beautiful summer's evening.
>
> 私も行こうかしら。眺望が素晴らしいし、素敵な夏の夕暮れだね。

【解説】

soak up the atmosphere = immerse yourself because you really enjoy it.（immerse：浸る、熱中する）つまり、「その場の雰囲気を楽しんで、すっかり浸っている状態」を意味します。

別の英語表現で言うと、He is enjoying himself. が最も近い言い回しになりますが、単に楽しんでいるだけでなく、enjoying it in a calm way（落ち着いた感じで楽しんでいる）状態を指します。

412

同じ境遇だね。

We're in the same boat.

【使い方例】

> I've got a fox who is often in my garden and I
> think he is crushing my flowers.
>
> キツネがよく庭に来るんだよね、それで花をダメにしちゃうんだ。

>> We're in the same boat. We have 2 foxes in our
>> garden. I've seen one sleeping in our flowerbed.
>>
>> 同じ境遇だね。2匹のキツネがうちの庭にきて、1匹は花壇で寝てたんだよ。

> How annoying!
>
> なんてこと!

【解説】

be in the same boat には、「同じ問題を抱えている、あまり良くない状況をお互い共有している」という意味があります。

「同じボート（船）に乗っている」→「同じ立場にある」という意味は想像しやすいですね。別の表現で言い換えると、We've got the same problem. になります。

お互いが同じようなネガティブな状況（苦境）にいる時に使えるのがこのフレーズですが、お互いがポジティブやニュートラルな状況にいる時にはどのような言い方があるのでしょうか？答えは、Snap! です。Me too! と同じ意味のフレーズです。

413

思い出せない。

It escapes me.

【使い方例】

> Do you recognise that man over there?
> あそこにいる人のこと誰だか分かる？

>> Yes, he looks familiar. What's his name?
>> うん、彼を見たことあるような。なんて名前？

> It escapes me, but let's go over and say hello.
> 思い出せないんだ、でも彼にところに行って声かけてみよう。

【解説】

It escapes me. は、「思い出そうとしているけど思い出せない」状況を表します。

○○ escapes me. の ○○（主語）に忘れてしまったことが入ります。

414

彼女は満面の笑みを浮かべた。

She's grinning from ear to ear!

【使い方例】

> What's up with Lucy, she's grinning from ear to ear?
>
> ルーシー何かあったのかな? 彼女満面の笑みだったよ。

> She's just heard that she's got her dream job.
>
> 彼女ちょうど彼女の夢だった仕事に就いたんだよ。

> Amazing! I'm so happy for her.
>
> やったね!彼女良かったね。

【解説】

grin/smile/beam from ear to ear「(その人が) すごい嬉しそう」という意味になります。

まさに、耳につきそうなくらい口角が上がっているイメージです。

415 ━━━━━━━━━━━━━━━━━━━━━━━━━━━

すっかり消えてなくなった。

That went out the window.

【使い方例】

> I was going to study all day today, but my sister unexpectedly dropped by and we spent the whole day together.
>
> 今日は終日勉強する予定だったんだけど、姉が急に訪ねて来たから、一日中一緒に過ごしたんだ。

> I bet you enjoyed catching up with your sister, but what happened to your plan to do some serious last-minute revision?
>
> きっとお姉さんとの時間を楽しんだんだろうね、でも、勉強の最後の追い込みはどうなった?

That went out the window. I'll have to study through the night.

その時間はすっかり消えてなくなっちゃったよ。今晩は徹夜で勉強しなきゃ。

【解説】

go out of the window = disappear completely, of an idea, concept etc つまり、「（予定や考えなど）が完全に消えて無くなる」という意味合です。まさに、物理的には窓の外に出ていませんが、窓の外に出ていって消えて無くなった、というようなイメージです。

日常 〈性格・特性・趣味嗜好〉

416

テンションが高い。

You're very upbeat.

【使い方例】

How would you describe my character?
私ってどんな性格かな？

You are very upbeat even when you are struggling.
大変な時でも、とても陽気でテンションが高いよね。

【解説】

upbeat は「陽気だ、明るい、楽観的だ」という意味なので、very upbeat で日本語で言うところの「テンションが高い」というニュアンスを出せます。なお、このフレーズでは、ネガティブな意味ではなくポジティブな意味で使っています。

417

ノリいいね！

You're always up for it.

You're always up for it. = You're always ready to do what's being suggested.「何らかの提案に対していつも前向きな様子」を指してるよ。

418

私向きではない。

It's not my thing.

> I went to the Harry Potter Studio Tour last week and it was incredible. Have you been there?
>
> 先週、ハリー・ポッタースタジオツアーに行ってきたんだよ。すごい良かった。行ったことある?

> No I haven't. I've never seen any of the films, actually. It's not my thing.
>
> 行ったことないよ。映画も見たこともないんだ。私向きじゃなくてね。

このフレーズは肯定文(It's my thing.)より否定文で使われることが多いよ。

419

ハマってる。

I'm really into it.

【解説】

I am into it. でも「ハマっている」という意味になりますが、ネイティブは会話の際「really」を付けて強調して言うことが多いです。

What are you into? (何にハマってる?)

I'm really into football. (サッカーに熱中している)

反対に「あまり興味がない」という場合は以下のような表現がよく使われます。

I'm not really into it./ It doesn't really interest me./ It's not really my thing.

「~についてあまり知識がないんです」

I don't know much about it./ I'm not really au fait with that./ I'm not really familiar with that.

彼はずっとそれにどっぷりハマっている。

He's been all over it.

【使い方例】

> Ever since he got the jigsaw puzzle for Christmas,
> he's been all over it.
> クリスマスにジグソーパズルをもらって以来、彼ずっと夢中になっているね。

> I know. It's like he's addicted. He doesn't do
> anything else.
> だね、中毒になったみたい。他のこと全然しないんだ。

【解説】

He's been all over it. = He has been very interested in it./ He has been spending a lot of his time doing it./ He has been concentrating on that thing. です。

「何かにとても興味ある、たくさんの時間を使っている、何かに集中している状態」という意味合いなんですね。

be into it と be all over it の違いは何でしょうか？

・be into it = be interested in

・be all over it = be very interested in/working on it/focus on it

つまり、be all over it の方が be into it よりもその物事に対する興味関心・ハマり度合いが強いのです。

なお、このフレーズでは、ずっと何かに夢中になっているという意味合いを強めるために現在完了形を使っていますが、現在が夢中になっている状態だという場合は現在形で He is all over it. と表現します。

東京人です。

I'm a Tokyoite.

> When are you moving to Tokyo?
> いつ東京に引っ越すの?

> I'm moving to Tokyo next week. I will be a Tokyoite soon.
> 来週だよ。もうすぐ東京人になるよ。

【解説】

都市名の最後にいくつかのアルファベットを付けて、「その都市に住んでいる人」という意味になりますが、主に4つのパターンがあるようです。

1）〜ite

　　Tokyo（東京）：Tokyoite（トウキョウアイトゥ）

　　Moscow（モスクワ）：Muscovite（マァスカァヴァィトゥ）

2）〜an

　　Paris（パリ）：Parisian（パリジアン）

　　Rome（ローマ）：Roman（大昔のローマ人、今は person from Rome）

　　Liverpool（リバプール）：Liverpudlian（リヴァパドュリアン）

　　Manchester（マンチェスター）：Mancunian（マヌクニアン）

3）〜er

　　London（ロンドン）：Londoner

　　Berlin（ベルリン）：Berliner（バァーリィナァ）

　　New York（ニューヨーク）：New Yorker

4）〜ese

　　Milan（ミラノ）：Milanese（ミラニーズ）

　　Vienna（ウィーン）：Viennese（ヴィーアニィーズ）

5）例外

　　Birmingham（バーミンガム）：Brummie（ブラミー）

彼は自転車マニアだ。

He is a big bike enthusiast.

【解説】

> He is a bike enthusiast. でも良いです。他には、以下のような言い
> 方ができます。
> He is crazy about bikes.
> He is really into bikes.
> He is mad about bikes.

鋭いね。

You are perceptive.

【使い方例】

> I know who did it.
> もう犯人分かっちゃったよ。

> You are perceptive.
> 鋭いね。

彼はいつも私に気を使ってくれる。

He is always looking out for me.

【使い方例】

> Since you moved to your new flat, have you
> managed to make friends with any of your
> neighbours?
> 新しいマンションに引っ越して、隣人と仲良くなった?

I've got a really good neighbour. He is always looking out for me.

いい隣人がいるんだよ。彼はいつも私のことを気にかけてくれてるんだよ。

Lucky you! It's great to have somebody you can always ask for help living so close by.

良かったね！近くにいつも助けを求めることができる人がいるっていいね。

425

私の癖なんだよね。

It's a habit of mine.

【使い方例】

I noticed you always add salt.

いつも食事に塩をかけるよね。

I know, it's a habit of mine.

そうなんだよ、癖なんだ。

You know it's not good for your health.

健康に良くないよ。

【解説】

「癖」自体、ネガティブな使い方をされることが多いですが、あえてネガティブな部分を強調して「私の悪い癖」と言いたい時は、It's a bad habit of mine. と言います。

426

プレッシャーに強い。

I work well under pressure.

【解説】

　プレッシャーに強いタイプか弱いタイプかを言い表す、以下の表現も覚えておきましょう。

「プレッシャーに強い (メンタルが強い)」

I'm resilient./ Nothing fazes me.

「プレッシャーに弱い (メンタルが弱い)」

I'm easily fazed./ I get upset easily./ I'm sensitive to criticism.

427

彼は本当に前向きな人だ。

He is a really forward-thinking kind of guy.

【使い方例】

> He is not one to dwell on the past. He is a really forward-thinking kind of guy.
> 彼って過去のことをクヨクヨしないよね。本当に前向きなやつだよ。

> Yeah, he is a great guy to have in the team.
> そうだね、チームにいてほしい素晴らしい人だよ。

> Can I borrow him?
> 彼、うちのチームに借りてもいい?

【解説】

　ちなみに、自分のことを指して I'm a really forward-thinking person. とは言わないので注意しましょう。

428

過去のことを引きずらない。

I'm not one to dwell on the past.

I'm not one to dwell on the past. = I try not to think about the past a lot. です。

関連して I try not to dwell on the past.（過去のことを引きずらないようにしている）という表現も覚えておきましょう。

429

ずうずうしいね。

You're so cheeky.

【使い方例】

Hey, that's my T-shirt you're wearing.
ちょっと、それ私の T シャツだよ。

Yeah, it suits me.
そうだよ、似合っているでしょ。

You're so cheeky.
なんかずうずうしいね。

【解説】

このフレーズはちょっとダイレクトすぎるので、本当に親しい間柄の人に半分冗談で言うくらいがちょうどいいです。

「ちょっとずうずうしいんじゃない」と少し軽めに言いたい場合は、You're being a bit cheeky. と表現できます。

430

彼女の嘘はお見通し。

I can see through her lies.

【使い方例】

Clare says she has stopped smoking.
クレアは禁煙中って言ってるよ。

I can see through her lies, because I found many cigarette ends in the kitchen bin.
彼女の嘘はお見通しだよ、だってキッチンのゴミ箱にたくさんのタバコの吸殻があったから。

You need to have a talk with her.
彼女と話をした方がいいんじゃない。

【解説】

透けて見える衣服を see-through（シースルー）と言いますが、まさに表面ではなく、その内側・本質を見通せると言う意味で、see through が使われます。

see through = be not fooled by（だまされないこと）、つまり I can see through that.（それはお見通し）= I'm not fooled by that.（そんなことにだまされない）なんですね。

see through がどんなタイミングで使われるのかというと、誰かが自分に都合の良い理由で何かをやっている時や誠実な振る舞いをしていない時です。

例えば、誰かが上司にごまをすっているのを見て、I think his boss sees through him.（彼の上司は彼がごまをすっているってこと、見抜いていると思う）と表現できます。

431

チョコレートに弱い。

I'm a sucker for chocolate.

【解説】

ダメだと分かっているけど、食べてしまう状態、何かに弱い様子を指します。つまり、I'm a sucker for chocolate. = I can't say no to chocolate. If someone offers chocolate to me, I can't refuse. という状態です。

他にもこんな使い方ができます。

I'm a sucker for football.

I'm a sucker for Guinness.

I'm a sucker for all things British.

なお、I'm a sucker for 〜 は、親しい間柄の家族や友人などとのカジュアルな口語表現です。

432

朝のコーヒーは欠かせない。

I can't go without my morning coffee.

【解説】

can't go without ○○ = must have ○○ = ○○ is essential です。まさに、仕事をしたり、どこかに行ったり、何かをしたり、自分が生きるために必要なもの、欠かせないものだと言いたい時に使えます。I can't go without my morning coffee. を言い換えると、I can't function without my morning coffee.（朝のコーヒーなしでは機能しない）になります。

433

彼は上流階級っぽい。

He sounds really posh.

【使い方例】

Have you spoken to our new boss yet?
新しい上司ともう話した?

Yes, he sounds really posh.
うん、上流クラスっぽい感じだね。

> Well, it's gonna be interesting working with him.
> へぇ、一緒に働くとどうなるのか興味深いね。

【解説】

posh は、イギリス英語を語るうえで欠かせない英単語かもしれません。今は薄れつつありますがイギリスは階級社会と言われています。具体的には、国王を頂点として、世襲貴族・地主の上流階級、実業家・管理職・専門職の中流階級、そして労働者からなる下流階級の 3 つに大別されます。

イギリス人曰く、最近はあまり意識はされていませんが、いわゆる上級階級で posh だとされるのは、世襲貴族の他に、裕福な家庭の子供が通うイートン校のような男子全寮制の私立校に行き、Oxford 大学をはじめとした名門大学を卒業した人たちというイメージなのだそうです。ちなみに、イギリス保守党の政治家は、このイートン校、オックスフォード大学のルートを辿っている人が多いです。デービット・キャメロン元首相、ボリス・ジョンソン元首相もイートン校、オックスフォード大学の卒業生です。

posh の意味は大きく 2 つあります。1 つ目が「場所や物が高額で高品質な」、2 つ目が「振る舞いや話し方が上流階級出身の」という意味です。

1 つ目の意味は、例えば以前、久しぶりに会うイギリス人のために、ちょっと高級なレストランを探していたら、その人から It's okay, we can just go somewhere random nearby. No need to be too posh!（大丈夫、どこか近いところに入ろう。高級（おしゃれ）すぎるところじゃなくていいよ！）と言われたことがあります。

2 つ目「振る舞いや話し方が上流階級出身の」はイギリスでのみ使われる表現です。
意味を深く理解するために、イギリス人にも確認してみたところ、slightly negative, different mind-set, different outlook on life,

good education and rich family のようなイメージだそうです。つまり、単なる上流階級という意味だけではなく、褒め言葉と言うよりはほんの少しネガティブな意味で「良い教育を受けていて裕福な家庭で育った自分たちとは違うモノの捉え方、考え方、見方をする人たちだ」というニュアンスもあるようです。

私の好みじゃない。

That's not my cup of tea.

【使い方例】

Do you want to come to see the Jackson Pollock exhibition?
ジャクソン・ポロックの展示会に行かない?

I'm afraid that's not my cup of tea.
悪いんだけど、私の好みじゃないんだ。

【解説】

イギリスと言えば、紅茶を思い浮かべる方も多いのではないでしょうか。このフレーズは、tea にまつわるイギリス英語特有の表現です。
That's my cup of tea. = That's something I really like or enjoy.
つまり、その人が本当に好きで楽しめる、お気に入りのもののことを指します。
「紅茶の好み」や「紅茶の飲み方の好み」は人それぞれなので、be my cup of tea =「これが私の好みの紅茶」=「これが私のお気に入り、好物、得意なこと」というニュアンスになるんです。
ただ、このフレーズは肯定文ではなく、否定文 be not my cup of tea「私の好みじゃない、得意分野じゃない」で使うのが一般的です。
また、基本的に主語は代名詞 that/it/they となり、何か具体的な名詞（Pizza や Apple など）が主語となることはありません。

イギリスっぽい。

It's very British.

【使い方例】

I have to take a photo of the rolling hills and sheep. I love this scenery.
ローリング・ヒルズと羊の写真撮らなきゃ。この景色好きなんだよね。

Yes, it's very British.
うん、イギリスっぽいよね。

【解説】

「ローリング・ヒルズ」とは緩やかな丘陵地帯（緩やかな丸い丘）を指します。イギリスの郊外に行くと、このローリング・ヒルズに羊や牛が放飼いにされている風景をよく見ます。この風景は very British scenery と言えるでしょう。

It's very British. と言う時は「何かの見た目（視界に入っているもの）、習慣、何かをする手法」（a look / habit / way of doing something）などを指して使うことが多いようです。

彼はしっかりものだ。

He is very grounded.

【使い方例】

Have you met Amy's son?
エイミーの息子に会ったことある？

Yes, I couldn't believe he's only 13. He's very grounded.
あるよ、13歳なんて思えないよね。とてもしっかりしてるから。

日常

〈性格・特性・趣味嗜好〉

> I agree, he comes across as very mature for his age.
> 私もそう思う。歳の割に大人な印象だよね。

【解説】

grounded は、賢く、大人で、正しい決断ができ、バランスが良く、愚かな言動をしないという人の性質を意味します。

このフレーズはフォーマルな場面でも、親しい間柄の家族・友人・同僚に対しても使えます。文語としても用いられますが、主に口語として使われることが多いです。

437

共通点が多い。

We have a lot in common.

【使い方例】

> How are you getting on with your new neighbours?
> 新しい隣人とうまくやっている?

> Great, especially with my next-door neighbour.
> We have a lot in common.
> うん、特に隣の家とはうまくやっているよ。共通点が多いんだ。

> That's lucky.
> 良かったね。

イギリスと日本は、同じ島国であること、経済大国であること、騎士道・武士道の精神があること、大統領ではなく首相がいる点、王室・皇室がある点、お茶好き(イギリスは紅茶)、車が左側通行である点、控え目な感情表現をする点、人に何かを伝える時、直接的ではなく間接的に言う傾向がある点など、共通点がたくさんあるね。

彼は何事にも動じない。

He keeps a stiff upper lip.

【使い方例】

> My grandfather is very strict.
> おじいちゃんはとても厳格な人なんだ。

>> Does that mean he never shows his emotions?
>> つまり、感情を表に出さないってこと？

> Yes, he keeps a stiff upper lip.
> そうだね、いつも平然としているよ。

【解説】

イギリス人の特徴といえば何を思い浮かべますか？

「イギリス紳士・淑女」「控え目で物静か」「島国根性」「礼儀正しい」「皮肉なジョークが好き」など色々なイメージがありますよね。そこにもうひとつのイメージを付け加えたいと思います。それは、「（逆境に直面したとしても）毅然とした態度で、感情を表に出さない」ということを伝統的に良しとしている点です。まさにこのフレーズはそんなイギリス人の特徴を言い表したイギリス英語特有表現です。

このフレーズを直訳すると「上唇を固くした状態を保つ」＝「口を引き締めた状態を保つ」になり、感情によって唇が動くことなく、毅然とした表情を維持している様子がイメージできるのではないでしょうか。

イギリス人の友人がこのフレーズを聞いて思い出すのは、ダイアナ元妃の葬儀の様子だそうです。ダイアナ元妃の棺の後ろを子供だったウィリアム王子（当時）とハリー王子（当時）が歩いている時、彼らはずっと keep a stiff upper lip だったそうです。なお、その後メディアのインタビューで、ウイリアム王子（当時）は、keep a stiff upper lip は、メンタルヘルスに悪影響があると言及しており、彼は自分の子供たちには自分たちの感情を表現できるようになってほしいと語っています。

keep a stiff upper lip は、その瞬間は感情をコントロールできたようでいいのかもしれませんが、長期的に見ると健康に良くないのかもしれません。イギリス王室では、伝統的に常に keep a stiff upper lip であることが求められているようですが、今後変わってくるかもしれませんね。

439

彼女は日本のものに熱中してる。

She lives and breathes all things Japanese.

【使い方例】

Amy is amazing. She's crazy about Japan.
エイミーってすごいよね、日本大好きだよね。

I know, she lives and breathes all things Japanese.
そうだね、彼女は日本のものに熱中してるよね。

Not surprisingly, she is talking about going to live there.
そりゃそうだ、彼女日本に住むって言っているから。

【解説】

live and breathe = like/love very much something; more than love, almost obsessed です。
つまり、She lives and breathes all things Japanese. = She likes very much all things Japanese. になります。
なお、Culture（カルチャー）に熱中している表現の場合、all things Japanese 、all things British といった具合に all things を付けるのが自然です。

彼はすごく怒るだろう。

He's gonna go through the roof.

【使い方例】

I had an accident last night whilst driving my dad's car.
昨晩父親の車を運転していて傷付けちゃったんだ。

Oh no, I bet you're dreading telling your dad.
え、お父さんに話すの気が重いんじゃない。

Yes, he's gonna go through the roof!
そうなんだよ、彼きっと怒るだろうから！

【解説】

人に関してこのフレーズを使う場合、go through the roof = be very angry/ become angry つまり、「とても怒る」という意味になります。たしかに go through the roof を直訳すると「屋根を突き破る」なので、その怒りの勢いが伝わってきますよね。

怠け者。

Lazy bones.

【使い方例】

Come on lazy bones, it's time to get up.
ほらほら、お寝坊さん、もう起きる時間よ。

But it's Sunday. Can't I have a lie in, mum?
でも日曜日だから、もっと朝寝させてよ。

It's already 10 o'clock. You've had your lie in!
もう 10 時だよ。十分朝寝したでしょ！

Lazy bones = Lazy person だよ。

442

彼女なら任せられる。

She's a safe pair of hands.

【使い方例】

My wedding organiser has covid and has pulled out. I'm panicking !
私の結婚式のオーガナイザーがコロナになって、担当できなくなったんだ。
パニックだよ。

Don't worry. I know someone you can ask instead. She's a safe pair of hands.
心配しないで。代わりの人知ってるから。彼女は有能だよ。

You're a godsend, thank you!
それは助かる、ありがとう！

【解説】

a safe pair of hands = very competent つまり、「仕事などをきちんとやってくれる、とても有能で信頼できる人」のことを指します。
a safe pair of hands は直訳すると「安全な両手」なので「キチッとした人、任せても安心な人」というイメージです。

443

ダサい。

It's naff.

【使い方例】

> What do you think of this jacket?
> このジャケットどう思う?

>> It's naff. Don't buy it!
>> ダサいよ。やめときな。

> But I really like it.
> でも気に入ったんだよね。

【解説】

naff = uncool です。つまり、「流行遅れの、ダサい」という意味になります。どの年代でも比較的よく使われていますが、60歳以降の方はあまり使わない言い回しです。

ちなみに、反対の言葉は That's cool. や Awesome. などが挙げられます。That's cool. は全世代で使え、Awesome. は40歳くらいまでの人がよく使うカジュアルな表現です。

444

これに目がない。

I have a weakness for them.

【使い方例】

> Wow, what a lot of designer shoes you have!
> えっ、デザイナーシューズこんなに持ってるの!

>> I know. I have a weakness for them.
>> そうなんだよね、これらに目がないんだ。

> That's an expensive interest you have there.
> 高価な趣味だね。

I have a weakness for it. = I can't say no to it. つまり「(何かに心を奪われて）断れないくらい好き、目がない」ということなんですね。I have a weakness for 〇〇. で覚えてしまって、「〇〇」に自分の好きなものを入れてみましょう。たとえば、チョコレートが好きなら、I have a weakness for chocolate. と言えます。

なお、一般的には「〇〇」には unhealthy なものや expensive なものが入る傾向があります。ネガティブな意味ではなく、ユーモラスな表現として使われます。

例えば、高価なものの例としては、I have a weakness for vintage wine.（ビンテージワインに目がない）です。

445

彼女はおしゃべりだ！

She's such a chatterbox!

【使い方例】

Goodness, doesn't she ever stop talking!?
もう、彼女話すのやめないのかな！?

Only in her sleep, and even then she sometimes keeps going.
寝てる時だけよ、寝てる時でさえ、ときどき話してるけどね。

She's such a chatterbox!
彼女ずっとしゃべってるよね。

【解説】

chatterbox = a very talkative person つまり「ずっとしゃべってる人、おしゃべりな人」のことを指します。カジュアルな表現です。

彼はいい年だ。

He's getting on a bit.

【使い方例】

I bumped into my old schoolteacher the other day.
この前、昔の先生に会ったんだ。

Who recognised who first?
どっちが先に見つけたの？

Me him, but obviously he's getting on a bit now.
私が彼を見つけたよ、でも彼年取っていたよ。

【解説】

be getting on a bit = be getting old です。

447

一日の終わりにワインを飲んでくつろぐのが好きなんだ。

I like to wind down with a glass of wine at the end of the day.

【使い方例】

How do you relax after a day's work?
一日の仕事終わりにどうやってリラックスしてるの？

I like to wind down with a glass of wine at the end of the day.
ワインを飲んでくつろぐのが好きなんだ。

wind down = relax です。一般的には、以下のような言い回しで使われることが多いです。

It's important to wind down before going to bed.（ベッドに入る前にリラックスすることが大切です）

My preferred method of winding down is ○○.（私のお気に入りのリラックス方法は○○です）

448

今日彼女はご機嫌斜めだ。

She is stroppy today.

【使い方例】

> What's wrong with Lucy today? She's biting everyone's head off.
> ルーシー今日どうしたのかな?みんなに怒鳴り散らしているね。

> I've noticed too. She's stroppy today.
> 私もそう気付いてた。今日、彼女ご機嫌ななめだね。

> I guess she got out of bed the wrong side this morning.
> きっと朝から機嫌が悪いんだよ。

【解説】

stroppy = bad-tempered and argumentative です。つまり、機嫌が悪く、つっかかってくる状態のことを指すします。ちなみにこの stroppy は女性に向けてのみ使う言葉です。

性別に関係なく言う場合は、He/She is in a bad mood. という表現があります。

彼女は思っていることをハッキリ言う。

She does speak her mind.

【使い方例】

I've noticed Alice is good at upsetting people.
アリスって人を怒らせるのが上手いよね。

Yes, she does speak her mind.
そうだね、思っていることをハッキリ言うからね。

Someone needs to suggest to her that she thinks before she speaks.
誰かが彼女に対して、話す前に考えるように言わないと。

【解説】

She does speak her mind. = She says exactly what she is thinking. です。つまり、「これを言ったら誰かの気分を害するだろうと気にすることなく、思ったことを率直に言う」というニュアンスです。

休憩したくてたまらない。

I'm dying for a break.

【使い方例】

We've been working on this problem since 8 this morning. I'm dying for a break.
今日朝8時からこの問題対応してるよ。一息入れたいな。

Let's take some time out and have lunch.
休憩にしてランチでも食べよう。

> That's a brilliant idea.
> いいね、そうしよう。

【解説】

I'm dying for 〜 = I really need 〜 なので、I'm dying for a break.
= I really need a break. になります。

きついトレーニングや、長い打合せのあとに使えるフレーズですね。

また、「〜したくてたまらない」には、I've got a craving for 〜 という表現もあります。

I'm dying for 〜 と I've got a craving for 〜 の違いは何でしょうか？
基本的には同じ意味ですが、I've got a craving for 〜の方がやや古風な言い回しと考えられています。

451

そんなに好きじゃない。

I'm not mad about it.

【使い方例】

> Do you like my new dress?
> 新しいワンピースどう?

> > To be honest, I'm not mad about it. You've got lots of nicer ones.
> > 正直に言って、私はそんなに好きじゃないな。もっといいやつたくさん持ってるよね。

> I agree, I'll take it back to the shop.
> そうだね、お店に返却してくるよ。

【解説】

I'm not mad about it. = I'm not that keen on it./ I don't really like it./ I'm not a huge fan of it. つまり、そんなに「熱心・夢中・好きではない」というニュアンスになります。

I'm not mad about it. は I don't like it. よりもソフトな言い方になるため、イギリス人は I'm not mad about it. を会話でよく使います。参考までに、I'm not mad about it. の反対の表現は I'm crazy about it. です。

452

私にとって大事なもの。

It's very close to my heart.

【使い方例】

Are you going to keep this painting?
この絵とっておくの?

Yes, definitely. It's very close to my heart. My grandmother painted it and gave it to me.
もちろん。私にとって大事なモノだから。おばあちゃんが描いて、私にくれたものなんだ。

Ah well. In that case, it's a no-brainer.
そうなんだ、だとしたら、とっておこう。

【解説】

It's very close to my heart. = It's very important to me. であり、「自分にとって大事なもの」という意味合いになります。

まさに、自分の心臓に近い、大事な・重要なものというイメージです。

このフレーズは、「自分に大事なもの/場所」を言いたい時に使いますが、「自分にとって大事な人」の場合には使われませんのでご注意を。

453

彼女は自分の意見を譲らなかった。

She dug her heels in.

【使い方例】

Everyone except Lisa wanted to sell the house.
リサ以外の全員、家を売りたがっていたね。

She dug her heels in, so we were stuck.
彼女は自分の意見を譲らなかったから、ちょっと行き詰まったよね。

Thank goodness she finally changed her mind.
本当に良かった。彼女最後には考えを変えたから。

【解説】

dig one's heels in = refuse to change your opinion when challenged
つまり、「自分の意見を変えるのを拒絶している状態」です。まさに、
自分の両方のかかとを地面に埋め込んでテコでも動かない、頑として
譲らないイメージですね。

454

彼はいつも意思が固い。

He's always been headstrong.

【使い方例】

He definitely knows his mind. Has he always been like this?
彼は自分が何をしたいかよく知っているよね。いつもそんな感じなの?

He's always been headstrong, even as a child.
彼はいつも意思が固かったよ、子供の頃から。

【解説】

頑なで意地を張る人のことを「頑固者」と言いますよね。「頑固」は
英語で stubborn ですが、headstrong は stubborn に近いものの
stubborn ほどネガティブな意味合いはありません。

He's always been headstrong. = He always determins to do what he wants to do without listening to others./ He's got strong self-confidence./ He is strong-minded. 「自信があり、意思が強く、自分で決めたことは他者の意見に流されずにやる人」という意味合いになります。

455

彼女はいい加減だ。

She's so flaky.

【使い方例】

It's amazing how she is always late, or has to cancel at the last minute!
彼女はいつも遅れてきたり、ドタキャンするのには驚きだよね。

She's so flaky. I don't know how she holds down a job.
彼女はいい加減だからね。どうやって仕事を維持しているのか分からないよ。

【解説】

flaky = not reliable です。つまり、「頼りにならない、信頼できない、変わっている」という意味合いです。

456

彼女にとっては朝飯前だ。

That is a walk in the park for her.

【使い方例】

I'm exhausted after swimming only 10 lengths. How come she's still bombing up and down the lanes?
プールを5往復しただけでヘトヘトだよ。なぜ彼女はまだ泳げているんだろう?

I guess it's because she's used to swimming a mile a day. What's hard for you is a walk in the park for her.

彼女は1日に1マイルは泳ぐからじゃないかな。あなたにとって大変なことでも彼女にとっては簡単なことなだろうね。

That explains everything!

なるほど！

【解説】

a walk in the park (for that person) = Something very easy to do and enjoyable (for that person) です。つまり、「(その人にとっては) とても簡単 (朝飯前) なこと」という意味合いなんですね。

別の英語フレーズで言うと、It's very easy. になります。公園を歩くことはごく普通の日常で大変なことではないので、それくらい簡単にできるよというイメージなのでしょう。

457

彼女はより一層努力した。

She really went the extra mile.

【使い方例】

Her presentation was awesome, she really went the extra mile.

彼女の発表素晴らしかったね。より一層努力したんだろうね。

I agree, those animations she added were so cool.

そう思うよ。あのアニメーションかっこ良かったね。

【解説】

go the extra mile = make a special/extra effort/ make a bigger effort than expected「特別に・より一層努力した、思ったより頑張った」という意味合いになります。

このフレーズは過去形で使われることが多いです。また、主語は基本的には you/he/she/they になります。

I（私）を主語にすると自慢している感じになるので、I（私）主語にすることはあまりありません。

スポーツの国、イギリス。

イギリスは様々なスポーツの発祥国です。代表的なスポーツと言えば、サッカーでしょう。「サッカー」はアメリカ英語で、イギリスでは「フットボール」と呼ばれています。

サッカーは国や地域ごとにサーカー協会があります。例えば、日本サッカー協会はJapan Football Association、JFAです。一般的にその国のサッカー協会の名前は、FA(Football Association)の前に国名がつくかたちです。

そんな中、発祥国である、イギリス、イングランドのサッカー協会は、なんとFAのみしかありません。なぜでしょうか。その理由は、イギリス、イングランドのサッカー協会が、世界で最初に設立されたサッカー協会だからです。その頃「FA」以外にサッカー協会が存在せず、国名を付ける必要がなかったのです。

また、ラグビーもイギリス発祥のスポーツです。その起源は昔、パブリックスクール（上流階級が通う私立校）のひとつであるラグビー校で、サッカーをしていた学生がボールを抱えて相手のゴールに向かって走り出したことで生まれたという説が有力です。この学生の名前がウィリアム・ウェッブ・エリスであり、ラグビーワールドカップのトロフィーには彼の名前が付けられています。

木製のバットと硬いボールを使う、野球の原型となったスポーツ、

クリケットもイギリス発祥のスポーツです。クリケットは日本ではあまりポピュラーなスポーツではないかもしれませんが、競技人口は世界で3億人いると言われています。試合時間が長く（長いと日を跨ぐことも！）、試合途中で選手のティータイム（長い試合ではランチタイム）があるのが特徴的です。英連邦諸国である、イギリス、オーストラリア、ニュージーランド、インド、パキスタン、スリランカ、バングラデシュ、南アフリカなどで盛んなスポーツで、特にインドではプロリーグの平均年俸が約4億円であり、トップ選手になると約25億円だと言われています。

テニスもイギリス発祥であり、4大国際大会の一つであるウィンブルドン選手権は有名ですよね。ウィンブルドンでは、選手は白いウェアしか身につけてはいけないというドレスコードが特徴です。これは、テニスが元々上流階級の社交の場で、汗染みが目立たない白色の服が好まれたことがあり、それが伝統として残っているようです。

その他にも、ゴルフ（イギリスのスコットランド発祥）、卓球（テニス選手が天候が悪い時に屋内でできないかと考えて、コートやラケットを小さくして誕生）、ボート、カーリングなどがイギリス発祥だと言われています。これらの多くは19世紀後半までにイギリスで誕生したと言われており、今では世界中で楽しまれています。

日常〈健康・体調〉

もう良くなった？

Are you fully recovered yet?

【解説】

体調が悪かった人に、もう大丈夫なのか聞きたい時に使えるフレーズです。聞かれた方は、Yes, thank you.「大丈夫だよ、ありがとう」/ I'm not quite there yet.「まだイマイチなんだよね」/ I'm on the road to recovery.「良くなってきてるよ」のように返答します。

痛そう。

That looks painful.

【解説】

怪我をしていたり、痛そうにしている人に話しかける時に、いきなりどうしたのか理由を尋ねるのではなく、まずはこのフレーズを使って会話をスタートすると自然です。

「〜そう」と言いたい時は、It sounds（聞こえが〜そう）/ It seems（様子が〜そう）/ It looks（見た目が〜そう）があります。これらに、difficult / delicious / good / beautiful / tricky などを組み合わせて使います。

もうクタクタだ。

I'm knackered.

I'm knackered. はスラングだよ。「疲れた」「クタクタだ」の他の表現も覚えよう。
I'm very tired./ I'm exhausted. / I'm beat./ I'm
wiped out./ I'm dog-tired.（カジュアルな表現）/
That's really knocked me out.（ニュートラルな表現）

日常

〈健康・体調〉

461

今日は早く寝る。

I'll have an early night.

462

もう寝るよ。

I'm gonna crash.

【使い方例】

> Do you fancy a drink tonight?
> 今晩飲みに行かない?

>> I'd love to, but I can't. I'm heading straight home.
>> 行きたいけどやめておくよ。今晩は家に帰るわ。

> Are you alright?
> 大丈夫?

>> I'm knackered. I'm gonna crash.
>> 疲れた。すぐに寝るよ。

463

明日の朝はいつもよりゆっくり寝れる。

I can have a lie-in tomorrow.

英国特有表現です。have a lie-in で「いつもより遅くまでゆっくり寝る」という意味です。

「寝坊した」という意味ではなく、「意識的に遅くまで寝ている」「自分の意思でいつもより遅くまでベットにいる状態」を表しています。

ちなみに「寝坊した」は、I overslept. と言います。

464

ぐっすり眠れた。

I slept like a log.

【使い方例】

> Morning. How did you sleep last night?
> おはよう。よく寝れた?

> > I slept like a log.
> > ぐっすり眠れたよ。

465

新鮮な空気を吸おう。

Let's get some fresh air.

【使い方例】

> We had a long discussion. Shall we take a quick break?
> 議論が長引きましたね。ちょっと休憩しませんか?

> > Sounds good to me. Let's go out and get some fresh air.
> > いいですね。ちょっと外に出て新鮮な空気でも吸いましょう。

自分の時間が必要だ。

I need some me time.

【使い方例】

> What are your plans for tomorrow?
> 明日はどんな予定なの?

>> It's already fully booked tomorrow. I've got three catch-up calls with friends, and I've got some other stuff. But I'm going to try a bit of gardening because I need a bit of me time.
>> 明日はすでに予定でいっぱいなんだよ。3人の友人との電話や別のことをしないと。でも、ガーデニングをしたりして自分の時間を作ろうと思っている。

> You seem very busy. Take care of yourself.
> すごい忙しそうでだね。気をつけて。

【解説】

my time ではなく、me time としているところがポイントです。特に女性が使うことが多いです。

男女ともに使える表現は、I need some downtime. です。誰かに対して「ちょっと休んだ方がいいんじゃない?」と言いたい時は、Sounds like/ Seems like you need some downtime. となります。

467

足が痛い。

I've got sore feet.

【解説】

このフレーズには「長時間歩いて、歩き疲れて足が痛い」というニュアンスが含まれます。

疲労だけでなく、怪我や関節の突発的な痛みの場合も含めた言い方は、My legs ache./ My legs are aching. になります。

ボケちゃったの？

Are you losing your marbles?

【解説】

少し古風な表現ですが、イギリス人は誰かがおかしなことをした時に
ユーモアを込めてこのフレーズを使います。

lose one's marbles = go mad/crazy or lose your mind「気が狂う、
正気を失う、ぼける、もうろくする」という意味です。

mable（単数）は「大理石」ですが、marbles（複数）は「ビー玉」に
なります。このフレーズの由来は、子供にとってビー玉は宝物のため、
lose one's marbles で「大事なものを失う」、つまり「正気を失う」「気
が狂う」「ボケる」という意味合いになったそうです。

出歩けるようになって良かったね。

It's good to see you out and about.

【使い方例】

Hello, I haven't seen you for a long time. I've heard
you had the flu.
こんにちは、久しぶりですね。インフルエンザにかかってたって聞きましたよ。

Yes, I had it really bad. I was in bed for a week.
そうなんだよ。だいぶひどくてね。一週間、寝込んでたんだ。

It's good to see you out and about again.
また、出歩けるようになって良かったですね。

ちょっとトイレ行ってくる。

I'm gonna pop to the loo.

【解説】

pop to = go to quickly「〜にちょっと行く」、loo「トイレ」です。カジュアルかつ口語の言い回しなので、友人や家族に対して用いるフレーズです。なお、loo は性別、年代に関係なく使うことができます。友人の家にお邪魔して「トイレを借りてもいい？」と聞く時には、Can I just borrow your toilet/ bathroom? と言った方が良いでしょう。

参考までに、Can I borrow your bathroom? は正しくない言い方のように思えますが、面白い響きなのでごく親しい友人や家族に向けたカジュアルな表現として使われることもあるようです（borrow ではなく、use が一般的です）。

471

筋肉痛だ。

My body is aching.

【解説】

「痛み」を意味する aching と sore の違いは何でしょうか？

ネイティブの感覚を簡単にまとめると以下のようになります。

aching = flatter/duller pain「痛みの原因が目に見えない、筋肉系の痛み」

sore = shaper pain「痛みの原因が見える」

また、私たち日本人は「筋肉痛」と聞くと muscle（マッスル）を思い浮かべるかと思いますが、ネイティブは「筋肉痛」と言いたい時、muscle を使わず、以下のように表現します。

〇〇 is/are aching.（〇〇が筋肉痛だ）

My legs are aching.（両足が筋肉痛だ）

My arm is aching.（腕が筋肉痛だ）

My body is aching.（体全体が筋肉痛だ）

472

吐きそうだ。

I feel like I'm going to be sick.

乗り物酔いをしたり、二日酔いだったり、体の調子が悪かったり、何か食べものにあたってしまって、「吐きそうだ」という時に使えるフレーズです。「吐く」というと throw up という表現を思い浮かべると思いますが、実は「吐きそうだ」という時には、throw up を使うことはあまりありません。throw up は「吐く」というイメージが、鮮明に伝わり過ぎるので、あまり好んで使われません。

その代わり、気持ちが悪くなって、すぐにでもトイレに駆け込みたい、今にでも「吐きそうだ」と言いたい時は、このフレーズを使うのが自然です。

473

寝返りを打つ。

I toss and turn in my sleep.

関連表現にはこれらがあるよ。
I grind my teeth whilst sleeping.（歯軋りをする）
I snore.（いびきをかく）
I talk in my sleep.（寝言を言う）

474

肩がこる。

I've got stiff shoulders.

【解説】

日本人はよく「肩こり」の話をしますが、不思議なことにイギリス人と話していても「肩こり」が話題になることが滅多にありません。

そもそも、日本語の「肩こり」にあたる言葉がありません。イギリス人の友人が「肩こりになったことないんだよね」と言っていましたが、をあえて英語で表現するとこのフレーズになります。

「五十肩だ」は、I've got a frozen shoulder. と表現できます。

たまには何もしない日が必要だ。

I need a duvet day from time to time.

【解説】

a duvet day を直訳すると「羽毛布団の日」です。つまり、「仕事など何もしないでパジャマのままで一日中家でゆっくり過ごす日」を意味します。

イギリスでは a duvet day という名の年次有給休暇を社員に与えている会社があるくらいです。風邪ではなく、ただ疲れているという理由で、事前の許可なくその日に取れます。素晴らしいですよね。

健康に気を使っている。

I'm trying to be more healthy.

【解説】

I'm trying to〜 = I'm making an effort to〜　つまり、「(頑張って)〜しようとしている」という意味です。

何かと使える表現なので覚えておくと便利です。

I'm trying to sleep now.（今寝ようとしている）

I'm trying to save money.（貯金しようと頑張っている）

I'm trying to get off work early.（早く仕事を終わらせようとしている）

癒された。

That was therapeutic.

【使い方例】

Yesterday, I had an amazing massage.
昨日してもらったマッサージすごい良かったよ。

> In my experience, having a massage is very therapeutic.
> 私の経験から言うと、マッサージってとても癒されるよね。

> Definitely, I slept like a baby last night.
> だよね。おかげで昨晩はぐっすり寝れたよ。

【解説】

therapeutic = healing/ makes you feel better つまり「癒される、気分が良くなる」という意味の形容詞です。

ペットを撫でたり、好きな香りを嗅いだりすることも、therapeutic だよね。

478

完全にしらふだよ。

I'm as a sober as a judge.

【解説】

as a sober as a judge は、イディオムで「まったくしらふで」「きわめて冷静で」という意味です。まさに judge「裁判官」のように sober「厳格な」状態を指します。

479

目の下にクマができてる。

I've got bags under my eyes.

480

ひどい風邪をひいた。

I've caught a stinker of a cold.

catch a cold（風邪を引く）を少し強調して「ひどい風邪を引く」と言いたい時、ネイティブは catch a stinker of a cold と言います。カジュアルな表現ですが、文語、口語、両方で使えます。

481

声が枯れている。

I've got a frog in my throat.

482

夜寝る前にコーヒーを飲まない方がいいよ。

It's best not to drink coffee before going to bed.

【使い方例】

I can't sleep well these days.
最近よく寝れないんだよね。

I notice you drink coffee late in the evening. It's best not to drink coffee before going to bed.
遅い時間にコーヒー飲んでるよね。夜寝る前にコーヒーを飲まない方がいいよ。

I will switch to decaf.
カフェインレスに変えようっと。

【解説】

It's best not to～ は「～しない方がいい」という意味の定型文です。You'd better not～ という表現もありますが、結構強くダイレクトな表現なのでソフトな言い回しを好む傾向があるイギリス人にとっては It's best not to～ がよく用いられます。It's better not to～ も「～しない方がいいよ」という意味になりますが、It's best not to～ が

「（一般的に）〜しない方がいいよ」というニュアンスなのに対し、It's better not to〜 は「（2つある選択肢のうちどちらか一方の）〜はしない方がいいよ」と言いたい時に使えます。

483

昨晩、一睡もできなかった。

I didn't sleep a wink last night.

【解説】

not sleep a wink で「まばたきもしないくらい寝れなかった」→「一睡もできなかった」という意味です。

484

いろいろ考えちゃって。

I couldn't switch my brain off.

485

ものすごくストレスを感じている。

I'm stressed up to my eyeballs.

【解説】

I'm stressed up to my eyeballs. = I'm very stressed. です。up to が「〜まで」という意味なので、「up to one's eyeballs」で、目の高さまで何かが積み上がっているという意味合いになり、「ものすごく」「忙殺されて」「はまりこんで」「身動きが取れない」というニュアンスになります。まさに、職場の机に目の高さまでの書類が積み上がっているイメージです。

似た表現として、I'm stressed beyond belief. があります。beyond belief は、very「とても」という意味です。

なお、up to one's eyeballs in は very busy with なので、I'm up to my eyeballs in paperwork. = I'm very busy with paperwork. と言うこともできます。

（恐怖で）ずっとブルブル震えてた。

She trembled like a leaf the whole time.

【使い方例】

I took my cat to the vet.
うちの猫、獣医に連れてったんだよ。

Was she nervous?
緊張してた？

Yes, she trembled like a leaf the whole time.
うん、ずっとブルブル震えてた。

【解説】

tremble like a leaf は「葉っぱが風とかでブルブル震えているように身震いする」という意味のフレーズです。
寒さでブルブル震えている状態は、I'm shivering と言います。

ちょっと酔っ払っちゃった。

I'm a bit pissed.

【使い方例】

You're not walking straight. Are you okay?
真っ直ぐ歩いてないけど、大丈夫？

I think I'm a bit pissed. I had one beer too many.
ちょっと酔っ払っちゃったかな。飲み過ぎちゃった。

Don't puke up.
吐かないでよ。

「酔っ払った」は I'm drunk. ですが、イギリス人はスラングで I'm pissed. と言うことがあります。

スラングなので、目上の人ではなく、親しい間柄の友人同士で使うのがいいでしょう。

ちなみに、アメリカ人が I'm pissed. と言うと、I'm angry.「怒っている」という意味になるので要注意です。イギリスでは I'm pissed off. = I'm angry. になります。

488

最後の一杯が余計だった。

I had one beer too many.

【使い方例】

How are you feeling this morning?
今朝の気分はどう?

I've got a bit of a sore head. I think I had one beer too many.
ちょっと二日酔い気味だよ。最後の一杯が余計だったかな。

You'd better take it easy today.
今日は安静にしてた方がいいよ。

【解説】

「飲み過ぎてしまった」と言いたい時に使えるフレーズです。

I had one something too many. の型で覚えておき、something の部分に食べ過ぎたり、飲み過ぎたりしたものを入れると表現の幅が広がります。

I had one doughnut too many.（ドーナツ食べ過ぎちゃった）

I had one chocolate too many.（チョコレート食べ過ぎちゃった）

今日は安静にしてた方がいいよ。

You'd better take it easy today.

【使い方例】

I couldn't sleep a wink last night. I kept having to go to the bathroom to be sick.
昨晩一睡もできなかった。吐きそうになって、お手洗いに行き続けてたんだよ。

You'd better take it easy today.
今日は安静にしてた方がいいね。

Thank you. I think I'm gonna go back to bed.
ありがとう。ベッドに戻ろっかな。

【解説】

You would better の短縮形 You'd better（〜した方がいいよ）の後ろに take it easy（休む）をつけて、「安静にしていた方がいいよ」という意味になります。

You'd better はダイレクトな表現ですが、今回のように相手を気遣うような文脈では親切な響きになります。ただし、上司などの目上の人には使わない方がいいでしょう。

もし、目上の人に同じような言葉をかけたい時は、I'd like to suggest you take it easy. もしくは I'd like to suggest you rest today. と言うのが自然です。I'd like to suggest〜 を使っているので、フォーマルな言い回しになります。

吐かないでよ。

Don't puke up.

I'm not feeling very well.
ちょっと気持ち悪い。

You do look a bit white. Hope you're not gonna puke up.
顔真っ青だよ。吐かなければいいけど。

I'll try not to, but I might need to borrow your handbag.
吐かないようにするよ。でももしかしたらあなたのハンドバックを借りるかも。

【解説】

puke up は、「吐く」のスラングです。親しい間柄の友人や家族に対してこのフレーズを使います。

491

散歩は気分転換になる。

I find it rejuvenating to go for a walk.

【解説】

rejuvenating は「自分を大切にする時間を過ごせたことによって、再び新鮮な気持ちになる」つまり、体や精神が再び活力を取り戻すプロセスや活動を表します。

長い休暇明けに How was your festive week? や How was your holiday? と聞かれたら、It was rejuvenating, thanks! と答えてみましょう。

気分転換に関する表現を他にもいくつか見てみましょう。

To clear my head I need to go for a walk during my lunchtime.（気分転換にお昼時間に散歩に行くんだ）

I take a walk every lunch time to clear the cobwebs from my head.（気分転換にランチタイムに散歩に行くんだ）

492

頭が割れるように痛い。

I've got a splitting headache.

イギリスでは体調不良の時、まずは近所の GP（General Practitioner；かかりつけ医）に行くよ。

493

口内炎ができた。

I've got a mouth ulcer.

【解説】

ulcer は、主に a mouth ulcer（口内炎）と a stomach ulcer（胃潰瘍）の 2 つのうちいずれかで使われます。「口内炎」を和英辞典で引くと、stomatitis と載っていますが、イギリス人は stomatitis は使わず、a mouth ulcer を使います。

494

最近ストレスが少なくなってる気がする。

I'm feeling much less stressed these days.

同じ構文を使用した他の表現も覚えておこう。
I'm feeling much less tired these days.（最近、疲れづらくなっている）
I'm feeling much more energetic these days.（最近、元気になっている）
I'm feeling much more rested these days.（最近、よく休めていると感じる）

495

足が痛くて耐えられない。

My feet are killing me.

【解説】

〇〇 is/are killing me. で、「〇〇が（痛くて・つらくて）耐えられない」
という表現です。

いくつかの例文を見てみましょう。

My head is killing me.（頭が痛くて耐えられない）

My back is killing me.（腰が痛くて耐えられない）

This heat is killing me.（この暑さには耐えられない）

These new shoes are killing me.（新しい靴が痛くて耐えられない）

夜のロンドン。街中を裸足の女性がペタペタと歩いている
ことがあります。よく見ると、ハイヒールを手に持って、足
を痛そうにしています。パブでずっと立ち飲みをしていて足
が痛くなったのでしょうか、My feet are killing me. と
聞こえてきます。

496

足が痺れた。

My leg's gone to sleep.

【解説】

おかしな姿勢で、ずっと座ってたり、横になっていたことによって、
腕や足の感覚がなくなったり、動かせなくなった時、go to sleep と
いう表現を使います。

My leg's gone to sleep. は My leg has gone to sleep. の短縮形で
す。leg を単数形にしているので、「片足が痺れている」という意味
になります。両足が痺れた時は複数形にしましょう。

なお、「足が徐々に痺れてきた」という時は、My leg is going to
sleep. と言うこともできます。

My leg has gone numb. とも表現できるよ。

のどがカラカラだ。

I'm parched.

【使い方例】

> Great to see you again. Can I get you a drink?
> 会えて嬉しいよ。何飲む？

>> God, yes. I'm parched. A pint would be perfect.
>> 飲む飲む。のどがカラカラだよ。ビールがいいな。

> Hang on a sec.
> ちょっと待っててね。

【解説】

「喉が渇いた！」は英語で I'm thirsty. というのが有名な言い回しですが、「喉がカラカラだ！」と言いたい時は I'm parched. と表現します。parched は「干上がった、乾いた」という意味です。会話で使われるカジュアルな表現です。

A pint は、イギリス英語で「1 パイントのビール」（568ml）を指すよ。

効果があった。

It's done me the world of good.

【使い方例】

> You're looking well.
> 調子良さそうだね。

日常 〈健康・体調〉

311

> Thank you. I've been on a diet. It's done me the world of good.
> ありがとう。ダイエットしてるんだ。健康的になったんだよね。

> Yeah, I can tell.
> そうなんだね、そんな感じがするよ。

【解説】

何かが良い効果があったことを言う時に使うフレーズです。

do somebody the world of good = do the thing makes you feel happier and/or healthier という意味です。

以下のような使い方もできます。

Being back home has done him the world of good.（地元に帰ることは彼にとって良いことだった）

Going running every day is doing me the world of good.（毎日ランニングをすることは健康的でいるために良いことだ）

Going on a diet has done me the world of good.（ダイエットをしたことでより健康的になった）

It's done me the world of good. は、シンプルにすると It's been good for me. と言い換えられるよ。

499

足つった。

I've got cramp.

【使い方例】

> What's the matter? Are you in pain?
> どうしたの？痛いの？

> Yes! I've got cramp !
> うん！足つった！

> Push your toes down !
> 爪先を押し下げて！

【解説】

このフレーズをフルセンテンスで言うと、I've got cramp in my leg. となります。体でつる場所といえば、一般的には足なので in my leg は基本的には省略して言うことが多いです。My leg's cramping. と言うこともできます。

cramp は「筋肉の強い痛み」＝「つった状態」という意味合いです。

500

クタクタに疲れた。

I'm shattered.

【使い方例】

> As your good friend, allow me to say you look like death warmed up.
> 友人として言わせてもらうけど、君ものすごく疲れた顔してるよ。

> I haven't slept well for a week, I'm shattered.
> 一週間くらいよく寝れてないんだ。クタクタに疲れてる。

【解説】

I'm shattered. = I'm absolutely tired. です。I'm knackered. = I'm very tired. よりもさらに疲れた状態を指します。

501

彼はひどく疲れているようだ。

He looks like death warmed up.

> My friend's been cramming for his exams by studying through the night.
> 友達が試験のために毎晩夜通しで勉強してるんだ。

>> That's not sustainable.
>> それは続かないよね。

> I know, he looks like death warmed up.
> だね、彼はものすごく疲れているように見えるよ。

【解説】

He looks like death warmed up. ＝ He looks very tired. です。別の言い方をすると、He is alive but looks like the living dead. となります。つまり、「生きているけど、生きながら死んでいるみたいにぐったりとして疲れ切っている」というようなニュアンスになるんですね。少し気持ち悪いですが、まさに死体を温めたみたいに見えるというイメージなのでしょう。

502

めっちゃ汗かいた。

I'm sweating buckets.

【使い方例】

> This heat is mad. I feel like I'm melting.
> この暑さ異常だね。溶けそうだよ。

>> I know, I'm sweating buckets. Let's get a drink.
>> わかるよ、私汗だくだもん。何か飲もう。

> Here's to that!
> 大賛成！

【解説】

I'm sweating buckets. は文字通り、「バケツに入った水くらいの汗をかく」というイメージです。

つまり「汗をたくさんかく」= I'm sweating a lot. と言いたい時に使います。

503

お腹の調子が悪い。

I've got a stomach bug.

【使い方例】

> You don't look well, are you okay?
> 顔色悪いよ、大丈夫?

>> Not really, I've got a stomach bug.
>> そんなによくないよ、お腹の調子が悪くて。

> Poor you, you need to keep drinking water.
> かわいそうに、水分取り続けないとね。

【解説】

stomach bug が「お腹の虫」という意味なので、「お腹に虫がいて悪さをしている」というようなイメージです。日本語では「お腹の虫」というと空腹でお腹が鳴る時に登場しますが、イギリスではお腹の調子が悪い時に出てくるんですね。

「お腹の調子が悪い」は以下 3 つの表現があります。

I've got an upset stomach. 〈フォーマルな言い方〉

I've got a stomach bug. 〈最もよく使われる表現。カジュアルな言い方〉

I've got a dodgy stomach. 〈かなりカジュアルな言い方〉

ランニングを始めた。

I've taken up running.

【使い方例】

> You're looking well!
> 調子良さそうだね!

>> Thanks, I've taken up running.
>> ありがとう、ランニングを始めたんだ。

> Well, you're a great advert for it!
> なるほど、ランニングの効果をあなたが宣伝しているね!

【解説】

take up 〜 ing = start a new hobby/ activity　つまり、「(新しい趣味や活動など) 何かを始める」という意味です。

例えば、以下のようなものがあります。

I've taken up cooking. (料理を始めた)

I've taken up studying French. (フランス語の勉強を始めた)

I've taken up playing tennis. (テニスを始めた)

それは最高のリラックス法だね。

That's a great way to unwind.

【使い方例】

> How do you relax at the end of a busy day?
> 忙しかった日の終わりって、どうやってリラックスしてる?

>> I like to play with my dog.
>> 犬と遊んでるかな。

> That's a great way to unwind.
> それは最高のリラックス法だね。

【解説】

unwind は「（巻かれているものを）ほどく」という意味で、「ストレスや多忙でギュッと緊張や疲労の糸が巻かれてしまっていたものをほどいていく」、つまり、「くつろぐ / リラックスする」という意味合いにもなります。unwind は、relax よりもストレスが大きかったり、忙しかったりする時に使います。

参考までに、「一日の終わりにはワインを飲んでリラックスする」は、I like to unwind with the glass of wine at the end of the day. となります。

506

彼女は快方に向かっている。

She's on the mend.

【使い方例】

> I hear Amy tripped and fractured her wrist.
> エイミーが転んで手首骨折したんだって。

>> Yes, that was a few months ago now, but I'm happy to say she's on the mend.
>> うん、数ヵ月前ね。でも今は幸いなことに良くなってきているよ。

> That's good. It's tricky to put on a coat when you've got your arm in a sling.
> 良かった。上着を着るにしても片腕を吊ったままだと難しいからね。

【解説】

be on the mend で、「病気や怪我から快方に向かっている・回復している・良くなっている様子」を指します。

このフレーズを言い換えると、She is recovering now. や、She is getting better. となります。

I（私）を主語にして、I'm on the mend. と言うこともできます。

参考までに、完全に回復した・全回復した状態を英語で言うと、I'm completely over it./ I'm fully recovered. になります。

507

昼食を急いで食べた。

I had to scoff my lunch.

【解説】

scoffは、「あざ笑う、冷笑する、あざける」という意味ですが、イギリス英語の口語表現では「ガツガツ食べる、一気に食べる、急いで食べる」という意味があります。本当は食事は自分のペースで食べたいところが、急いでいて食べなければならなかったシーンで使えるフレーズです。

508

お腹ペコペコだよ。

I'm starving.

「お腹がすいた」のいろいろな言い方を紹介するね。
〈I'm a bit hungry.〉
I'm a bit peckish./ I'm feeling a bit peckish.
〈I'm very hungry.〉
I'm famished.
I'm ravenous.
I could eat a horse.
I could murder a burger.

509

味を覚える。

You're developing a taste for it.

So good. I want some more.
これ美味しい。もっと食べたい。

Oh, looks like you're developing a taste for it.
そうか、味を覚えちゃったかな。

Yes, I like it.
うん、美味しいよ。

【解説】

　一度体験することによってその物事の良さを覚えたり、好きになったり、面白味を理解することがありますよね。そんな時に使えるフレーズです。

develop a taste for = start liking something です。例えば、I'm developing a taste for caviar.（最近キャビアの味を覚えた）と表現できます。

味以外の場合は、develop a liking for something になります。例えば、I'm developing a liking for jazz.（最近ジャズに興味が湧いてきました）と言えます。

また、みんなが好きなことではないことを好きになったという時にも使うこともできます。例えば、I'm developing a liking for early morning swimming.（最近、朝早く泳ぐことに興味を持ち始めたんだ）と言えます。

510

けっこうお腹いっぱいになるね。

It's quite filling.

【使い方例】

Are you finished?
もう食べ終わったの？

Yes, it is quite filling. I'm full. Do you want to try some?

そうだね、けっこう食べ応えあるんだよ。お腹いっぱいだ。食べてみる?

No, it's okay. I'm stuffed.

いや、いいよ。私もお腹いっぱいだから。

〈食事〉

【解説】

It's quite filling. は、あるもので満腹になり、かつ食べきることにや
や苦労しているというニュアンスを含みます。

Fish and chips and meat pies are filling.（フィッシュアンドチップ
スやミートパイはお腹いっぱいになる食べ物だ）

Salad is not usually filling.（普通、サラダってお腹いっぱいになる
ものじゃないよね）

511

ランチおごるよ。

Lunch is on me.

「ここは私のおごりね」は、I'll treat you./ I'll treat
you to lunch./ It's my treat. のように言えるよ。
それに対するよくある返し方は、Cheers!（カジュアル）/
Thank you.（ニュートラル）/ That's very kind.（フォー
マル）などがあるよ。

512

軽く朝食取らない?

Shall we grab a quick brekkie?

【使い方例】

Shall we grab a quick brekkie at the airport before
our flight?

フライトの前に空港で軽く朝食とらない?

Yeah, our flight is so early we won't have time to have it at home.

そうしよう。フライト朝早いから、家で食べる時間なそうだしね。

【解説】

breakfast（朝食）のスラングが brekkie です。

grab = have quickly「軽く〜しよう」を使った例文をいくつか見てみましょう。

Shall we grab/have a quick break?

Shall we grab/have a quick lunch?

Shall we grab a taxi?

Shall we grab/have a coffee?

513

チョコレートを食べまくった。

I indulged in a big box of chocolates.

【使い方例】

Last night I was so upset we lost the match. I indulged in a big box of chocolates.

昨晩、試合負けちゃって、気分悪かったんだよね。だから、チョコレートをたくさん食べまくっちゃった。

How are you feeling today?

今日はどんな気分？

Fat.

デブになった感じ。

【解説】

indulge in = enjoy a lot です。やり過ぎたら良くないけど、何かを楽しんでいるというポジティブなニュアンスを含み、特に、何かをたくさん食べたり、飲んだりすることに使われます。

例えば、裏庭付きの家に住んでいるイギリス人に「週末何するの？」と聞いたところ、こう返されたことがあります。

If the weather is good, I will indulge in a cigar and a glass of whiskey whilst sitting in my garden. （天気が良かったら、裏庭の椅子に座って、葉巻とウィスキーにふけようかな）

他にもこんな使い方もできます。

I was so bored last night that I indulged in some serious online shopping. （昨晩すごく退屈だったから、オンラインショッピングをたくさんしちゃった）

I indulged in a very nice bottle of wine last night. （いいワインを堪能したよ）

I'm indulging in a very nice bottle of wine. （美味しいワインを楽しんでるんだ）

I indulged in the HOMELAND box set on Netflix. （ネットフリックスでホームランドをずっと見てた）

indulge の語源を調べてみると、ラテン語 indulgeo（好きなようにさせる）から来ているようです。つまり、「好きなようにさせること」がコアイメージなのです。よって、induge は、「好きなだけ何かにふける」「好きなだけ（誰かに何かを）させる」というニュアンスで捉えておくと良さそうです。

514

ちゃんと野菜や果物を食べないとね。

Make sure you get your five a day.

【使い方例】

> Stop eating McDonalds. Make sure you get your five a day.
>
> マクドナルドばかり食べるのやめなさい。ちゃんと野菜や果物も食べて。

> There's more than five ingredients in a Big Mac.
> ビックマックには 5 つ以上の材料使われているよ。

> Stop being cheeky.
> 生意気なこと言わないの。

【解説】

野菜や果物を取ることの大事さを、イギリスでは five a day という
フレーズで言われます。健康のために 1 日に 5 種類の果物や野菜を
食べようという標語です。

515

選り好みしないで。

You don't get to pick and choose.

【使い方例】

> You don't get to pick and choose. You need to eat
> everything on your plate if you want to have your
> dessert.
> 選り好みしないの。デザート食べたければ、お皿の上の食事全部食べな
> さい。

> You are so mean, mummy.
> ママの意地悪。

516

食べる気がなくなる。

That puts me off.

【使い方例】

> Have you tried eating frogs?
> カエル食べたことある?

> I've heard it's delicious, but knowing that it is frog meat really puts me off.
> 美味しいって聞いたことあるけど、カエルの肉って知ったら食べる気がなくなるよ。

> You should at least give it a go.
> 一度くらいは試した方がいいんじゃない。

【解説】

〇〇 put me off. の「〇〇」に、やる気をなくさせるもの、気持ちを削がれるもの、嫌いにさせられるものが入ります。

イギリスでは食用カエルを食べる機会はあまりありませんが、いわゆるジビエはあります。例えば、Venison（鹿肉）、Rabbit/Hare（ウサギ）、Grouse（雷鳥）、Pheasant（キジ）などです。1798年からあるロンドン最古のレストラン、Rules（ルールズ）はこのジビエ料理でも有名です。ジビエ以外の料理もあるので、ジビエが苦手の人でも楽しめますし、内装も中世にタイムスリップしたような歴史を感じる素敵な雰囲気でオススメです。

517

無性にコーラが飲みたい。

I've got a craving for a Coke.

【使い方例】

> I've got a craving for a coke.
> 無性にコーラが飲みたくなった。

> Where did that come from?
> いきなりなんで?

> I just saw an advert on TV.
> ちょうどテレビCMで見たんだよね。

I've got a craving for〜 は、特に食べ物や飲み物に使われ、何かを急に欲しくなった時に使われる表現です。

I've got a craving for chocolate.（チョコレートが無性に食べたい）

I've got a craving for cold beer.（冷えたビールが飲みたくてしょうがない）

518

じゃあ、出てきた時のお楽しみだね。

Well in that case, it will be a surprise.

【使い方例】

Would you prefer meat or fish tonight?
今夜は、お肉とお魚どっちがいい？

I'll leave that up to you. I really don't mind.
任せるよ。気にしないから。

Well in that case, it will be a surprise.
じゃあ、出てきた時のお楽しみだね。

【解説】

in that case は「その場合」「もしそうなら」という意味です。

It will be a surprise. は直訳すると「あなたにとってサプライズになるだろう」なので、自然な日本語にすると「出てきてのお楽しみだね」になります。

どちらか決めてほしいのに「どっちでもいいよ」と言われてしまった時、是非使ってみてください。他にも、So, it's up to me then!（それじゃあ、私にお任せってことだね）という言い方もできます。

519

ダメだって分かってるけど食べちゃおう。

I'm gonna be naughty and have it.

【使い方例】

I know I'm on a diet, but I really fancy some pasta.
I'm gonna be naughty and have it.
ダイエットしてるってのは分かってるんだけど、パスタが大好きなんだよね。
ダメだって分かっているけど食べちゃおう。

That's fine. You can start your diet again tomorrow.
大丈夫だよ。明日からダイエットまた始めれば。

【解説】

大人に対して naughty を使う時は、大人の行動が子供みたいに悪い
時です。

例えば、「健康には良くないものだと分かっているけど、とても美味
しいのでつい食べてしまう、これ以上は食べ過ぎだと頭では分かって
いるけど、つい食べてしまう」という時に使います。

520

（飲食物が）体質的に合わない。

It doesn't agree with me.

【解説】

ある特定の食べ物や飲み物が、自分の体には合わなかったということ
がありますね。そんな時に使えるフレーズです。

○○ doesn't agree with me. の「○○」に自分の体に合わないもの
を入れてみましょう。

Raw oyster doesn't agree with me. （生牡蠣は体に合わない）

Alcohol doesn't agree with me. （アルコールは体質的に合わない）

It seems the flu jab didn't agree with me. （インフルエンザ予防接
種が、体に合わなかったみたい）

ほんのちょっとだけシャンパンが残ってる。

There's precious little champagne left.

【使い方例】

There's precious little champagne left. Would you like the last drop?
ほんのちょっとだけシャンパンが残ってる。最後の一滴いる？

Go on then.
じゃあ、ちょうだい。

【解説】

precious little = very little「ほんの少し」という意味です。precious little の後ろには必ず不可算名詞が来ます。可算名詞の場合は、precious few となります。「ほんの少しだけ〜が残っている」「〜はほとんどない」という意味になります。ちなみに、There's〜 を We've got〜や We have 〜 に変えても OK です。

There's precious little time left. （ほんの少しだけ時間が残っている）

There's precious little apple pie left. （ほんの少しだけアップルパイが残っている）

There're precious few job offers. （仕事のオファーがほとんどない）

There're precious few details about the deal. （その取引に関する詳細がほとんどない）

じゃあ、いただきます。

Go on then.

【使い方例】

> Would you like another slice of apple pie?
> アップルパイもう一切れどう?

> Go on then.
> じゃあ、いただきます。

【解説】

Go on then. は、「OK」と同じ意味で、何か提案を受け入れる時や何か小さいもの(特に食べ物・飲み物)を物理的に受け取る時に用いられることが多いです。

カジュアルなフレーズなので、親しい間柄の人に対して用い、フォーマルな場ではあまり使われません。

523

おかわりはいかが?

Would you like some more?

【解説】

「おかわりいる?」の英語表現は、この Would you like some more? 以外にもあります。

フォーマル(丁寧で距離感のある目上の人や他人に使う)な表現から、カジュアル(親しい間柄の友人・家族)な表現まで、順番で紹介します。

Would you like another serving? 〈最もフォーマル〉
→友人や家族には使わない丁寧な言い方です。

Would you like a second helping/time? 〈ニュートラル〉
→フォーマルとカジュアルの中間くらいのニュアンスです。

Would you like some more? 〈カジュアル〉
→基本的にはどんなシチュエーションでも使える便利なフレーズで使い勝手がいいです。

Do you want some more? 〈最もカジュアル〉
→少しダイレクトな言い方ですが、親しい間柄の友人・家族の場合はこのフレーズが最もよく使われます。

なお、最後の more を付けずに、Would you like some?/ Do you want some? とすると、「（何か自分の手に持っている、手に届く範囲にある）食べ物いる？」という意味合いで使えます。

524

美味しそう。
It looks mouthwatering.

【使い方例】

> The photo of that dish makes me want to eat it right now!
> その料理の写真見ると、すぐにでも食べたくなるよ。

>> I know, it looks mouthwatering. Shall we have a go at making the recipe?
>> うん、美味しそうだよね。ちょっとこのレシピ作ってみる？

【解説】

mouthwatering = delicious です。

このフレーズは見た目が美味しそうという意味でしたが、料理の香りから美味しそうと言う時もありますよね。そんな時は、It smells mouthwatering.（美味しそうな匂いがする）と表現することができます。

塩とって。

Chuck me the salt.

【使い方例】

This soup's tasteless. Chuck me the salt.
このスープ味がしない。塩とって。

Hang on, I need to make my soup edible too.
ちょっと待って、私のスープに入れてからね。

【解説】

「塩取ってくれる？」は Give me the salt? で通じますが、これをとてもカジュアルにしたのが、Chuck me the salt. というフレーズです。「○○をとって」= Chuck me the ○○ . は、非常にカジュアルな言い方なので、家族や友人などの親しい間柄の人に対してのみ使うようにしましょう。

これ食べるとホッとする。

It's my comfort food.

【使い方例】

Wow, your cupboard is full of chocolate!
戸棚がチョコレートでいっぱいだね。

I know, it's my comfort food.
そうだよ、チョコレート食べるとホッとするんだよね。

Looks like you've got a year's supply here!
1年間分のチョコレートがあるように見えるよ！

イギリスでは、疲れた時、ストレスがある時などに食べると落ち着く食べ物のことを comfort food と呼びます。

comfort food は一般的に、砂糖や脂質や炭水化物が含まれていて、カロリーが高く、あまりヘルシーでないもので、クッキーやピザ、チョコレートなどの場合が多いです。他にも、小さい頃に食べていた懐かしい食べ物、両親が作ってくれた料理なども含まれます。

527

ガツガツ食べた。

He wolfed it down.

【使い方例】

My flatmate woke up really late this morning. I've never seen anyone eat their breakfast so quickly!
フラットメイトが遅く起きてきたんだけどさ、あんなに早く朝食を食べる人見たことないよ。

Sounds like he wolfed it down. I hope he didn't make any stains on his clothing.
ガツガツと一気に平らげたんだろうね。服に染みつけていなければいいけど。

He only just avoided staining his shirt when he took his final mouthful of coffee.
彼、コーヒーを口いっぱいに含んだ時、シャツにコーヒーこぼしそうになってたけどね。

【解説】

wolf は「狼」なので、まさに狼が獲物をむさぼるように食べているイメージで、「むしゃむしゃ、ガツガツ、急いで食べている状態」を指します。

簡単な英語では、eat quickly and greedily と言い換えられます。

以下のようなフレーズもよく使われます。

Stop wolfing down your food.（ガツガツ食べないで、お行儀よく
食べなさい）

528

少しください。

Just a tad please.

【使い方例】

Would you like some dessert?
デザートいる?

Just a tad please, I'm on a diet.
少しだけください、ダイエット中なので。

【解説】

just a tad = just a bit「ほんの少し」という意味です。a tad はスラ
ングに近いカジュアルな表現です。

529

すごく喉が渇いた。

I'm dying of thirst.

【使い方例】

Shall we take a break?
休憩する?

Yeah, I'm dying of thirst!
うん、すごく喉渇いた!

Okay, let's get some drinks from that shop over
there.
そうだね、じゃああの店に飲み物を買いに行こう。

【解説】

I'm dying of thirst. = I'm very thirsty.「すごく喉が渇いた」という
意味です。

以下の表現も同じ意味合いで使えます。

I need a drink.

I'm parched.

I'm dying for a drink.

530

まだ足りない。

It didn't touch the sides.

【使い方例】

You're going to order another main course!
別のメインコース頼もうとしている!

Yes, that spaghetti bolognese was nice but it didn't touch the sides.
そうだね、スパゲッティボロネーゼが良かったけど、まだ食べ足りないんだ。

Goodness, that long run has given you an appetite !
そうなの?長距離走ったからお腹空いたんだね。

【解説】

It didn't touch the sides. = It wasn't enough. つまり、「足りなかっ
た」という意味合いです。

何かが十分でない、物理的に足りないという時に使う表現で、特に食
事や飲み物に使われることが多いです。

531

朝シャワーを浴びる。

I have a shower in the morning.

イギリス英語では、take a showerではなく、have a showerと言うよ。身支度の関連表現も紹介するね。
My hair is a mess.(髪がボサボサだ / 寝癖がついている)
I do my hair.(髪を整える・寝癖を直す)

532

（ずっと家の中にいると）気が滅入りそう。

I'm beginning to go stir-crazy.

【使い方例】

> How are things? You have been staying at home for about one month.
> 調子はどう？ 1ヵ月くらい自宅待機をしてるよね。

> I'm fine, but I'm beginning to go stir-crazy. So I go for a walk to get some fresh air.
> 元気だよ、でもずっと家の中にいると気が滅入っちゃうんだよね。だから、気分転換に外に散歩に出ることにしてるよ。

533

家の片付けをしなくちゃ。

I need to tidy up my flat.

tidy up は、「ものを片付ける / 整理整頓する」というニュアンスの「綺麗にする」という単語です。一方、clean は、掃除機などのアイテムを使って「掃除をする」という意味になります。

ちなみに、flat（フラット）はイギリス英語では「集合住宅（アパート / マンション）の部屋」を指します。なので、集合住宅に住んでいる人は、I need to tidy up/clean my flat. になります。戸建てに住んでいる人は、I need to tidy up/clean my house. です。

My room is messy.（部屋が散らかっている）= Things are all over the place.

My room is cluttered.（部屋にものが散乱し散らかっている）= It has many things that are not tidy.

My room is dusty.（部屋がほこりっぽい）= There is dust on my book/desk/piano.

534

ゆっくりしている。

I'm just chilling out.

【使い方例】

What are your plans for tomorrow?
明日何するの?

Just chilling out.
家でゆっくり過ごす。

【解説】

chill out = take it easy/ relax つまり、「くつろぐ、ゆっくり過ごす、リラックスする」という意味です。

1日のハイライトはゴミ出しだった。

The highlight of the day is taking the rubbish out.

【使い方例】

> During lockdown, the highlight of the day is taking the rubbish out.
> ロックダウン中、一日のハイライトはゴミ出しだ。

> Whatever gets you out the house.
> 外に出られてよかったね。

その上着とズボンあってるね。

That top goes well with those trousers.

【解説】

top は、上半身に着用する洋服を指します。例えば、Tシャツ（T-shirt）や長袖（long-sleeved top）、ワイシャツ（shirt）、セーター（jumper）、トレーナー（sweatshirt）、ジャケット（jacket）などです。日本で「ジャンパー」と呼んでいるカジュアルな上着のことは、英語では jacket（ジャケット）や windbreaker（ウインドブレーカー）に含まれます。

trousers はイギリス英語で「ズボン」を意味します。アメリカ英語だとズボンを pants（パンツ）と言いますが、イギリス英語では「下着」を指します。間違って I like your pants. などと言わないようにしましょう！

go well with 〜を使った他の例文も見てみましょう。

Those shoes go well with those trousers.（その靴とズボン合っているね）

This dish goes well with red wine.（この料理は赤ワインとよく合う）

Do these trousers go well with the top?（このズボン、この上着と合ってるかな？）

537

土曜日は身の回りのことをする日だ。

Saturday is my life admin day.

538

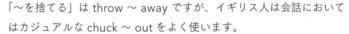

ゴミ捨てに行ってくる。

I'm just gonna go and chuck the rubbish out.

【解説】

「〜を捨てる」は throw 〜 away ですが、イギリス人は会話においてはカジュアルな chuck 〜 out をよく使います。

また、「ゴミ」は garbage/ trash と習ったかと思いますが、これらはアメリカ英語です。イギリス英語ではゴミは rubbish、ゴミ箱は bin と言います。

chuck the rubbish out で、ゴミを家の中から家の外にあるゴミ箱に捨てることを指します。

家の中にあるゴミ箱にゴミを捨てると言いたい時は以下のようになります。

Chuck the rubbin in the bin.（イギリス英語）

Put the trash in the can.（アメリカ英語）

イギリスのごみ出しは日本と違って、決められた場所に持っていくのではなく、各々の家の外(敷地内)に大きなゴミ箱を設置していて、そこに日頃のゴミを溜めておき、収集日にそのゴミ箱を歩道に出して回収されるシステムになっているよ。

chuck the rubbish out は、家の中のゴミを収集用の大きなゴミ箱に捨てることを意味するんだ。また、収集日にゴミ箱を外の歩道に出すことを put the bins out と言うよ。

539

食器洗いするよ。

I'll do the washing-up.

【使い方例】

Thank you. Dinner was delicious.
ありがとう。夕食美味しかったよ。

I'm glad you liked it.
気に入ったみたいで嬉しいよ。

As you cooked dinner, I'll do the washing-up.
夕食作ってくれたから、私が食器洗うよ。

【解説】

do the dishes も do the washing-up も「食器を洗う」というフレーズですが、do the dishes はアメリカ英語で、do the washing-up はイギリス英語なんです。

ちなみに、掃除系の表現例はこちらです。

I'll vacuum clean/hoover.(掃除機をかける。)

I'll hoover the floor/carpet/my car.(床 / カーペット / 車に掃除機をかける)

Go and tidy (up) your room/desk.(自分の部屋 / 机を片付けなさい)

I'm just going to tidy up my flat/room.(家 / 部屋の片付けをする)

I'm going to do a wash. (洗濯する) 〈イギリス英語〉 / I'm going to do the laundry. 〈イギリス以外でも使える〉。

なお、日本では年末に大掃除をするのが一般的ですが、イギリスでは暖かくなってきた3月以降に大掃除 (Spring Cleaning) をします。

540

場所を取りすぎる。

It takes up too much room.

【使い方例】

Do you like this big plant I've just bought and put next to the TV?
テレビの横に置いたこの大きな植物どう?

It's very nice, but it takes up too much room.
とても素敵だね、でも場所を取りすぎてるね。

Actually I agree, and in a few years' time we won't be able to see the TV anymore.
私も実はそう思ってたんだよね、数年後にはテレビ見れなくなるだろうね。

【解説】

take up too much room = take up too much space/ too big for the space that it is in つまり、「何かがスペースを多く取り過ぎている」という意味合いです。

541

ほこりをかぶってる。

They've been gathering dust.

【使い方例】

> Let's spend this Bank Holiday weekend really cleaning out the loft.
>
> このバンクホリデーの週末は屋根裏をきれいにしよう。

> Good idea. There's so much stuff up there, especially our old toys.
>
> いいね。たくさんものが置いてあるからね、特に古いおもちゃが保管されているね。

> They've been gathering dust for decades. Let's do it!
>
> ずっと使われていないよね。よしやろう!

【解説】

gather dust を直訳すると「ほこりを集めている」ですが、意味としては「ずっと使われていない」になります。日本語でも、ずっと使われていない物を指して「ほこりをかぶっている」と言ったりするので、それに近い表現ですね。

341

イギリスで発行されている様々な新聞。

イギリスではどんな新聞を読んでいるかでその人の社会的立場や政治的思想が分かると言われています。そこで、イギリスの代表的な新聞を縦軸と横軸の4象限で整理してみました。

※なお、この表の分析はあくまでロンドン在住のイギリス人複数名と私の主観をもとに作成されています。参考までにご覧ください。

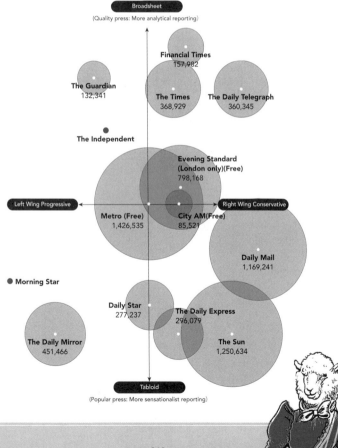

縦軸は、Broadsheet か Tabloid かで分類しています。

☐ Broadsheet（高級紙・一般紙）：大きなサイズの紙に印刷された重要なニュースを
　中心に取り扱う権威のある真面目な新聞。比較的難しい単語、表現で書かれている。
　上流階級・知的階層向け。

☐ Tabloid（大衆紙）：小さめのサイズの紙に印刷された社会事件やスキャンダル、芸能、
　スポーツなどを取り扱う娯楽性重視の新聞。平易な単語や表現で書かれており写
　真が多めに使われている。中流階級・労働者階級向け。

横軸は政治的な思想・立場です。

右側が右派（保守的：Conservative）、左側が左派（革新的：Progressive）です。

［それぞれの新聞の概要］

＊Financial Times(FT)：経済・ビジネスに特化した新聞。紙の色が薄ピンクのため「ピンク・
　アン」(Pink 'Un) とも呼ばれる。2015 年から日本経済新聞の傘下。

＊The Daily Telegraph：愛国心のあるイギリス人が読む新聞。

＊The Times：1785 年創刊の世界最古の日刊新聞。アメリカの The New York Times は
　The Times から命名されたと言われている。

＊The Guardian：マンチェスターで創刊。労働党や自由民主党支持者に好まれる。

＊The Independent：紙面での発行は 2016 年で終了しオンラインで継続。

＊The Sun：世界で最も発行部数が多い英語日刊紙。タブロイド紙。社として保守党支持。

＊Daily Mail：1896 年創刊のイギリスで最も古いタブロイド紙。

＊The Daily Mirror：タブロイド紙。社として労働党支持。

＊The Daily Express：1900 年創刊のタブロイド紙。

＊Daily Star：タブロイド紙。

＊Morning Star：左派系の日刊紙。社会、政治、労働問題などに焦点を当てている。

＊Metro：フリーペーパー。イギリス全土で配布されている朝刊。地下鉄の構内などで手に入る。

＊Evening Standard：フリーペーパー。ロンドンでのみ配布されている夕刊。

＊City AM：フリーペーパー。ロンドンやその周辺で配布されるビジネス中心の新聞。

各社新聞を読み比べてみるのも面白そうですね。

 日常 〈街中・おでかけ〉

542

もう行かなきゃ。

I'm out of here.

このフレーズはカジュアルな表現です。他には、I've got to go now. / I've got to make a move. も使われます。

543

無事に家着いた?

Did you get home okay?

【解説】

一緒に時間を過ごした人と別れて、その人が家に着いたであろう時間に SMS やメッセージアプリなどで確認する際に使われる表現です。本人が無事に帰宅したことと、交通機関に問題なく帰宅したかの両方の確認が含まれます。

544

店内で召し上がりますか?それとも持ち帰りにしますか?

Eat in or take away?

【解説】

アメリカ英語とイギリス英語の違いをおさえましょう。

・店内で食べる:アメリカ英語:For here / イギリス英語:Eat in
・持ち帰る:アメリカ英語:To go / イギリス英語:Take away

545

列に並んでますか?

Are you in the queue?

【解説】

「列」はアメリカ英語では line 、「列に並ぶ」は be (stand) in line と言います。一方、イギリス英語では「列」は queue で、「列に並ぶ」は be in the queue と表現します。関連表現として「並んでいます（列に割り込まないでください）」Actually, I'm in the pueue.
「これは何の列ですか？」Can I ask why you're queuing? があります。

546

座りますか？

Would you like a seat?

547

半々にしましょう。/割り勘にしましょう。

Let's go halves.

【解説】

Let's split the bill. も同じ意味でよく使われる表現です。
「割り勘にする」を Let's go Dutch. と習ったかもしれませんが、この表現は実はほどんど使われません。Dutch は「オランダ人の、オランダの」で、Let's go Dutch. は大航海時代（Age of Discovery）にイギリスが世界の海の覇権を争ったライバルのオランダの悪口（ケチ）として言い出したことから始まったと言われています。オランダ人を軽蔑するような表現になってしまうので、今では使われていない言い回しです。現在では、Let's go halves. か Let's split the bill. が主に使われます。

548

ちょっと化粧室に行ってきます。

I just need to go and powder my nose.

このフレーズは一般的には女性が使うフレーズだよ。男性は I just need to go to the loo. と言えば OK だよ。

549

急いでスーパーに行く。

I'm going to rush to the supermarket.

【使い方例】

People are panic-buying essential food and household items.
みんなが生活必需品を慌てて買い占めてるね。

Yes. My mother has to self-isolate because she is over 70. I'm going to rush to the supermarket to get some items for her.
そうだね、母親が 70 歳以上で自宅待機しなくちゃならないんだよね。急いでスーパーに行って彼女のために買い出ししてくるよ。

550

散歩をする。

I need to stretch my legs.

【使い方例】

It's been a long day. I'm out of here.
1 日長かったね。もう帰るよ。

Do you want a lift to the station because it's late？
遅いから駅まで送っていこうか？

Nah. I need to stretch my legs.
いや大丈夫だよ。歩いていくから。

乗ってく？
Do you want a lift?

日常

〈街中・おでかけ〉

【使い方例】

It's raining... I have to wait for the rain to stop.
雨降ってる…雨が止むのを待たないといけないな。

Do you want a lift? I can drop you off at the station.
乗ってく?駅まで送るよ。

Really? Thanks!
いいの?ありがとう!

【解説】

lift は、イギリス英語では「エレベーター」という意味の他に、「車に無料で乗せること」という意味があります。

Do you want a lift? はイギリス英語で、アメリカ英語では Do you want a ride? になります。

関連表現も一緒に覚えておきましょう。

I will give you a lift. (車で送ってあげるよ)

Can I give you a lift? (車で送ってあげようか？)

Would you like a lift home? (家まで送りましょうか？)

Can you give me a lift? (送ってもらえますか？)

Can you give me a lift to the station? (駅まで送ってもらえますか？)

552

ここ、いい雰囲気だね。
This place has got a good vibe.

> Where shall we go for dinner?
> どこで夕食たべようか?

> This place has got a good vibe.
> ここ、いい雰囲気だね。

> I agree. Let's give it a go.
> そうだね。このお店にしよう。

553

席替わりましょうか?

Would you like to swap seats?

【解説】

自分から相手に「席を替わってくれませんか?」と頼みたい時には、Is it okay if we swap seats? と言うのが最も自然です。

参考までに switch でも swap と同じ意味で使えますが、swap の方が英語的にはより自然です。

554

日が近くなったらお互いに連絡取り合おう。

Let's text each other closer to the date.

【使い方例】

> Do you fancy a drink next Friday after work?
> 来週の金曜日、仕事のあと飲みに行かない?

> Sure, I'd love to! But I might have work that day. Is that still okay?
> いいね、行きたい。でも仕事が入っちゃうかも。それでも大丈夫?

> Okay. Let's text each other closer to the date.
> 分かった。じゃあ、日程が近づいたらお互いに連絡取り合おう。

【解説】

text は携帯でショートメッセージを送るという意味でよく使われます。

555

ちょうど今来たところだよ。

I only just got here.

【使い方例】

> Sorry I'm late. Have you been waiting long?
> ごめん、遅れちゃった。待った？

> No worries. I only just got here.
> 心配しないで。ちょうど今来たところだよ。

> Oh good. Shall we go?
> 良かった。じゃあ行こうか？。

【解説】

only と just のダブルで「たった今ここに来た」ということを強調しています。ダイアローグでは相手を気遣う場面ですが、以下のような「言い訳」の文脈でも使うことができますよ。

A：Why haven't you done this already.（まだこれやってないの？）

B：I only just got here.（今ここに来たばかりなんだよ）

556

お茶でも飲んでかない？

Do you want to pop in for a cuppa?

I'm going to be in your neighbourhood this afternoon.
今日の午後、あなたの家の近辺に行くよ。

In that case, do you want to pop in for a cuppa?
それなら、お茶でも飲んでかない?

Yes, it would be great to catch up.
そうだね、会えるといいね。

【解説】

例えば、何か用事があって、自分の家の近辺まで来ている友人や、自分の家を訪ねて来た人に対して、「お茶でも飲んでかない?」と提案したい時に使えます。

このフレーズには、2つのイギリス英語特有の表現が含まれています。
1つ目は、pop in です。pop in は「ちょっと訪問する」「立ち寄る」(come for a short time) です。
2つ目は、cuppa です。cuppa は、a cup of tea の短縮形です。
紅茶 (Tea) と言えば、イギリスですよね。アメリカ人だったら「コーヒー飲んでかない?」と言うところをイギリス人は、「紅茶でも飲んでかない?」と言います。ちなみにイギリス人は、紅茶をそのまま飲むのではなく、ミルクを入れた紅茶 (Tea with milk) を飲むのが好きな人が多いです。

557

週末は外に出かけるようにしている。

I like to get out and about at the weekend.

get out and about = leave your home and go to several places だよ。

558

今日は予定通りでってことでいい？

Are we still on for today?

【使い方例】

> Are we still on for today?
> 今日は予定通り会うってことでいい？

>> Yes, of course. Are you still okay to meet at 7?
>> もちろん、7時で大丈夫かな？

> Yes, see you then!
> うん、じゃああとでね！

【解説】

このフレーズは友人や同僚、家族に向けて使うカジュアルな表現であり、ネイティブがよく使う自然なフレーズです。

Are we still on for 〜？（〜という予定でいいですか？）の型で覚えておくと役に立ちます。

Are we still on for tomorrow?（明日は予定通りってことでいい？）

Are we still on for dinner tonight?（今日予定通り夕食に行くのかな？）

Are we still on for a trip to the cinema this weekend?（今週末、予定通り映画見に行くってことでいいかな？）

559

盛大に祝おう！

Let's push the boat out!

push the boat out は、直訳すると「ボートを押し出す」ですが、「盛大に祝う」というイギリス英語特有のカジュアルな表現です。

push the boat out の由来は、船員たちが「ボートを押し出す」つまり、出港する前に盛大にパーティをやっていたところから「盛大に祝う」という意味になったようです。

560

お祝いしなくちゃね。

This calls for a celebration.

【解説】

直訳すると「これは祝いを必要とする」になりますが、自然な日本語にすると「お祝いしなくては」「めでたしめでたし」というニュアンスになります。

561

電車に飛び乗る。

I'll jump on the train.

【使い方例】

Are we still on for next weekend?
来週末に会うってことでいいんだよね?

Sure. I'll jump on the train and come up to Manchester.
そうだね。電車に飛び乗ってマンチェスターまで行くよ。

I can't wait to see you.
早く会いたいな。

【解説】

「電車に乗る」は get on the train ですが、jump on the train は get on the train よりもカジュアルな口語表現として使われます。「まさに今から電車に飛び乗って行くよ」と言いたい時ネイティブが使う言い回しです。

562

休暇で出かける時、朝早く起きるのは苦にならない。

It's not a problem getting up bright and early when it's to go on holiday.

【解説】

bright and early = very early です。例えばこんな使い方ができます。

We'll need to get up bright and early tomorrow to catch our flight.（明日は飛行機に乗るために早く起きる必要があります）

It's difficult to get up bright and early after a late night.（夜遅くまで起きていると、早起きするのは難しいですね）

It's difficult to get up bright and early during the working week.（平日に早起きするのは難しいです）

なお、go on holiday はイギリス英語で、アメリカ英語では go on vacation を使うことが多いです。

563

ずっと家の中にいたから外へ出かけなきゃ。

Anything that gets me out the house.

【使い方例】

What do you do in your free time at the weekend?
週末の暇な時間って何しているの？

> Anything that gets me out the house, because I work such long hours from home during the week.
> 平日は在宅勤務で長時間働いているから、外に出かけてるよ。

【解説】

Anything that gets me out the house. = Anything that encourages me to go out. で、これは同時に「家の中に長くいたから」という意味合いも含まれます。つまり、「家の中に長くいたので、飽きたし、外出したい、外に出なければ」というニュアンスです。

---

564 ◆━━━━━━━━━━━━━━━━━━━━━━━━━◆

次の駅で降りるよ。

We're getting off at the next stop.

---

565 ◆━━━━━━━━━━━━━━━━━━━━━━━━━◆

友達と飲みに行くんだ。

I'm going to meet up with my friends for a drink.

【解説】

「友達と遊びに行く」と言いたい時、play with my friends は子供っぽい響きにになり、大人の場合は不自然です。大人が「友達と会う・遊ぶ」と英語で言いたい時は一般的に hang out with my friends をよく使います。もっとイギリス的な表現は hang out ではなく、chill with my friends（若者言葉）や meet up with my friends（誰でも使える言葉）などです。

---

566 ◆━━━━━━━━━━━━━━━━━━━━━━━━━◆

電車で寝過ごした。

I fell asleep and missed my stop.

自分へのご褒美で、フランス旅行に行く。

I will reward myself with a trip to France.

他の表現も見てみよう。
I'm going to reward myself with a box of chocolates because I worked very hard this week. (今週仕事を頑張ったご褒美にチョコレートを買う)
I'm going to reward myself with a massage because I've just finished the busiest time of the year at work. (繁忙期を乗り切ったご褒美にマッサージを受ける)

周りに何もないところ。; どこにいるか分からない。

In the middle of nowhere.

【使い方例】

I visited my friend who recently moved out of London.
最近ロンドンから引っ越した友人を訪ねたんだ。

Where do they live now?
どこに住んでるの?

On a farm in the middle of nowhere.
周りに何もない場所にある農場だよ。

【解説】

In the middle of nowhere. は、「周りに何もない場所」という意味の他に、「道に迷ったりして自分が今どこにいるか分からない」と言いたい時にも使えます。

例えば、こんな感じです。

A：Where are you?（今どこ？）

B：In the middle of nowhere.（分からない）

この時の in the middle of nowhere は「周りに目印となるような建物もなくて、どこにいるか分からない」というニュアンスです。

569

思っていたより時間がかかってる。

It's taking me a lot longer than I was expecting.

【使い方例】

> Where are you?
> 今どこ？

> I'm nearly at yours, but it's taking me a lot longer than I was expecting.
> もうすぐ着くよ、思ってたより時間かかっちゃってる。

> You'd better start running if you want to have a glass of champagne.
> シャンパン飲みたかったら、急いで走ってきた方がいいよ。

570

絶対盗まれるよ。；パクられちゃうよ。

It's bound to be nicked.

【使い方例】

> Don't leave your bike there. It's bound to be nicked.
> バイクそこに置いておかないでね。絶対盗まれちゃうから。

> **But I've got a lock.**
> でも、鍵あるよ。

> **Well, you'd better use it then.**
> じゃあ、鍵かけといた方がいいよ。

【解説】

nick は steal「〜を盗む」のスラングなので、日本語にすると「〜を盗る」「〜をパクる」というカジュアルな響きの言葉です。

ちなみに、欧米人の男性に Nick（ニック）と呼ばれるファーストネームがありますが、今回登場する nick とは無関係です。

この欧米人の男性の Nick は Nicholas（ニコラス）という正式な名前を短くしたニックネームです。Nicholas にはギリシャ語で「人民の勝利」という意味があるので、「盗む」とは全く違う意味になるんですね。

参考までに、It's bound to 〜「必ず〜になる」は It's bound to happen.「そういうことになっちゃうよね」「絶対にそうなるよ」「確実にそうなるよ」「当然の成り行きだよ」のかたちでもよく使われます。

Someone will nick/steal it.「盗まれちゃうよ」とも言い換えられるね。

571

ピクニックに行けなくて残念。

Shame that we won't be able to have a picnic today.

【解説】

イギリス人はピクニックが好きです。特に夏の晴れた日は、サンドイッチやフルーツなどの軽食を持って公園に繰り出します。芝生に座って食事をしながら、たわいもないことを話すのです。食べ終わったら、そのままその場で話し続けたり、腹ごなしに公園を散歩したりします。

近況を報告しあったり、相談をしたりするだけでなく、最高のリフレッシュの時間です。

このフレーズのポイントは Shame that 〜です。「(思っていたよりも状況が悪くなってしまって)残念だ」という時に用います。

Shame that 〜 の「〜」の部分に「残念だ」と思う内容を入れて文章を作ってみましょう。

Shame that it's raining, because we were going to go for a bike ride.(サイクリングに行こうと思ってたのに雨降っちゃって残念だ)

Shame that supermarkets are running out of food again.(スーパーの食品がまた売り切れていて残念だ)

Shame that I can't go on a holiday.(休暇中に旅行に行けなくて残念だ)

Shame that 〜は、It's a shame that 〜を短縮したものです。会話ではわざわざ It's a shame that 〜とは言わず、Shame that 〜と言います。

572

もうすぐ着くよ。

I'm literally round the corner.

【使い方例】

You're late for your interview. Where are you?
面接に遅れていますが、今どこですか?

I'm literally round the corner. I can be there in 2 minutes.
もうすぐそこまで来てます。2分で着きます。

Okay, see you soon.
わかりました、ではのちほど。

【解説】

　I'm just round the corner. が同じ意味のフレーズです。literally は
強調でイギリスではよく使われます。

573

もう帰りたいんじゃない？；もう帰りたそうだね。

I gather you want to leave.

【使い方例】

I gather you want to go home.
もう帰りたいんじゃない？

You read me well. I'm ready to go when you are.
その通り。いつでも帰れるよ。

Let me just go to the loo and I'll be ready.
じゃあ帰る前にトイレ行ってくる。

【解説】

　I gather ＝ I understand ＝ I guess です。

　なぜ I gather が I understand 、I guess となるのか調べたところ、
gather には「集める」という意味合いがあるので、その場の状況、
相手の言動などの情報を集めることで、その対象のことを推測できる
ことから、I gather が「推測する」「思う」という意味になったので
はないかという説があります。

　例文をいくつかご紹介します。

I gather you don't agree.（賛成じゃない感じだね）

I gather you don't like him.（あなた彼のこと嫌いでしょ）

I gather you are sleepy.（眠いんじゃないかな）

I gather you are hungry.（お腹空いてるんじゃない？）

金曜日の夜、地元のパブはいつもいっぱいだ。

My local is always packed on a Friday night.

【解説】

仕事終わりに立ち寄るパブ。パブはビジネス街だけでなく、イギリスの至るところにあり、イギリス人は自分の家の近くのパブにもよく足を運びます。そして、イギリスでは家の近くにあるパブのことを my local と呼びます。

my local は「私の地元」という意味ではなく、常に my local = my local pub（私の地元のパブ）という意味なのです。very British な英単語ですね。

あとで家でおしゃべりでもしない？

Do you wanna pop round later for a chat?

【使い方例】

Do you wanna pop round later for a chat?
あとで家でおしゃべりでもしない？

Yeah, that would be great. I'll bring a bottle of wine.
そうだね、いいね。ワイン持ってくよ。

I'll get the glasses out.
グラスを出して待ってるよ。

【解説】

pop round は come round と同じ意味で、pop round の方がカジュアルな表現です。pop round の後ろに、立ち寄る先を示す単語はありませんが、基本的にはレストランやカフェではなく、誰かの「家」を指します。

つまり、Do you wanna pop round later for a chat? の場合、my place（自分の家）という単語は入っていませんが、「（私の）家に来ない？」というニュアンスになります。

逆に、Shall I pop round later with some food? の場合、your place（あなたの家）という単語は入っていませんが、「食べ物持って、（あなたの家に）立ち寄っていい？」という意味になります。

ちなみに pop round = pop in です。

576

彼女を祝うパーティーを開こう。

Let's throw a party for her.

【使い方例】

Olivia's 30th birthday is next week.
オリビアの 30 歳の誕生日って来週だね。

Okay, let's throw a surprise party for her.
よし、サプライズパーティーを開こう。

【解説】

Let's throw a party for someone. = Let's have a party for someone. です。

throw a party は会話でよく使われる表現です。なお、「パーティーを開く」は organise a party とも言いますが、こちらは堅い表現なので、ネイティブは throw a party や have a party をよく使います。

そろそろ行こうか？；そろそろ出よっか？

Shall we make a move?

【使い方例】

I think the restaurant is closing for the night.
もうレストランの閉店時間になるね。

Yes, it does look like it. Shall we make a move?
そのようだね。そろそろ行こっか？

Let's, before they chuck us out.
行こう、つまみ出される前に。

【解説】

make a move = begin to leave the place where we are. です。つまり、今いる場所から離れようとする時に使えます。なお、誰かの家に招かれ「そろそろ帰るね」と伝えたい時は、I think I'm gonna make a move. と表現するととても自然です。I think I need to go. はやや重い響きなので、ネイティブはあまり使いません。

すぐ近くだ。；目と鼻の先だ。

It's a stone's throw away.

【使い方例】

I heard you bought a house next to the sea.
海の近くに家買ったんだって？

Yes, it's a stone's throw away. We wanted to be near the beach for walks and swimming.
そうなんだよ、目と鼻の先にあるよ。散歩したり泳いだりできるから、ビーチの近くに家が欲しかったんだ。

> That sounds lovely, so when are you going to invite me?
> 素敵だね、で、いつ招待してくれるの?

【解説】

It's a stone's throw away. = It's near by. です。つまり、a stone's throw away は「石を投げれるほど近距離」という意味合いなんでしょう。参考までに道を尋ねられて「歩いて2分程で、すぐそこにあるよ」と返答したい時、以下のように言うことができます。

It's a stone's throw away. Just walk that way for two minutes.

579

今度会おうよ。; 今度遊ぼうよ。

Let's meet up soon.

【使い方例】

> It would be great to catch up.
> 近況報告できるといいね。

> I agree, let's meet up soon. When are you free?
> そうだね、近々会おうよ。いつ空いてる?

> I'm free this Saturday, how about you?
> 今週土曜日空いてるけど、どう?

【解説】

「遊ぼうよ」と言いたい時、英語で Let's play. とは表現しないですよね。アメリカ英語だと Let's hang out. と表現しますが、イギリス英語だと Let's meet up. が最も自然です。Let's chill. と言うこともありますが、これはイギリスでは若者が使う表現です。

「会おうよ」と声をかけたい時のために、以下のフレーズを覚えておきましょう。

Let's meet up soon. When are you free?

Let's meet up. Let me know when you are free.

580

そろそろ行く？

Shall we head off?

【使い方例】

I'm ready when you are.
準備できたよ。

Me too, shall we head off?
私も。じゃあ行く？

Yep, let me just grab my keys.
うん、鍵持ってくるね。

【解説】

head off = start a journey/ leave a place です。

Shall we head off? = Shall we go?/ Shall we make a move? となります。Shall we head off? と Shall we make a move? という表現がありますが、Shall we make a move? の方が少し砕けたカジュアルな表現です。

なお、自分がその場所から出かける・離れなければならない時も head off はよく使われます。

I'm gonna head off now.（そろそろ行く / 帰る / 出るね）

581

すし詰め状態だった；とても混んでいた。

It was jam packed.

【使い方例】

> How come you're home so soon?
> なんでこんなに早く帰ってきたの?

> > I couldn't get into the venue. It was jam packed.
> > 会場に入れなかったんだ。すし詰め状態だったよ。

【解説】

jam packed = very full/ completely packed「人の入り込む隙間が
ないくらい混んでいる状態」です。jam packed は基本的に〇〇 was
jam packed. のかたちで、主語に場所やバス・電車、もしくは it が
入ります。

582

帰るね。

I'm off now.

【使い方例】

> I'm off now.
> じゃあ帰るね。

> > So soon?
> > もう帰るの?

> I have to catch the last train.
> 終電に乗らないといけないから。

【解説】

特に、親しい間柄の友人・知人・同僚に対して「帰るよ」と言いたい
時は、このフレーズがよく使われます。

じゃあ 10 時にしよう。

Let's go for 10 am.

【使い方例】

> What time works best for you?
> 何時が都合いい?

> Let's go for 10 am, that way neither of us will have to rush.
> 10 時にしよう。そうすれば、どちらも余裕もって集合できるから。

> Sounds good to me.
> いいね、そうしよう。

【解説】

Let's go for 〜の「〜」には、time や place などの「選択 (choice)」が入ります。Let's go for 〜 = How about 〜? です。

なお、Let's go for 〜 はカジュアルな表現なので、親しい間柄の友人・家族・同僚に対して使うのが自然です。

丁寧な感じで言いたい時は、Shall we decide on 10am?/ Shall we start at 10 am?/ Shall we meet at 10 am? と言います。

このあたりにいるよ。

I'll stick around.

混んでそうだ。

Every man and his dog will be there.

【使い方例】

> I fancy going to Oxford Street today. Do you want to come with me?
> 今日オックスフォードストリートに行きたいんだよね。一緒に行かない？

>> It's a Bank Holiday weekend, every man and his dog will be there. No thanks.
>> バンクホリデーの週末だから、たくさん人がいて混んでそうだよ。だから私は行かないよ。

> Okay, I'll brave the crowds alone then.
> 分かったよ、一人で人混みに負けないように行ってくるよ。

【解説】

every man and his dog = a lot of people です。つまり、「誰も彼も」「猫も杓子も」「多くの人」という意味です。したがって、Every man and his dog will be there.「たくさんの人がいるだろう」= A lot of people will be there.「混んでいるだろう」という意味になります。

586

あっという間だった。

It was over in the blink of an eye.

【解説】

blinkは、動詞で「まばたきをする、点滅する」という意味です。

be over in the blink of an eye =「まばたきをするくらいの短い時間で終わる」=「あっという間だ」というニュアンスになります。

未来形は、It will be over in the blink of an eye. で「あっという間に終わります」「すぐに終わります」という意味です。誰かにちょっとした用事を頼む際に使ってみるといいかもしれません。

587

ちょっと時間ありますか？

Have you got a minute?

【解説】

「ちょっと時間ありますか？」と気軽に尋ねたい時に用いるフレーズです。

Have you got 〜 ? はイギリスの口語表現でよく使われます。Have you got a minute? = Do you have a minute? です。

文頭の Have もしくは Have you を省略して、You got a minute?/ Got a minute? と言うこともできます。基本的に省略すればするほどカジュアルな言い回しになります。

a time を the time にして Have you got the time? と言うと、「今何時ですか？」という全く別の意味のフレーズになるのでご注意を。

Do you have time for a quick meeting/chat? でも Have you got a minute? と同じ意味で使えますが、Do you have time for〜 ? を使う場合は、for something が必要です。

もう時間がない。

I haven't got much time left.

【使い方例】

> Have you still got time?
> まだ時間ありますか？

> > I haven't got much time left, because I've got another meeting in a minute.
> > もう時間がないです。あと1分で別の会議に参加しないといけないので。

> Okay. You've got to go. I will have a look at your schedule and send you an invite.
> 分かりました。もう行かないといけないですね。あなたのスケジュールを見て、打合せ依頼を送っておきます。

もう行かなくちゃ。

I've got to go.

【使い方例】

> Have you got the time?
> 何時か分かる？

> > It's almost 5 o'clock.
> > そろそろ5時になるよ。

> Is that the time? I've got to go.
> え、もうそんな時間？もう行かなくちゃ。

I need to get going. も同じ意味で使えるよ。

369

急いで行かなくちゃ。

I've got to fly.

【使い方例】

> Get up right now. It's already 7:30. You're gonna be late for school.
> すぐ起きなさい。もう7時半よ。学校遅れるよ。

> Is that the time? I've got to fly.
> もうそんな時間?急いで行かなくちゃ。

【解説】

I've got to go. が一般的に「もう行かなくちゃ」という表現なのに対し、I've got to fly. は「急いで行かなくちゃ」というニュアンスです。I've got to rush. や I'm in a rush. も同様の意味で使えるフレーズなので併せて覚えておきましょう。

会えない時間が愛を育てる。

Absence makes the heart grow fonder.

夫婦や恋人に使う一言だよ。友人に使うと誤解を招くので要注意!

急いでないよ。

I'm not in a rush.

【解説】

「急ぎじゃないよ」「急いでいないよ」と言いたい時に使えるフレーズ
です。

反対に「できれば急ぎで」と言いたい時は、This is rather urgent.
（=Please could you do it as soon as possible?）と言います。This
is urgent. と言うと直接的で少し不躾な響きになりますが、rather を
入れることで間接的な響きになります。

593

時間が解決するよ。

Time is a healer.

Time heals everything. も同じ意味だけど、Time is a
healer.の方がよく使われるよ。

594

読書に没頭していて、あっという間に時間が経った。

I got so stuck into my book that I didn't notice time passing.

【使い方例】

It's already 11 o'clock.
もう 11 時だよ。

Is that the time? I got so stuck into my book that I
didn't notice time passing.
え、もうそんな時間？ 読書に没頭してたから時間があっという間に過ぎたよ。

Time flies.
時間が経つのは早いよね。

get stuck into something = get engrossed in something =
concentrate on something a lot「〜に没頭する」という意味です。

I got stuck into work.（仕事に没頭していた）

I got stuck into gardening.（ガーデニングに没頭していた）

595

覚えている限りずっと前からある。

It's been here for as long as I can remember.

【使い方例】

This building looks really old. How old is it?
この建物古いね。いつからあるんだろう?

I'm not sure, but it's been here for as long as I can
remember.
分からないけど、覚えている限りずっと前からあるよ。

Shame that they are going to knock it down.
取り壊されちゃうなんて残念だね。

【解説】

ロンドンでは街の景観を守るために都市計画規制があるので、勝手に
建物を建てたり、増築したりすることはできません。また、昔の著名
人が住んでいた家や歴史的な出来事があった家には、ブルー・プラー
ク（blue plaque）と呼ばれる青色のプレートが建物の外壁に設置さ
れています。著名人や出来事を記念するというよりは、その建物の歴
史的な意味、歴史の連続性を称える意味をこめて掲げられているそう
です。

ロンドンの街を歩いていると、ふとしたところでブルー・プラークを
見つけることがありますので、ロンドンを訪れた時は建物の壁に注目
してみると面白いかもしれません。

類似表現は、It's been like that since I can remember. です。

A：How long has that building been abandoned?

（あの建物どのくらい放置されているのかな？）

B：No idea. It's been like that since I can remember.

（分からない。私が覚えている限りずっとそんな状態だね）

A：Amazing. It looks like ghosts live there.

（そうなんだ！幽霊が住んでそうだね）

596

無駄に待つことになる。

You'll be waiting till the cows come home.

【使い方例】

> My water heater just broke down. Should I call the ABC company to fix it?
>
> 給湯器壊れちゃったんだ。ABC社に修理頼んでもいいかな？

>> I wouldn't call them, if I were you. You'll be waiting till the cows come home.
>>
>> 私だったらやめるな。あそこ、いつ来てもらえるか分からないよ。

> Okay, I'll try another company.
>
> そっか、じゃあ別の業者を当たるわ。

【解説】

till the cows come home（ずっと、長い間）は、何かを長い時間かけてやるけれど何も結果は変わらない、望む結果を得られない時、つまり、否定的な意味合いで「長い時間」と言いたい時に用いられます。由来は、「乳を搾る時刻になって牛がのろのろと時間をかけて牛舎に帰ってくる様子」からだと言われています。

今やっていること終わらせるから待って。

Let me just finish doing this.

【使い方例】

Can you help me with the shopping?
買い物手伝ってくれない？

Let me just finish doing this.
ちょっと待って今やってるの終わらせるから。

Okay, give me a shout when you're ready.
分かった、準備できたら言ってね。

【解説】

「順番にやるからちょっと待って」と言いたい時に使えるフレーズです。いくつか用例を見てみましょう。

【1人の子供と話している時、別の子供から話しかけられて】
Let me just finish talking with your brother.

【食器洗いをしている時、別のことを一緒にしようと提案されて】
Let me just finish doing the washing-up.

【洗濯をしている時、別のことを言われて】
Let me just finish the laundry.

【昼食を食べている時、何か別のことを頼まれて】
Let me just finish eating my lunch.

【洗車している時、声をかけられて】
Let me just finish washing the car.

あっという間に時間が過ぎた。

Time flew by.

【使い方例】

You're late home.
帰りが遅かったね。

Sorry, I bumped into an old school friend and we went for a drink. Time flew by.
ごめん、学生時代の友人に偶然会って、飲みに行ったんだよね。あっという間に時間過ぎちゃったよ。

No worries, just text me next time.
気にしないで、今度は連絡入れてね。

【解説】

Time flew by. は、楽しい時間を過ごしていたら、あっという間に時間が経っていたという時に使われるフレーズです。

イギリス人曰く、基本的には現在形ではなく過去形で使われ、かつ by を最後に付けるというのが一番自然なかたちなようです。

Times flies. はその時間が楽しかったか楽しくなかったかに関わらず、「時間が経つのは早い」と言いたい時に使えます。

準備できたら言ってね。

Give me a shout when you're ready.

【使い方例】

It's sunny. Let's go for a walk.
晴れたね、散歩にでも行こう。

Sure. Just let me finish washing the car.
いいね、洗車終わるまでちょっと待って。

Okay, give me a shout when you're ready.
オッケー、準備できたら言ってね。

【解説】

Give me a shout. を直訳すると「叫び声をください」となりますが、意味としては Let me know.「声をかける、知らせる」になります。

Give me a shout. の方が Let me know. よりもカジュアルな言い回しなので、親しくない人には使わない表現です。

なお、このフレーズは、後半部分の when you're ready を変えると表現の幅が広がります。

Give me a shout when you've finished.（終わったら言ってね）

Give me a shout when you're free.（時間空いたら声かけてね）

600

すごい久しぶりだね。

It's been ages since we last met.

【使い方例】

It's been ages since we last met. We need to catch up.
すごい久しぶりだね。近況報告しようよ。

Let's go for a coffee soon.
コーヒーでも行こう。

Sure. I'll text you.
いいね、メッセージ送るね。

【解説】

It's been ages since ~ . 「長い間～してない」は使い勝手の良い構文なので覚えておきましょう。

It's been ages since I last went for a run. (長いことランニングしていない)

It's been ages since I bought one. (長いこと買っていない)

since の後ろに last が入る時は、それが習慣だった場合です。It's been ages since we last met. は、昔はよく会っていたということも示唆しています。It's been ages since I last went for a run. も、以前はよく走っていたけど、現在は走っていないという意味合いになります。

I haven't seen you for ages./ I haven't seen you in donkey's years./ Long time no see. でも「久しぶりだね」という意味になるよ。

601

急いで！

Get your skates on!

【使い方例】

The taxi's waiting outside, get your skates on!
タクシーが外で待ってるよ、急いで！

Hang on a minute, I just need to feed the cat.
ちょっと待って、猫に餌やらないと。

Okay, I'll go and tell the taxi driver we'll be there soon.
分かったよ、もうすぐ行くってタクシー運転手に言っておくね。

Get your skates on. = Hurry up!「急いで」という意味のイギリス英語特有の言い回しです。ちなみにこの skates は氷の上を滑るスケートではなく、陸上を滑るローラースケートを指しています。

Shake a leg! や Get a move on! という表現も使えます。

602

ちょっと待って。

Bear with me.

【使い方例】

Have you got time to talk ?
今話せる?

Bear with me, I've just got to finish this email, then I'm all yours.
ちょっと待って。このメール出さないといけないから、そしたら大丈夫だよ。

【解説】

Bear with me. は Hang on.「ちょっと待って」の丁寧な言い回しです。Hang on. は、親しい友人・家族・同僚に使えますが、Bear with me. は基本的に使いません。

Bear with me. は職場やフォーマルな場で使われることが多いです。「ちょっと待って」の英語フレーズをシーン別にまとめると以下のようになります。

・Please bear with me. 〈非常にフォーマルな表現〉

・Bear with me. 〈ニュートラルとカジュアルの中間。同僚には使うが、友人には使わない〉

・Hang on./ Hang on a minute./ Hang on a sec/second./ Hang on a tick./ Just a minute./ Give me a minute. 〈カジュアルな表現。親しい家族・友人・同僚に使う〉

ちなみに、Hold on. も「ちょって待って」という意味のフレーズですが、ちょっと相手にプレッシャーを与えるような響きになため、イギリス人は使いません。

また、Just a moment please./ Just a moment. もイギリス人はあまり使わない傾向があるようです。

603

時間に余裕がなかった。

I was so time-poor.

【使い方例】

Since the pandemic and working from home, I've been able to go running every morning before starting work.
パンデミックになって、在宅勤務するようになってから、毎朝仕事始める前にランニングできるようになったんだ。

I know, a lot of people's work-life balance has really improved over the last couple of years.
そうだよね、多くの人のワークライフバランスがここ数年で本当に改善されたよね。

I was so time-poor then, I can't believe we used to live like that.
昔は時間に余裕がなかったのにね、あんな生活してたなんて信じられないよ。

【解説】

be time-poor = be lacking free time つまり、「自由な時間が十分に取れない」という意味です。

604

時間がある。

I've got time on my hands.

> We really need to go through all our old clothing
> to free up some space in the wardrobe.
> 古い洋服を断捨離してワードローブを整理してスペース作らないと。

> Okay, I've got time on my hands now. Let's do it.
> いいね、時間あるからやろうよ。

【解説】

このフレーズには、ポジティブなニュアンスで「(自由に使える)時間がある」という意味と、「時間を持て余す」というややネガティブな意味の、どちらでも用いることができます。

605

昔からの友達なんだ。

We've been friends for donkey's years.

【使い方例】

> You two look like you're very good friends.
> あなたたち2人は本当に仲が良いんだね。

> We've been friends for donkey's years. Actually
> since we were four years old.
> 昔から長い間友達だからね。4歳からの知り合いなんだ。

> Wow, that's amazing.
> それはすごいね。

【解説】

donkey's years は直訳すると「ロバの年」になります。由来は、ロバの耳が長いことから、donkey's ears で「長い時間」という意味だったのが、時が経つ中で long years(長い時間)と語呂合わせが良く、

donkey's years とかたちを変えて使われるようになったそうです。
つまり、donkey's years = a very long time です。ややクラシカル
でユーモラスな表現ですよね。

606

ギリギリ間に合った。

I only just got it by the skin of my teeth.

【使い方例】

Are you okay?
大丈夫?

I had to run for my train, and only just got it by
the skin of my teeth.
電車に乗るために走ったんだ、それでギリギリ間に合ったよ。

Catch your breath and call me back.
呼吸整えて、また電話かけ直してよ。

【解説】

by the skin of one's teeth = only just「ギリギリ」というニュアン
スです。

電車に間に合って乗った時、I only just got it by the skin of my
teeth. と言ったら、それは、You just managed to get it./ Almost
missed. と同じ意味合いになります。

歯には皮膚がないので、それだけギリギリで、という意味合いで使わ
れているようです。

なお、「ギリギリ大丈夫！」と言いたい時は Just about! というフレ
ーズもありますが、by the skin of my teeth の方がよりギリギリ感
がある表現です。

とても古い。
As old as the hills.

【使い方例】

How old are you, grandma?
おばあちゃん、何歳なの?

As old as the hills. Have a guess.
とても歳をとってるよ。当ててごらん。

100?
100 歳?

【解説】

as old as the hills = very old です。この表現は聖書から来ています。
地球や丘が大昔から存在しているという意味で使われており、まさに
その丘と同じくらいかなり古いという意味で使われるようになったよ
うです。

早くやって!
Pull your finger out!

【使い方例】

I asked you to help move these heavy boxes, but
you're just sitting there playing with your phone!
この重い箱を動かすようにと頼んでいたけど、そこに座って携帯いじって
るだけで何もやってくれないよね!

I just need to finish this game.
このゲーム終わらせないといけないんだ。

No you don't. Pull your finger out! I need your help.

そんな必要はないよ。早くやって！手伝ってよ！

【解説】

由来ははっきりしていませんが、Pull your finger out! = Start doing what you should be doing! 「急いで、やるべきことに取り掛かって！」という意味合いになります。

カジュアルな表現で、少し怒っている響きを含むので、親しい間柄の人だけに使いましょう。

609

すごくお金がかかる。

It costs an arm and a leg.

【解説】

cost an arm and a leg = very expensive「(出費が)が高くつく」という意味です。このフレーズの由来は諸説あるようですが、有力な説は、第一次、第二次世界大戦で多くの兵士が片腕や片足をなくしたことから来ているそうです。

610

2 倍の値段だ。

It costs twice as much as usual.

【解説】

twice の部分を three times や four times に変えれば、「3 倍の」、「4 倍の」という意味になります。

なお、ネイティブはしばしば文末の as usual を省略し、It costs twice as much. と言うこともありますが、意味は変わりません。

611

彼女はなんとか家計をやりくりしている。

She is struggling to make ends meet.

【解説】

make ends meet の意味は、「収入と支出がほぼ同じくらいで、最低限の生活をするために家計をやりくりしている状況」を指します。

そもそもなぜ、make ends meet で、「収入の範囲でやりくりする、家計をやりくりする」という意味なのでしょうか？

その由来を調べてみたところ、もともとの表現は We can't make both ends meat. だったとのこと。これは、「(ソーセージなどの)両端に肉を詰めることができない」という意味です。昔、不況でソーセージ屋さんの収支が苦しくなった時、ソーセージの両端に meat を入れることができなくなり、別の混ぜ物を両端に詰めていたのだそうです。そして、いつの間にか meat が meet になり、make (both) ends meet というイディオムになったようです (both は省略可能です)。

612

元を取りたい。

I want to get my money's worth.

【使い方例】

> I've bought myself an annual membership to Chelsea football club.
> チェルシーの年間チケット買ったんだよね。

>> I bet you'll be going every month.
>> 毎月観に行くんだろうね。

> You bet! I want to get my money's worth.
> もちろん、元を取りたいし。

【解説】

get one's money's worth = make the cost worthwhile つまり、支払ったお金を無駄にしたくないので、その分の価値を得たいという意味です。

他にもこんな使い方ができます。

I always try to get my money's worth.(私はいつも元を取ろうとしている)

Did we get our money's worth?(元取れたかな?)

I didn't get my money's worth.(元が取れなかった)

イングランドといえば、サッカー発祥の地ですよね。
イギリス英語では、サッカー（Soccer）のことを、フットボール（Football）と呼びます。
ロンドンには、このフットボールのプロリーグ、プレミアリーグのチームが数多くあります。

めっちゃ安い。

That's cheap as chips.

【解説】

イギリスにおける chips は、安い食べ物、庶民の食べ物という理解があります。よって、cheap as chips「チップスのように安い」＝ very cheap「とても安い」「価格の割りにはお値打ち品で、とても安い」というニュアンスになります。

日本では、chips（チップス）と聞くと、お菓子のポテトチップスを思い浮かべるかもしれませんが、イギリスではフライドポテトのことを指します。特に fish and chips に出てくるような太いフライドポテトを指して chips と呼びます。

ファストフード店などで提供されるフライドポテトはイギリスでは一般的に fries/ french fries と呼ばれています。

では、いわゆるポテトチップスのことは何と呼ぶのでしょうか？答えは crisps（クリスプス）です。

まとめると、以下のようになります。
・太いフライドポテト：（日）フライドポテト、（英）chips、（米）fries/ french fries
・細長いフライドポテト：（日）フライドポテト、（英・米）fries/ french fries
・丸くて薄く平たいポテト：（日）ポテトチップス、（英）crisps、（米）chips/ potato chips

彼は大金を稼いだ。

He has made bucketloads of money.

【解説】

このフレーズは make a lot of money をカジュアル言い換えた一言です。

bucketload を分解すると、bucket（バケツ）と load（たくさん、いっぱい）なので、バケツいっぱいに何かがたくさん入っているイメージです。a large amount of「大量」「たくさん」という意味で、基本的にはお金に対して使われます。

make a lot of money ＝ make a fortune ＝ make bucketloads of money は、「大金を稼ぐ」、「大きな財をなす」というニュアンスで全て同じ意味で使えます。

ガス・電気代が急激に高くなった。

The cost of gas and electricity has gone through the roof.

【使い方例】

I just got my revised gas and electricity bill, and I nearly fainted.
ガス・電気代の新しい請求書が送られてきたんだけど、びっくりしちゃったよ。

I got mine too yesterday. It's crazy. The cost of gas and electricity has gone through the roof in the last year.
私も昨日受け取った。狂ってるね。昨年から1年間でガスや電気代が急激に高くなったね。

> I'm gonna have to wear lots of jumpers and use candles!
> たくさんセーターを着込んで、それでもってロウソク使わなきゃ！

【解説】

文字通り、屋根を突き破るくらい勢いよく上昇しているイメージです。他にも、Prices have skyrocketed. や Prices have soard. という表現もあります。

The cost of gas and electricity has gone through the roof. = The cost of gas and electricity has increased dramatically. だよ。

616

お金は問題ではない。

Money's not an issue.

【使い方例】

> I'm going to take you to The Ivy for your birthday meal.
> The Ivy に誕生日連れて行くよ。

> Wow, are you sure? It's going to cost you an arm and a leg!
> 本当？すごく高いよ！

> Money's not an issue. It's not every day, it's your 21st birthday.
> お金は問題じゃないよ。日常ではなくて、21歳の誕生日だから。

【解説】

Money's not an issue. 「お金は問題ではない」というフレーズは、I have enough money. 「お金は十分ある」というニュアンスを含んでいます。

Money's not an issue. = Money's no object. = Money's not a problem. と言い換えられます。

The Ivy は、ロンドンにある有名人にも人気のあるイギリス料理店だよ。

617

経済的に厳しい。

Money's tight.

【使い方例】

> How about we go out for dinner this Saturday?
> 土曜日の夕食、外食しない?

>> I'm afraid money's tight as it's the end of the month. Should be fine next week, though.
>> 月末だからちょっと今経済的に厳しいんだ。来週なら大丈夫だと思うよ。

【解説】

Money's tight. = You don't have much money. 「あまりお金がない」という状況です。

618

(お金で) 損した。

I'm out of pocket.

【使い方例】

> I went for a posh dinner with a good friend who had forgotten his wallet. So I paid for him too.
> ちょっといいレストランに親友と一緒に行ったんだけど、彼が財布を忘れてきちゃったんだよね。だから私が彼の分も払ったんだ。

> Did he pay you back?
> 彼、あなたにお金返した？

> No, sadly not. I'm out of pocket as a result.
> いや、悲しいけど返してもらってない。結果として、私が自腹切って損した感じになってる。

【解説】

I'm out of pocket. は、「何か良くない出来事が起きた結果、自分のお金が少なくなってしまった、損をしてしまったという状態」を指します。

619

（あまりお金がないので）お金の使い方に気をつけている。

I'm having to watch the pennies.

【使い方例】

> I'm planning a holiday to Greece this summer. Do you want to come?
> 夏季休暇にギリシャに行こうかと思ってるんだ、一緒に行く？

> That's a lovely idea, but I'm afraid since going freelance, I'm having to watch the pennies.
> 最高だね、でもフリーランスになって以来、お金を節約気味で。

> Okay, I understand. Hopefully next year!
> 分かったよ、じゃあ来年行こうね！

【解説】

watch the pennies = be careful with your money つまり、「あまりお金がないので、お金の使い方に気をつける」「難しい状況ではあるけど、常に（お金の使い方を）意識している状態」という意味です。さて、I'm having to〜 と I have to〜 の違いは何でしょうか？細かな違いですが、現在進行形の I'm having to〜 の方が喫緊の課題と

して取り組んでいるニュアンス、必死にやりくりしているニュアンス
が出ます。

620

お会計がすごく高かった。

The bill was eye-watering.

【使い方例】

How was your dinner at The Ivy?
The Ivyでの夕食どうだった?

The bill was eye-watering, but the food was
absolutely delicious.
お会計がとても高かったけど、料理は最高だったよ。

Sounds like it was worth it, then.
じゃあ行って良かったってことだね。

【解説】

eye-watering = extremely high or large/ very expensive　つまり、「極
めて高い・大きい、高額だ」という意味です。基本的には、the bill
のようにお金に対して使われることが多いです。
まさに「涙ぐむほど高い」「涙目になるほど高額だ」というイメージ
ですね。

621

法外な金額を払った。

I paid through the nose for that.

【使い方例】

So, you finally bought your dream car. I hope you
didn't get ripped off?
とうとうずっと欲しかった車を手に入れたんだね。ボラれてなければいいけど。

Actually, I paid through the nose for that car. The seller saw how much I wanted it and refused to reduce the price.

実はさ、ちょっと法外な金額を支払ったんだよね。その売り手、私がどれだけ欲しがっているかを見て、値引きを拒否したんだよね。

That's a great shame, but least you've got it for life now.

それはとても残念だけど、少なくとも今後の人生でずっとその車に乗ることができるからまだ良かったね。

【解説】

pay through the nose = pay more than is a fair price つまり、「適正価格よりも多くのお金を支払う、払い過ぎる」という意味です。このフレーズの由来は、9世紀頃、デーン人がアイルランドを統治していた時、人頭税（nose tax）を科しており、人頭税を納めなければ鼻を切り落とされたということから来ているそうです。

フレーズをシンプルに言い換えると、I paid too much. になります。

学校・職場

学校・職場

622

ちょっと質問してもいいですか？

Just a quick question.

【解説】

> 仕事中、ちょっとしたことを同僚に確認したいけど、相手が忙しいそ
> う場面ってありますよね。そんな時、このフレーズのようなクッショ
> ン言葉を使うとスムーズに質問することができます。

623

まだそこまで手が回ってません。

I haven't got round to it.

【解説】

> やらなくてはならないと分かっているけどなかなか余裕がなくて手が
> 回っていない時に使える表現です。
> get round to ～ で「～するための時間を見つける、～するための時
> 間的な余裕がある、やっと～する機会を見つける、やっと～に手が回
> る」という意味になります。ちなみにイギリス英語では round ですが、
> アメリカ英語の場合は around となります。

624

飲みに行かない？

Do you fancy a drink?

【解説】

> fancy は非常にカジュアルな表現ですが、イギリス人が好んでよく使
> います。

fancy は「おしゃれな、高級な」といった形容詞の意味が有名ですが、イギリスでは、fancy を動詞として「〜が欲しい」（= want）と同じ意味で使い、特に何か楽しいこと、ポジティブなことに対して用いられます。

例えば、Do you fancy a beer?（ビール一杯どう？）、Do you fancy going for lunch?（外にお昼食べに行かない？）、Do you fancy going to the cinema?（映画でも行かない？）

ものすごくカジュアルに言う場合は Do you の部分を省略して、Fancy a drink? という言い方をする場合もあります。

参考までに、Do you fancy a drink or two? と言うこともあります。Do you fancy a drink? だと一杯だけに聞こえるので、or two を最後に付けることで1杯だけでなく複数杯飲もうという響きになります。

625

会場までどうやって行きますか？

How are we getting to the venue?

【解説】

最後の venue の部分を変えれば様々なシーンで使えますね。

例えば、レストランに行く場合は、How are we getting to the restaurant?、サッカーのスタジアムに行く場合は、How are we getting to the stadium? です。

会話の中で既に場所が出てきている場合は there を使って、How are we getting there? となります。

626

リフレッシュできましたか？

Are you feeling refreshed?

【解説】

イギリスの職場では、夏休み、冬休みといった長期休暇から戻ってきた同僚に対して、「どう？リフレッシュできた？」から始まるスモー

ルトークをします。他にも、シャワーを浴びた後、ランニングをした後、夜よく眠れたか聞きたいときなどに、「気分転換できた？」というニュアンスで使えます。

かしこまったトーンではなく、挨拶に近い感覚の軽い表現です。

すぐに対応します。

I'm on it.

【使い方例】

> Can you please do it?
> これやっておいてもらえますか？

> > I'm on it.
> > すぐに取りかかります。

【解説】

I'm on it. は、I'm working on it. の短縮版です。

何かを依頼された際、責任感を持ってすぐに取り組む姿勢が伝わるのでポジティブなニュアンスがあり、ビジネス場面で用いると好印象です。大きな仕事を依頼された時にも使えますが、家族・友人が Small Job を依頼してきた時のようなカジュアルな会話でもよく使われます。

例えば、Can you take all the rubbish out?（ゴミ捨てしておいて）、Can you book flights for our holiday?（休暇の航空券取っておいて）などです。

立て続けに会議がある。

I have back-to-back meetings.

> Can I book you from 11 for an hour?
> 11 時から 1 時間、時間ありますか?

>> I am afraid I'm busy then. And this afternoon I
>> have back-to-back meetings. How about
>> tomorrow?
>> 申し訳ないのですが時間がありません。午後は立て続けに会議が入って
>> います。明日はどうですか?

629

どんどん進める。
I'll crack on with it.

【使い方例】

> What is the progress of the project?
> あのプロジェクトの件どうなっていますか?

>> I haven't got round to it.
>> まだ手がつけれていません。

> We can't put it off anymore.
> これ以上先送りにはできません。

>> Okay then, I'll crack on with it.
>> わかりました。では、どんどん進めます。

以下の表現も併せて覚えておこう。
Let's crack on! (どんどんやっていこう!)
Let's get cracking. (早速始めよう)

進み具合はどうですか？

How are you getting on?

職場で同僚に「調子どう？」と声をかける時に使えるフレーズだよ。

631

話を元に戻しましょう。

Let's get back on track.

同様のシーンで使える表現は以下だよ。
We went off on a tangent.（話が逸れています）
What were we talking about?（なんの話でしたっけ？）

632

すぐに気が散る。

I get easily distracted.

【使い方例】

> What do you think about working from home?
> 在宅勤務についてどう思う？

>> I would get easily distracted.
>> 私だったら、すぐに気が散るわ。

633

なんか腑に落ちない。

I'm not convinced.

【解説】

以下の使い分けも同時に覚えておきましょう。

〈腑に落ちない：意見・考え・提案など〉

I'm not convinced.

I'm not sure I agree.

〈しっくりこない：洋服・家具など〉

I'm not sure I like it.

I'm not sure I want it.

634

時間が気になっています。

I'm just conscious of time.

【使い方例】

> Can I ask you a question now?
> 今質問してもいいですか?

> Yes, but I'm just conscious of time. Can we talk after the meeting?
> はい。ただ、少し時間が気になっています。会議後でもいいですか?

時間が気になっていることをさりげなく示唆する時に使える
ね。ややフォーマルな響きがあるからビジネスで使われる
ことが多いよ。

635

試験にギリギリで合格した。

I just scraped through the exam.

ちょっと調べてみます。

I'll look into it.

【解説】

I'll check. や I'll have a look. が同じ意味で使えますが、I'll look into it. は少し詳細まで確認するニュアンスがあります。類似表現としては、I'll do some research.（調べてみるよ） / I'll Google it.（ググってみるよ）/ I'll look it up online.（ウェブで調べてみるよ）などがあります。

私の考えとしては、

As far as I am concerned,

【解説】

決まり文句で、「（他人の意見はともかく）私の考えとしては」「（他人はともかく）私に関して言うと」というフレーズです。

なお、As far as I know, と As far as I am concerned, は似ていますが異なるフレーズなので注意しましょう。

As far as I know, は、「私の知る限りでは」という意味なので、その物事に関して部分的な知識や理解がある時に使うフレーズです。

一方で、As far as I am concerned, は「（他人がどう思っているかは別として）自分はこう考えている」ということを述べる際に用います。

今日、在宅勤務をします。

I'm working from home today.

【解説】

表現のバリエーションを覚えておきましょう。

「週に 2 日出社している」

I'm working two days a week in the office.

「週に 3 日在宅勤務しいている」

I'm working three days a week from home.

「月に 1 日だけ出社している」

I only work one day a month in the office.

639

そろそろ終わりにしましょう。

Let's wrap it up.

【使い方例】

> We had a long discussion.
> 議論が長くなりましたね。

>> It's getting late. Let's wrap it up.
>> 遅くなってきたので、そろそろ終わりにしましょう。

640

とても助かります。

That is very helpful.

他の言い方も知っておこう。
I'm very grateful.
Thank you. You've been a great help.

私の意見を言わせていただけるなら、

In my humble opinion,

【使い方例】

> I think we did well.
> 私たちはよくやったと思うよ。

> In my humble opinion, I think we did excellently.
> 私の意見を言わせていただけるのなら、私たちは素晴らしかったと思うよ。

要点だけを簡潔に

Short and sweet

【使い方例】

> Okay. That's all for today.
> よし、ではこれで打合せを終わりにしましょう。

> Sorry, but I've got one more topic to talk about.
> Have you still got time?
> すみません、もう一つ話したいことがあるのですが、まだ時間ありますか?

> I've still got time for another 5 minutes. So, can
> you please keep it short and sweet?
> 5 分だけならいいですよ。要点だけ簡潔に話してもらえますか?

アドリブでやる。

I'll just wing it.

【使い方例】

> Are you ready for the presentation?
> プレゼンの準備できてる?

> Not really. I haven't had the time to do it. I'll just wing it.
> いや、そんなにできてないんだ。時間取れなくて。その場でなんとかするよ。

【解説】

　舞台に上がる前、舞台袖（wing）で役者がセリフを急遽覚えたり、舞台で何をするか即興で考えて対応していたことに由来するフレーズです。

644

さっとメモする。

I'll jot it down.

【使い方例】

> You are so creative. How do you come up with such a lot of good ideas?
> あなたって本当にクリエイティブだよね。どうして良いアイデアをどんどん思いつくの?

> I am always thinking about something interesting. I carry a notebook so that I can jot ideas down whenever they come to me.
> いつも何か面白いことはないか考えてるよ。いつもノートを持ち歩いていて、何かアイデアが浮かんだらすぐに書き留めてるんだ。

「メモをとる」は take notes という表現もあるよ。
jot it down は、write it down よりもさっと書き留めるようなイメージだよ。

理解してもらえましたか?

Does it make sense?

【解説】

> このフレーズは、Is that okay? や Are you okay with it? とも言い換
> えられます。
>
> make senseは「理にかなう」という意味です。理解を促すためにさ
> らに追加の説明をした時は、Does it make more sense?　のように
> 尋ねます。
>
> make sense を用いた他の表現も見てみましょう。
>
> That makes sense.（なるほどね）
>
> That doesn't make sense.（理解できない）

知ってると思わなかった。

I didn't think you would know it.

すぐに考えて対応できる。

I can think on my feet.

【使い方例】

What are your strengths?
あなたの強みは何ですか?

My biggest strength is that I can think on my feet
and work under a lot of pressure.
私の大きな強みはその場で考えてすぐに対応できること、そして大きなプ
レッシャーの下でも働けることです。

Can you give me some examples?
具体的な例を挙げてもらえますか?

どんな印象を与えるか意識しないといけない。

You've got to be aware of how you come across.

【使い方例】

> Why are you wearing a suit today?
> なんで今日スーツ着ているの？

>> I have an interview today. First impressions count a lot, right?
>> 今日面接を受けるんだ。第一印象って大事でしょ？

> Yes, you've got to be aware of how you're coming across. Good luck!
> そうだね、どんな印象を与えるか意識しないとね。頑張って！

そうじゃないかなって思った。

I thought that might be the case.

【使い方例】

> It's already past the starting time, but it seems like Mr. B from France has not connected yet. Oh, he's just joined.
> 開始時間を過ぎましたが、フランスのB氏がまだみたいですね。あ、ちょうどつながりました。

>> Sorry I'm late. There was something wrong with the system.
>> すみません、遅れました。システムの不具合があって。

学校・職場

I thought that might be the case. Okay, we are all set. Let's get stuck in.
そうじゃないかと思いましたよ。これで全員ですね。では、早速はじめましょう。

他には、「そう思ったよ」I thought so.、「思った通りだ」
As I thought.のように表現できるよ。

650 ━━━━━━━━━━━━━━━━━━━━━━━━━━━━━

ちょっと扱いづらい。

That's a bit tricky.

【使い方例】

How is the project going?
プロジェクトの進捗はどう？

Actually, we are a bit behind schedule. Our managing director changes his mind all the time.
実は少し遅れ気味なんだ。社長の意見がコロコロ変わるから。

That's a bit tricky.
それはちょっと大変だね。

651 ━━━━━━━━━━━━━━━━━━━━━━━━━━━━━

よし、やろう！

Let's get stuck in.

【使い方例】

We've got a meeting at 10.
10 時から打合せだよね。

> Yes, ready when you are.
> そうですね、私は準備できてますよ。

> Alright. We've got lots of things to do, so let's get stuck in.
> 了解。やらなければいけないことが沢山あるから、さっそく取りかかろう！

【解説】

カジュアルな口語表現で、普段の生活だけでなくビジネスシーンでもよく使われます。

get stuck in〜 には、大きく分けて２つの意味があります。

１）アメリカ英語・イギリス英語共通：「〜にはまって動けなくなる」

I got stuck in the mud.（泥にはまって動けなくなる）

They got stuck in traffic. （交通渋滞にはまって足止めされている）

（※ in traffic = in a traffic jam）

I got stuck in a long queue for the ticket.（チケットを買うための長い列に待たされている）

２）イギリス英語のみ：「気合を入れてやる」「一生懸命やる」「はりきって取りかかる」

He has got stuck in. = He is giving it his best now.（彼は一生懸命やっている）

He really got stuck in. = He gave it his best.（彼は一生懸命やった）

１）と２）のどちらの意味で使われているかは、その時の状況を見て解釈するしかありません。とはいえ、参考までに私の経験から言うと、「気合を入れてやる」、「一生懸命やる」、「はりきって取りかかる」は、何か「課題」や「仕事」に取りかかる時に次のような言い回しで使われることが多いです。

Let's get stuck in. = Let's give it our best.（よし、やろう）

Shall we get stuck in?（では始めましょうか？）

なお、Let's get stuck in. は基本的には、Let's do this. と同じ意味になりますが、Let's get stuck in. の方が Let's do this. よりも覚悟と情熱が感じられる表現です。

652

ギリギリ大丈夫！
Just about.

【使い方例】

> Are you feeling ready for your presentation?
> プレゼンの準備できてる？

>> Just about.
>> ギリギリ大丈夫！

【解説】

Just about. は、Just about okay. の okay を省略したもので、「オッケーに近い、ほぼオッケー、ギリギリ大丈夫、なんとかね、どうにかね」という意味になります。

いくつかの場面の例を見てみましょう。

【電話で】

A：Can you hear me?（聞こえる？）

B：Just about.（なんとか）

【暗闇で】

A：Can you see it?（見える？）

B：Just about.（どうにかね）

【疲れて見える人に】

A：Are you feeling okay?（大丈夫？）

B：Just about.（ギリギリね）

ちょっと話があるのですが、よろしいですか？

Can I have a word with you?

【使い方例】

Can I have a word with you?
ちょっと話があるんだけどいい？

Yes sure, give me five minutes.
いいよ、5分待って。

Okay, I'll come back in five minutes.
分かった、じゃあ5分後に戻ってくるね。

カジュアルに言いたい時は、Have you got a minute?
のような表現もあるよ。

もう時間がなくなってきた。

We're running out of time.

【使い方例】

We're running out of time. We'll now close the meeting.
もう時間がなくなってきました。打合せを終わりにしたいと思います。

Sorry, but I've got one more thing to talk about.
すみません、もう1つ話したいことがあるのですが。

I'm just conscious of time, so can you keep it short and sweet?
時間が気になりますが、要点だけを簡潔に話せますか？

655

なんとか解決したよ。

I've managed to figure it out.

【使い方例】

You couldn't download the files yesterday, but
did you figure it out?
昨日ファイルをダウンロードできなかったようだけど、解決した？

Yes, I've managed to figure it out. I can now
download, open and print the files.
ええ、なんとか解決したよ。今はファイルをダウンロードすることも開くこと
も印刷することもできるよ。

That's good.
よかったね。

656

明白だ。はっきりしている。

It's crystal clear.

【使い方例】

I asked Luke what he thought of the idea, and it's
crystal clear he hates it.
ルークに彼の考えを尋ねたんだ。そしたら、彼がやりたがっていないのが
明白だったよ。

Oh dear, we'll have to think of something else
then.
残念、じゃあ別のこと考えなきゃだね。

【解説】

crystal clear = very clear/ very easy to understand「とても明瞭で分かりやすい」という意味です。特にビジネスにおいてイギリス人がよく使う一言です。

It's obvious. と同じ意味だよ。

657

すぐに全力で取り組む。

I hit the ground running.

【使い方例】

How is your new job?
新しい仕事どう?

It's good. I've only been there a couple of weeks. I can feel that they want me to hit the ground running.
いい感じだよ。まだ数週間しかいないけどね。会社は私に最初から全力で取り組んでほしい感じが伝わってくるよ。

Take it easy.
まあ、気楽にいきなよ。

【解説】

特にビジネスの文脈で、責任が伴う新しい仕事を始める際に用いるフレーズです。

I hit the ground runnnigというフレーズには、「最初からフル稼働で仕事をしなければならない」「ウォームアップ期間、新しい状況に慣れる時間がない」のようなイメージも含まれています。

イライラさせられる。

It's doing my head in.

【使い方例】

> He often makes a U-turn on what he initially decided.
> 彼はよく方針を 180 度転換するよね。

>> Yes. It's doing my head in.
>> そうだよね。頭にきちゃう。

It's frustrating./ It's annoying. などと同じ意味だよ。

〜であることを考えれば

Given that 〜

【使い方例】

> I've just looked at the weather for tomorrow on my phone.
> ちょうど携帯で明日の天気を見てたんだけどさ。

>> What's the forecast?
>> 予報はどうなってる?

> Given that it looks like it's going to be sunny and hot, shall we go for a picnic on the beach?
> 晴れて暖かくなりそうだから、ビーチにピクニックにでも行かない?

【解説】

Given that = in consideration of the fact that（それを事実と踏まえると）です。

他の例も見てみましょう。

Given that my rent has increased, I can't go out for dinner as often as before.（家賃が上がっちゃったから、以前みたいな頻度で外食できないよ）

Given that the weather has turned colder, you need to take a coat.（寒くなってきたらコートを持っていった方がいいよ）

Given that he is a vegan, we have to be careful what restaurant we choose.（彼はビーガンだからレストランは慎重に選ばないとね）

660

やりながら学んでいる。

I'm learning as I go along.

【使い方例】

How is your new job going?
新しい仕事どう?

It's going alright. I'm learning as I go along.
ぼちぼちだよ。やりながら学んでるよ。

If there is anything I can do for you, just let me know.
もし私に何かできることがあったら言ってね。

661

良いチームだよね。

We make a good team.

【使い方例】

> I'm so glad that the project has gone well. I really enjoyed working with you.
> プロジェクトが成功して良かった。一緒に働けて楽しかったよ。

> Yes, we make a good team.
> そうだね、私たち良いチームだね。

662

基本的な質問をしてもいいですか？

Can I ask a basic question?

663

では私はこれで失礼します。

I'll leave you be.

【解説】

このフレーズは、忙しそうな人をそっとしておこうとする場面で用います。「忙しそうなので、また今度改めて」のようなニュアンスです。I'll leave you alone. と同じ意味です。

664

彼の決定は訳がわからない。

His decision left everyone scratching their heads.

【使い方例】

> What do you think of his decision?
> 彼の決断どう思った？

I really don't understand it.
よく分からないよ。

His decision left everyone scratching their heads.
彼の決定は訳が分からないよね。

665

何度同じことを聞かれたか、数えきれない。

I've lost count of the number of times you've asked me that.

【使い方例】

Are we there yet?
まだ着かないの?

I've lost count of the number of times you've asked me that. We'll get there in probably another hour.
何度同じことを聞かれたか数えきれないよ。あと1時間くらいだよ。

Okay, I won't ask again.
分かったよ、もう聞かないよ。

666

持ちつ持たれつだ。

You scratch my back and I'll scratch yours.

【使い方例】

You teach me Japanese, I'll teach you English.
日本語教えてよ、英語を教えるからさ。

Sure. That sounds good to me.
そうだね。いいねそうしよう！

You scratch my back and I'll scratch yours.
持ちつ持たれつだね。

667

副業をしている。

I've got a side hustle.

【使い方例】

I got fired yesterday.
昨日会社をクビになったんだ。

That's too bad. Are you okay?
それはひどいね。大丈夫？

I'm okay because I've got a side hustle.
大丈夫だよ。副業してるからね。

668

まだまだ先は遠い。

We've got a long way to go.

【使い方例】

We got a lot done this week.
今週たくさんの仕事を終わらせたね。

> Yes, but we've still got a long way to go.
> ああ。でもまだまだ先は遠いよ。

669

彼は留守です。

He's gone out.

【解説】

> 仕事中に「〇〇さんいますか？」と電話が掛かってきたけれど、その
> 人が外出中でいない時、このフレーズ He/She is out (of the office).
> を用います。
> out of the office と out of office では意味が異なります。 out of
> office は、「公職を退く、権力の座から離れる、政権から離れる」と
> いう意味なので、He is out of office. にしてしまうと、「彼は現在
> ここにおりません（退職しました）」という意味になってしまいます
> ので注意しましょう。

670

進展があり次第、連絡します。

I'll keep you posted.

言い換え表現も覚えよう。
I'll keep you posted.（カジュアル）、I'll keep you
updated./ I'll keep you informed.（フォーマル）

671

お知恵を拝借できますか？

Can I pick your brain?

【使い方例】

> Can I pick your brain, and can we talk about careers?
> お知恵を拝借したいんですが、キャリアについて話せますか?

> Sure. What do you mean by careers, exactly?
> もちろん。キャリアって具体的にどんなこと?

> I'm considering a new job offer, and I'd like to run it by you.
> 新しい仕事のオファーを受けるか考えているので、相談してもいいですか?

672

自転車通勤する。

I cycle to work.

通勤に関する他の表現も知っておこう。
I walk to work.（徒歩で通勤する）
I drive to work.（車で通勤する）
I take the tube/train to work.（地下鉄 / 電車で通勤する）
I commute to work.（通勤する）

673

その内容を教えてもらえますか?

Can you please fill me in?

【解説】

自分が知らない情報がもっとあると分かっている時に使うフレーズです。言い換えると、Can you give me the information that I'm missing? となります。同様の意味で使えるフレーズは以下です。併せて覚えておきましょう。

Can you bring me up to speed?

Can you unpack it for me?

Can you elaborate on that please? 〈フォーマルな表現〉

どうかな？役に立ちそう？

Is it any good?

【使い方例】

Thanks for the photo you sent me.
写真送ってくれてありがとう。

Is it any good?
どうかな？役に立ちそう？

Yes, it's perfect.
うん、バッチリだよ。

【解説】

Is 〇〇 any good? には 2 つの意味があります。

1 つ目が、Is that useful?「〇〇は役にたちそう？」という確認のニュアンスです。

2 つ目の意味が、「〇〇はどうだった？」という意味です。例えば、Was the movie any good?（映画どうだった？）、Was the restaurant any good?（あのレストランどうだった？）と使うことができます。

要点はわかったよ。

I get the gist of it.

【解説】

get the gist of it= understand the essence/main point of it です。

つまり、「ポイントは分かった」「要点は掴んだ」という意味です。

仮で予定しておこう。

Let's pencil it in.

【解説】

> pencil は名詞で「鉛筆」ですが、このフレーズでは動詞で使っている
> ところがポイントです。鉛筆は書いても消しゴムで消せるので、まだ
> 日時が確定していない予定をいったんスケジュールに書き込んでおく
> というニュアンスです。

Let's pencil it in. = Let's try and schedule it, but
we both understand it might need to be changed.
だよ。

板挟みだ。

I'm caught between a rock and a hard place.

【解説】

> a rock は「鉱山」を指し、a hard place は「見知らぬ土地」を意味
> しています。
> このフレーズの起源は、1900 年代初めのアメリカに遡るようです。
> 当時、世界的な大恐慌で、アリゾナの銅採掘会社は経営が危うくなり、
> 鉱山労働者の労働条件が悪くなりました。労働組合は労働条件の改善
> を求めましたが、それは退けられ、労働者は見知らぬ土地のニューメ
> キシコに送られることもあったとか。
> 労働者は「悪条件の鉱山（a rock）」に残るか、「見知らぬ土地（a
> hard place）」に行くかの「板挟みの状況」、つまり「にっちもさっち
> も行かない状況」になったというのが起源のようです。
> 英語はイギリスで生まれましたが、新しい表現が遠いアメリカの地で生
> まれて、今ではイギリス人が日常会話で使っているのが面白いですね。

（気が進まないことを）終わらせてしまおう。

Let's get it over and done with.

【使い方例】

> We keep putting off our tax return, but the deadline is next week.
> 確定申告の手続き全然やってないけど、締切りって来週だよね。

>> Let's get it over and done with this week.
>> 今週終わらせちゃおう。

> Okay, When are we going to do it?
> 分かった。いつやる?

>> We're going to do it this afternoon.
>> 今日の午後やろう。

学校・職場

【解説】

get something over and done with から and done を省略して、get something over with でも同じ意味として使えます。

みんなが共通認識を持たないといけない。

We need to be on the same page.

【解説】

be on the same page は、「共通認識を持っている」「同じ考えを持っている」「大筋で合意している」という意味です。

例文を見てみましょう。

I think we're all on the same page.

（全員が同じ理解だと思います）

I want to make sure everyone is on the same page.
（みんなが共通認識を持っているか確認したい）

Are we on the same page about this project?
（このプロジェクトについては、みんな同じ認識ですか？）

Thank you for the meeting. I know at the beginning we had very different opinions, but I hope that now we are on the same page.
（打合せありがとうございました。初めの段階では、みんなが異なる意見を持っていたけど、今は大筋で合意できているのではと思っています）

680

最初に誰に連絡すればいいですか？

Who's the first point of contact?

I'm the point of contact. と言えば、「私が窓口です」という意味になります。

681

ひらめいた！

I had a light bulb moment!

I suddenly realised something important.
I had a sudden realisation! は同じ意味で使えるフレーズだよ。

682

何か他の言い方はありますか？

Are there any other ways of saying that?

【使い方例】

> Are there any other ways of saying "thank you"?
> Thank you って言いたい時、何か他の言い方はある？

> We also say "cheers"!
> Cheers! って言うこともあるよ。

> Cheers!
> ありがと！

683

何かご意見ありますか？

Does anyone have any views on that?

【解説】

Does anyone have any views on that? = Does anyone have anything to add?（カジュアル）

「ぜひご意見をください」と言いたい時は、以下の表現があります。

Please give me your honest opinion on this.

What's your opinion on this?

Could you share your thoughts please?

684

打合せの前にこれ一緒にざっと目を通してくれない？

Can we run through this before the meeting?

【解説】

run throughで、「ざっと読む、一通り目を通す、通読する」という意味です。

run through と go through は同じ意味で使えますが、run through の方が会話でよく使われ、ダイナミックでいきいきしたニュアンスが伝わりますね。

Can we go through it?（確認しておいてもらえますか？）も同じ意味で使えます。

685

ご一緒してもいいですか？

Do you mind if I join you?

【解説】

その場に参加してもいいか尋ねる時に使えるフレーズです。 Mind if I join? とするとカジュアルな表現になります。「どうぞ」と返答する時は、Not at all. / No problem. / Feel free. などを使います。

686

今晩は集中して勉強しなくちゃ。

I'm gonna need to keep my head down and study tonight.

【解説】

I'm gonna need to ～は「～しなければならない、～しなくちゃ」という意味です。I'm gonna have to ～でも同じ意味になります。

keep one's head down は concentrate/focus（集中する）という意味です。

3時間ぶっ続けで働いた。

I've just worked for 3 hours solid.

【解説】

solid = without a break（休みなし＝ぶっ続けの）という意味合いになります。

何かを終えた後に「○○時間ぶっ続けで〜した」と言いたい時にこのフレーズが使えます。

I've studied for [2 hours solid] / [2 solid hours].

（2時間ぶっ通しで勉強してた）

I've worked on it for [3 hours solid] / [3 solid hours].

（まるまる3時間この作業をした）

順調だよ。

It's progressing smoothly.

【解説】

It's progressing steadily. や Things are progressing smoothly. でもほぼ同じ意味です。

smoothly = without problems

steadily = without delay

まだ途中だよ。；今やっているところ。

I'm working on it.

【解説】

「途中」という言葉をダイレクトに英語にしようとして、辞書で調べると in the middle と載っていたりしますが、実際のところネイティブは in the middle を使いません。

その代わり、be working on 〜で「〜しているところ、〜に取り組んでいるところ」を使って表現します。

本番当日は大丈夫だよ。

On the actual day, I'll be fine.

【使い方例】

> I've got my exam next week.
> 来週試験があるんだよね。

>> Do you feel ready?
>> 準備できてる?

> Not yet. On the actual day, I'll be fine.
> まだ。でも本番当日は大丈夫だよ。

【解説】

もう少し具体的な例として、仕事の場面において「プレゼンテーション当日は大丈夫、うまくやるよ」と言いたい時には、When I do the actual presentation, I'll be fine. と表現できます。

一度通しでやってみよう。

Let's do a practice run.

【解説】

このフレーズを別の英語で言うと、Let's go though everything. に
なります。

まさに、全てを「ざっとやり通す（go through）」というニュアンス
です。

ちなみに、本番前の練習のことをリハーサルと言いますが、リハーサ
ルは英語でも rehearsal です。rehearsal は名詞なので「リハーサル
をしよう」と動詞で言いたい時は、Let's rehearse! になります。

ただ、「rehearsal」（リハーサル）という英単語はあくまでも、芝居・
舞台の役者が演目の事前練習をすることを指す用語なので、仕事のプ
レゼンや交渉などの事前練習は Let's do a practice run. を使う方が
適しています。

692

なんか急に緊張してきた。

Suddenly I'm feeling really nervous.

【解説】

Suddenly I am really nervous. / I'm a bit tense all of a sudden.
も同じ意味です。

693

同意しかねます。

I beg to differ.

【解説】

I beg to differ. は I don't agree. をより紳士的にした、かしこまっ
た言い方です。

日本語にすると「(失礼ながら) 同意しかねる」「(残念ながら) 私はあなたと意見が違います」「お言葉を返すようですが、私はちょっと違う考えです」というニュアンスです。なお、With respect, I don't agree. という言い方もできます。このフレーズは、同意できないと伝えたい時、相手に対して心の準備をしてもらうためのものです。何の前置きもなく「反対です」と言うより、「失礼ながら」と一言とクッション言葉を挟んでから言うのとでは、相手も心の準備ができて、耳を傾けやすいですよね。英語も同じで、一言添えるだけで物腰が柔らかになります。

ちなみに I don't agree. と I disagree. では I disagree. の方が少し強い響きになります。

694

今ちょうど仕事終わったところ。

I've just finished work.

【解説】

イギリス人ネイティブは I've just finished working. とは言わず、I've just finished work. と言います。finish の後ろをなるべく名詞で短く言い表すことで自然な表現になります。

会社に通勤している人も、リモートワークで在宅勤務をしている人もどちらでも使えます。会社に通勤していて、「今退勤した」と言いたい時には、I've just left work. と言います。他にも食事を食べ終えた時、I've just finished eating breakfast. とは言わず、I've just finished breakfast. / I've just finished lunch./ I've just finished dinner. と表現します。

695

勉強はできることから少しずつがいいよ。

It's best to take a bite-size approach to learning.

【使い方例】

> I want to start learning French.
> フランス語の勉強始めたいんだよね。

> From my experience, it's best to take a bite size approach to learning.
> 私の経験から言うと、勉強はできることから少しずつがいいよ。

> Okay. Thanks for the advice.
> そうなんだ。アドバイスありがとう。

696

ペースを上げないといけない。

We need to pick up the pace.

【使い方例】

> You make lovely face masks. Why don't you make it a side business?
> かわいらしいマスク作るね。副業としてやってみたら?

> I'd like to, but I'm only making one or two a day.
> やりたいけど、1日に1つか2つしか作ってないんだよね。

> In that case, you really need to pick up the pace if you want to make money out of it.
> その場合、もしマスク作りで稼ごうとしたら、もっとペース上げないとだね。

休息が必要だ。

I just need to take some time out.

どうすればいいかな？

How can I get round this problem?

【使い方例】

> I never have enough time to do everything I want to before work. How can I get round this problem?
> 仕事の前にしたいことする時間がないんだよね。どうすればいいのかな?

>> You can get round the problem by getting up earlier.
>> 早起きすればいいんじゃない。

> That's the advice I didn't want to hear.
> それは聞きたくなかったアドバイスだ。

【解説】

get round = overcome なので、How can I overcome this problem? / What can I do to overcome this problem? でも同じ意味です。

I get round this problem by 〜 ing.（〜することでこの問題を克服する）のかたちで覚えておきましょう。

どこかのタイミングで共存しないとね。

At some point, we're just gonna have to live with it.

【使い方例】

Have you heard there is a new variant?
新しい変異種が出たって聞いた?

Yes, they seem endless.
ええ、こんな感じでずっと続くのかな。

At some point we're just gonna have to live with it.
どこかのタイミングで共存することを受け入れないとね。

私に借りができたね。

You owe me one!

【使い方例】

Thank you for your help. I couldn't have done it without you.
ありがとう。本当にあなたのおかげだよ。

You owe me one!
私に借りができたね。

【解説】

「私に借りができたね」という意味では、You owe me a favour. / You need to help me in the future in return. も同じように使えます。

あなたがいなければできなかった。あなたのおかげだよ。

I couldn't have done it without you.

【使い方例】

Your presentation was really successful.
Well done.
プレゼンうまくいったね。やったね。

Thanks for all your help. I couldn't have done it without you!
手伝ってくれてありがとう。本当にあなたのおかげだよ。

【解説】

without you が If you hadn't been there（もしあなたがあの時いなかったら）の役割を果たしています。「やったね、よくやった」は、Well done. や You did good/well. と言います。

ずっと行き詰まってるんだよね。

I've been stuck on this for ages.

【使い方例】

Can you help me? I've been stuck on this for ages.
ちょっと手伝ってくれない？ずっと行き詰まってるんだよね。

Sure.
もちろん。

Thanks. I will book a meeting room.
ありがとう。ミーティングルーム予約しておくね。

曖昧だね。

It's vague.

【使い方例】

> I've received a reply to my proposal from my client, but I can't understand if he is accepting it or not.
> 顧客から提案に対する返信をもらったんだけど、提案を受けてもらえるのかどうなのか読み取れないんだよね。

> Yeah, his reply is vague. I think you're gonna need to follow up.
> そうだね、曖昧だね。確認した方がいいかもね。

> I'm on it.
> すぐやろっと。

今までの話と関係ないんじゃない？

What's that got to do with the price of fish?

【解説】

このフレーズは、What's that got to do with what we are talking about?/ What's that got to do with anything?（今話していることと何が関係あるの？＝今までの話と関係ないんじゃない？）と言い換えられます。

魚の値段の話と同じくらい不自然、もしくは予期していない話題を誰かが話し始めた時に使うフレーズです。このフレーズは、言い方や言う場面を考えて使わないと、不躾に聞こえることもあるのでご注意を！

学校・職場

注意散漫になっている。

My mind keeps wandering.

他の表現バリエーションも知っておこう。
I can't keep my concentration. / I get distracted
easily. / I've lost my focus.

ちょっと無茶な頼みだ。

That's a big ask.

【使い方例】

My company is asking me to work in the office
five days a week.
私の会社、週に5日間、オフィスで勤務するように言ってきてるんだよ。

In this day and age, that's a big ask.
このご時世では、無茶な話だよね。

Yes, I'm sure lots of people in my company will
think of leaving.
そうだね、多くの同僚が会社を辞めることを考えると思うよ。

【解説】

a big ask = a tough ask（辛い、骨の折れる依頼）です。
That's not a big ask.（さほど難しい依頼ではない。無茶な話ではない）
のように否定形にして使うことも多いです。
That's a tall order. という表現もあります。

707

あなたに任せるよ。

I'll leave it up to you.

「私に任せて」と言う時は、Leave it up to me. とは言わず、
Leave it to me. と言います。

708

何かしらしなよ。

Stop sitting on your hands.

【解説】

「両手の上に座る」から転じて「何もしない」という意味になります。
たしかに、両手の上に座っていたら動けないし、何もできないですよね。

If you sit on your hands, you can't do anything.
だよね。

709

いったん立ち止まって様子を見る必要がある。

We have to put it on hold.

【使い方例】

We hit a problem with the project. So we have to
put it on hold.
プロジェクトで問題が発覚したんだ。だから、保留にしなければならない
んだ。

That's a shame, it was nearly finished.
残念、もうすぐ終わるとこだったのに。

> Too right.
> その通りだね。

【解説】

シンプルに言い換えると、Let's stop for a while. になります。また
カジュアルな表現として、Let's press the pause button on this. と
いう表現もあります。

参考までに put someone on hold で「誰かを電話で保留にする」と
いう意味になります。

They put me on hold. I've been waiting for five minutes now.（保
留にされて5分は待っている）

710

休みボケしてる。

I'm still in holiday mode.

【使い方例】

> Oh no, I've forgotten my work phone.
> ヤバイ、社用携帯忘れてきた。

>> Well, you haven't needed it for the last two weeks.
>> だよね、2週間不要だったもんね。

> I'm still in holiday mode.
> 休みボケしてるね。

711

今日の最後の議題に移ります。

This brings us on to the last topic for today.

【使い方例】

> Thank you for your thoughts on this matter. This brings us on to the last topic for today.
> ご意見ありがとうございます。それでは今日の最後の議題に移りたいと思います。

> Let's get stuck in. We've only got 10 minutes.
> そうしましょう。10分しか残ってないので。

【解説】

Let's move on to the last topic for today. でもOKですが、This brings us on to the last topic for today. はよりネイティブ的な表現です。

なお、bringを使って、This brings us to the end of my presentation.「これで発表を終わります」と言うこともできます。

When you finish talking about the penultimate topic, you say this phrase to introduce the last topic that will be talked about.(最後から2番目のトピックについて話し終わった後、このフレーズを使って、最後に話すトピックを紹介するよ)
※ penultimate:（形）最後から2番目の

712

会社がつぶれた。

The company has gone bust.

【使い方例】

> I've just learnt my energy company has gone bust.
> 私が使ってるエネルギー会社がつぶれたんだよ。

> Oh my goodness. You must be worried.
> えー。それは心配だね。

> Yeah, especially as we're heading towards winter.
> そうだね。特に今は冬が近づいているから。

【解説】

go bust は口語的かつカジュアルな表現で、それに対して go bankrupt はニュートラルでスタンダードな表現です。

713

ちょっと意見を聞かせてもらえますか？

Can I run something by you?

【解説】

Can I run something by you? は、日常会話というよりも、ビジネスで使われる方が一般的です。

既に会話に出てきている内容で、相手が何のことを話しているか分かっている場合は、Can I run it by you? でも OK です。

Can I run something by you? = Can I ask your opinion about something? だよ。

714

そういう意味ではない。

That's not what I meant to say.

【使い方例】

> I'm not sure about this proposal.
> この提案はどうかなぁ。

> You mean we should abandon it?
> つまり、却下ってことですか?

> No. That's not what I meant to say. What I meant to say is, let's review it.
> そういう意味ではないんだ。ちょっと見直そうって意味だよ。

【解説】

> このフレーズの後ろに、What I meant to say is ～ . (私が言いたかったことは) と続けると自然です。丁寧な言い方なので、ビジネスシーンでよく使われます。That's not what I mean to say とは言いません。カジュアルに家族や友人に「そう言う意味じゃない」と言いたい時は、That's not what I mean. / That's not what I meant. が適当です。

715

ちょっとやってみます。

I'll see what I can do.

【使い方例】

> Can you fix my car by tomorrow?
> 明日までに車修理できる?

> I can't promise, but I'll see what I can do.
> 約束はできないけど、やってみます。

> Cheers.
> ありがとう。

I'll see what I can do./ I'll do my best./ I'll give it a go. は同じ意味合いですが、厳密に言うと、微妙に使う場面が異なります。

I'll see what I can do./ I'll do my best. は、友人・家族、ビジネスシーンなどどんな場面でも使えますが、I'll give it a go. はカジュアルな言い回しになので、友人・家族や親しい同僚に向けて使われることが多いです。

「できるかどうか分からないけど、やってみる」というニュアンスだよ。

716

仕事に集中していて時間が経つのを忘れていた。

I was so focused on my work that I lost track of time.

【解説】

be focused on 〜：〜に集中する、〜に熱中する
be focused on 〜は focus on 〜よりも継続的な行ないに使われ、より強い意味になります。

lose track of time：時が経つのを忘れる。時間を忘れる。何時か分からなくなる。どのくらい時間が経ったか分からなくなる。

I was so focused on playing a video game that I lost track of time.
（テレビゲームに熱中していて時間が経つのを忘れてた）

I was so focused on my hobby that I lost track of time.
（趣味に没頭していて時間が経つのを忘れてた）

I was so focused on studying English that I lost track of time.
（英語の勉強に集中していて時間が経つのを忘れてた）

717

いろいろ準備しないといけない。

I need to get everything ready first.

You need to get everything ready = Before you
start you need preparation. という意味だよ。

718

キーパーソンの同意が必要だ。

We need to get the key people's buy-in on this.

【解説】

get someone's buy-in の意味は get their support for a proposal
です。つまり、提案や行動に対して、キーパーソンの賛同や支援、サ
ポートを得ることを指しています。仕事を進める際には主要人物の
buy-in が非常に重要です。

719

うまく軌道に乗せよう。

Let's get this off the ground.

【使い方例】

This is a great idea. It would make so many
people happy.
良い考えだね。多くの人に喜んでもらえそうだ。

> Yep. Let's get this off the ground.
> そうだね。うまくスタートさせよう。

> Let's start with a cost plan.
> 予算立てから始めようか。

【解説】

何かをスタートする時、何かを実現する時に使えるフレーズです。
主にビジネスで使われるフレーズなので、something の部分には、
thing / business / project などが入ることが多いです。
We're gonna need a lot of time and money to get this business
off the ground.
（この仕事を軌道に乗せるためには、多くのお金と時間がかかるだろう）

get something off the ground = start something
or make it happen だよ。

そうじゃないような気がする。

I'm not sure if that's the case.

【解説】

相手の考え・意見に賛成できないことをソフトに伝えたい時に使える
フレーズです。
参考までに、If that's the case だけで使う場合は、「もしそうだとし
たら」「それが正しいとしたら」「その場合は」という意味で使われます。

I'm not sure if that's correct. や I'm not sure if I
believe that. と同じ意味だよ。

横から失礼します。
Can I jump in here?

【使い方例】

> Can I jump in here to clarify that point?
> ちょっとその点を確認したいのですが、いいですか?

>> Go ahead.
>> どうぞ。

【解説】

例えば、別の人たちがやりとりしているメールに Cc: で自分が入っていて、そのメールのやりとりに、途中から割って入りたい時などに使えるフレーズです。

日本語だと「お邪魔してもいいですか?/横から失礼します/ちょっとよろしいですか?」という意味合いです。同様のシチュエーションで使えるフレーズをご紹介します。

〈丁寧に言いたい時〉Please let me jump in here.

〈何か言いたい時〉Can I say something?

〈何か尋ねたい時〉Can I ask something?

〈何か付け加えたい時〉Can I add something?

前もって知らせておくと、
Just to give you a heads-up.

【使い方例】

> Just to give you a heads-up, I'm going on holiday over Christmas.
> 前もって知らせておくと、クリスマスの間、休暇を取るんだ。

> Thanks for letting me know. We need to find another date for our get-together then.
>
> 知らせてくれてありがとう。クリスマスの間ではなく、別の日に会うことにした方が良さそうだね。

【解説】

Just to give you a heads-up. をカジュアルに言い換えると Just let you know. です。

a heads-up は「注意喚起、警告」なので、give you a heads-up「喚起する」→「頭出しをする」という意味になります。

ちなみに Heads up! = Watch out! = Look out! は、「気をつけろ！」という意味になります。

723

では始めましょう。

Let's dive in.

【解説】

Let's dive in. = Let's get stuck in. で、「始めよう」「取り掛かろう」という意味です。

Let's start. でも同じ意味ですが、Let's dive in.、Let's get stuck in. の方がもっと情熱があるダイナミックな響きになります。

Let's dive in. は主にビジネスの会話で使われるフレーズです。なので、友人・家族とのカジュアルな会話ではあまり使われません。

友人・家族とのカジュアルな会話では Let's get stuck in. が使え、Let's start. はビジネスでもカジュアルな会話でもどちらでも使えます。

考えていることを教えて。

A penny for your thoughts.

【使い方例】

You're not saying much. A penny for your thoughts?
あんまり話してないね。何を考えているの？

Sorry, I've got a lot on my mind at the moment.
ごめん、たくさんのことが頭にあって。

How about taking some time out from your thoughts, and enjoying the moment?
ちょっと考えるのから離れて、息抜きでもしてみたら？

学校・職場

【解説】

直訳すると、「あなたの考えに1ペニー」になり、「1ペニーをあげるから考えていることを教えて」という意味になります。言い換えるとPlease tell me what you are thinking. です。

会話中にしばらくの間黙っている誰かに対して、その人の意見を聞きたい時に使える言い回しですね。Neutral な表現なので、ビジネスシーンでもカジュアル（友人・家族）な会話でも使えます。

本日、体調不良のため休みます。

I'm gonna have to take the day off today, because I'm not feeling very well.

【使い方例】

I'm gonna have to take the day off today, because I'm not feeling very well.
体調不良のため、本日休ませていただきます。

I'm sorry to hear that. Please take care.
分かりました。お大事にしてください。

Thank you, hopefully I'll be back tomorrow.
ありがとうございます。明日出社できればと思っています。

【解説】

I'm not feeling very well. の代わりに、I'm feeling a bit under the weather. と言うこともできます。

「休みを取る」と言いたい時は、他にはこんな表現があります。

I'll take the day off on Monday. (月曜日休みます)

I'll take the day off on the 14th February. (2月14日休みます)

I'm gonna take the day off tomorrow. (明日休みます)

体調不良で休む場合は、こんな言い方があります。

I'll take the day off sick. (病気・風邪で会社を休む)

I took the day off sick. (体調不良で休んだ)

He takes the day off sick. (彼は病欠だ)

特にありません。

Nothing from my side.

【使い方例】

> Okay, I think we're ready to wrap up the meeting.
> Does anyone have anything to add?
> では、打合せを終わりにしましょう。何かある方いますか?

> > Nothing from my side.
> > 私からは特にありません。

Nothing from my side. = I've got nothing to add or ask. だよ。

要点をまとめると、

To recap,

【使い方例】

> Thank you for your time. It's been a very
> productive meeting.
> お時間ありがとうございました。とても有益な打合せでした。

> > To recap we agreed that the next steps would
> > be......
> > 要点をまとめると、私たちが合意した次のステップは…

recapは recapitulate の短縮形で、recap = summerise the situation to date (up until that moment)「ここまでの内容をまとめる・繰り返す・要約する」という意味です。

同じ意味のフレーズは、ややフォーマルな言い方だと In summary 、カジュアルな言い方だと To sum up があります。

To recap what we discussed/decided/covered, + List of the main points. のかたちで覚えましょう。

To recap what we decided, we will have the meeting on the 15th January in London and we will invite all the marketing teams.

(決定事項をまとめると、1月15日にロンドンでミーティングを開催し、全マーケティングチームを招待する、ということになりました)

728

(ちゃんと分かるように) 説明するね。

I'll talk you through it.

【使い方例】

I've forgotten how to set the alarm.
どうやってアラームをセットするのか忘れちゃった。

Don't worry, I'll talk you through it.
大丈夫、分かるように説明するから。

Thanks, I keep forgetting.
ありがとう、いつも忘れちゃうんだよね。

【解説】

talk someone through = explain something so that the person understands「相手が分かるように考えや計画などの何かを説明する」という意味です。

カジュアルな表現ですが、日常生活でもビジネスでも両方で使える便利な言い回しです。

729

走り書きをする。
I'll scribble it down.

【使い方例】

Shall I give you the number for that department?
その部署の電話番号をお伝えしましょうか?

Yes please. Let me get a pen and paper. I'll scribble it down.
はい、お願いします。ペンと紙を準備させてください。メモするので。

Sure.
もちろんです。

scribble it down = write it quickly and roughly だよ。

ずっとバタバタしている。

I'm constantly on the go.

【使い方例】

Modern city life is crazy busy.
現代の都市生活ってめちゃくちゃ忙しいよね。

I agree. We are all constantly on the go.
私もそう思う。私たちみんな常に忙しくしているよね。

【解説】

constantly on the go. = very busy/ very active です。

「洗濯をして、料理をして、買い物をして、髪を切って…」のように、物理的に動き回って忙しい様子を表します。したがって、デスクワークで忙しい時のように動きが少ない場合には用いられません。

「忙しい」の表現として、I've got a lot going on./ I've got a lot on my plate./ I'm snowed under./ No rest for the wicked. などがあり、これらは忙しい時全般に使えます。

さらに本腰を入れてやろう。

Let's double down on this.

【使い方例】

> I really believe this project would be good for our business. It's such a shame the MD doesn't agree.
>
> このプロジェクトはうちの会社のビジネスに貢献できると信じているんだよね。社長に納得してもらえないなんて残念だ。

> I'm not going to give up. Let's double down on this. We need to think of a different approach.
>
> 私はあきらめないよ。さらに本腰入れてやろう。別のアプローチを考えないといけないね。

【解説】

double down on = continue doing something but in an even more determined way than before「何かをこれまで以上の決意と努力でやり続ける」という意味です。

Let's not give up./ Let's keep going./ Let's give it a best shot. は近いフレーズではありますが、double down on と異なり「もっと努力する・労力をかける」というニュアンスが含まれていません。

彼女は口だけで何もしない。

She's only paying lip service to the idea.

【使い方例】

> Our annual employee survey always highlights the same problem.
> エンプロイーサーベイの結果を見ると、いつも同じ問題が浮き彫りになってるね。

> I agree, our boss has good ideas, but doesn't take any action.
> そう思う。私たちの上司は良いアイデアを出すけど、動かないよね。

> Yes, she's only paying lip service to the ideas. It's so frustrating.
> そうだね、彼女は口だけで動かないよね。フラストレーション溜まっちゃうわ。

【解説】

pay lip service は「口では同意してるが、行動には移さないこと」を指します。

日本では「リップサービス」＝「耳障りの良い言葉、口先だけのお世辞」という意味合いで使われますが、それに似ていますね。

pay lip service to 〜の後ろに来るのは、「もの、アイデア」が多く、「人」が入ることはそんなにありません。

なお、「まだ〜してくれてない」という意味合いで、現在完了形で使うと以下のようになります。

She's only paid lip service to the ideas so far.（彼女は今のところそのアイデアに賛同してくれただけで、何も行動はしてくれていない）

（その業界の）景気がいい。

Business is booming.

【使い方例】

Now that workers are returning to their offices, there is a huge need for dog sitters.

会社員がオフィスで働くようになってきたから、ドッグシッターのニーズが激増しているよね。

Yes, I know that business is booming. So many people got a dog for the first time during the pandemic.

そうだね、その業界の景気いいよね。パンデミックの間に、たくさんの人が犬を飼い始めたから。

I wouldn't mind that job...

ドッグシッターの仕事、興味あるな…

【解説】

booming は、「とても早いスピードで成長していて、経済的に成功している状態」を表すため、ビジネスの文脈で用いられることが多いです。

The business is booming. と Business is booming. の違いは何でしょうか？
The business is booming. ＝自分のビジネス、自分が勤めている会社の景気が良い時。
Business is booming. ＝何か特定の業界や企業の景気が良い時。

一方、景気が悪い、厳しい時は Business is hard./ Things are tough. と表現します。後者は仕事以外でも状況が厳しいと言いたい時に使える一般的なフレーズです。

彼はやれることは全てやった。

He went all out.

【使い方例】

What an amazing birthday party that was! Joe spent so much time and effort preparing for it.
素敵な誕生日会だったね！ジョーは準備に時間と労力かけてたからね。

Yes, he went all out. Amy looked so happy.
そうだね、彼は本当によくやってたよね。エイミー嬉しそうだったね。

【解説】

go all out = give your all / make a 100% effort「全て（エネルギーと情熱）を出し尽くす、100%の努力をする」という意味合いです。なお、使い方の留意点はこちらです。

1）通常過去形で、何か起こったことに対して使われる。

2）たいてい第三者が主語になり、自分の努力については言わない。

それは楽しみだ。

That's something to look forward to.

【使い方例】

I've heard that Paul is coming to London next week.
ポールが来週ロンドンに来るみたいだね。

That's something to look forward to. I haven't seen him for ages.
それは楽しみだ。彼に会うのは久しぶりだな。

That's something to look forward to. = I'm looking forward to it. です。

That's something to look forward to. は I'm looking forward to it. よりも少しフォーマルな聞こえになります。

なお、同じ意味でカジュアルなフレーズは、I can't wait. です。ニュートラルな響きを持つフレーズとしては、I'm counting the days. があります。

That's something to look forward to. はポジティブな意味合いでの使われ方だけでなく、アイロニック（皮肉的）な使われ方もします。皮肉的な使われ方をした時は、楽しみなことではない。複雑な気持ちになっているというニュアンスです。本当にポジティブに「楽しみにしている」と言いたい時は、I'm looking forward to it. と言えばよいのですが、That's something to look forward to. をあえて使うことでアイロニックなニュアンスを出すことができます。以下の例を見てみましょう。

A：Our new strict boss starts on Monday.

　　（新しい厳しい上司が月曜日から来るんだよね）

B：That's something to look forward to...

　　（それは楽しみだ…）

別に気にしてないよ。（心配しないで、大丈夫だから）

No offence taken.

【使い方例】

> Oops. I didn't mean to upset you.
> ごめん、あなたを傷つけるつもりはなかったんだよ。

> No worries. No offence taken.
> 大丈夫、別に気にしてないよ。

【解説】

No offence taken. は「心配しないで、私は大丈夫」という意味です。
No offence taken. は少し堅い表現で、カジュアルな表現としては
Don't worry./ It's fine./ No worries./ No problem. などが挙げら
れます。

参考までに、I won't take offence. と言うと、Whatever you say,
I won't get upset.（何言っても大丈夫、気分を害することはないから）
という意味になります。なお、こちらも参考までに、もし何か他人を
不快にするようなことを言ってしまったと思った時は、Sorry, I didn't
mean to be rude./ Sorry, I didn't mean to upset you. と言えば
OK です。

綴りの違いがあるよ。offence（イギリス英語）、offense
（アメリカ英語）

もう少し詳しく説明してもらえる？

Can you spell it out for me?

【使い方例】

> Your proposal sounds great, but can you spell it out for me?
> あなたの提案よくできているね、もう少し詳しく説明してくれない？

>> Sure, I'll talk you through it from the initial stage.
>> いいですよ、最初から説明します。

学校・職場

【解説】

spell 〜 out = explain in detail「何かについてはっきりと詳しく説明する」という意味合いです。何か複雑なことで、簡単に理解ができない時に使います。カジュアルな場面だけでなく、ビジネスシーンでも使えます。

Can you elavorate on that? は同じ意味のフォーマルな言い方です。

今日はここまでにしよう。

Let's call it a day.

【使い方例】

> It's been a long day and we've all worked really hard. Thanks, everyone.
> 長い1日だった、よく働いたね。おつかれさま。

>> I agree, it's been really productive. Let's call it a day.
>> 本当だね、よくやったよね。今日はこの辺りで終わりにしよう。

> I second that. I'm logging off. See you tomorrow.
> 同感。もうパソコンログオフするよ。じゃあまた明日ね。

【解説】

> call it a day「一日と呼ぶ・考える・見なす」で「その日を終わりにする」というニュアンスです。
>
> Let's call it a day. = Let's wrap it up. We've done enough for today. つまり、「(今日はもう十分にやったらから) 今やっていることを終わりしにしよう、切り上げよう」という意味合いになるんですね。

739

理想の仕事に就いたんだね！

You've landed your dream job!

【使い方例】

> I've got a new job working in a nature reserve.
> 自然保護区で働く仕事に就くことになったんだ。

> Well done, you've landed your dream job!
> 良かったね、理想の仕事に就けたんだね！

> Thanks, I know.
> ありがとう、そうなんだ。

【解説】

> land something = get something you want especially job or opportunity つまり、「職や何かの機会を得る」という意味になります。特に、夢・理想の仕事に就けた時は、land one's dream job が決まり文句です。
>
> land は仕事に就いた時に使われることがメインですが、それ以外の使い方として、例えば映画や舞台で主役をもらえた時、He landed the best role.（彼は一番良い役をものにした）と言ったりします。

458

彼はこの仕事を知り尽くしている。

He knows the ins and outs of the business.

【使い方例】

> He's been working for us for ages, so he knows a lot.
> 彼ずっとこの会社で働いているから、たくさんのこと知っているよね。

> I agree, he knows the ins and outs of the business.
> そうだね、彼はこの仕事を知り尽くしているよ。

> He's a real asset we need to keep.
> 彼は会社の財産だね！

【解説】

the ins and outs = the details of です。

the ins and outs は大抵の場合、know the ins and outs of something（何かについて知り尽くしている）のかたちで使います。

どこかで予定しよう。

Let's get a date in the diary.

【使い方例】

Hi, have you got time for a short meeting?
ちょっと短時間の打合せする時間ある?

I'm sorry, I'm really busy at the moment, but let's get a date in the diary.
ごめんなさい、今とても忙しいんだ、でも日程は決めよう。

Okay, thanks.
ありがとう。

【解説】

Let's get a date in the diary. = Let's fix a date. です。

diary は「日記」という意味で有名ですが、イギリスでは「スケジュール帳」という意味もあり、get a date in the diary で「日程をスケジュール帳に書き込む」という決まり文句です。日常生活でもビジネスシーンでもどちらでも OK ですが、もともとビジネスで使われていたフレーズなので、今でもビジネスで用いられる頻度の方が高いです。

ちょっと時間あるかな？

I wonder if you could fit me in?

【使い方例】

I know I haven't made an appointment for today, but I wonder if you could fit me in?

今日は事前に約束がないんだけど、ちょっと時間あるかな？

You're in luck, we have a slot free from 2 pm.

運がいいね、2時からなら空いてるよ。

【解説】

I wonder if you could fit me in? = Do you have free a slot/time today? になります。Can you fit me in? という言い方は直接的なニュアンスがあるため、あまりネイティブは用いません。

資料などを作成している際、何かを追加したい時に、Can I fit it in?（この資料に追加していい？）のように言うこともできます。

このフレーズはカジュアルな場面でもフォーマルな場面でも使えます。

もう二度とこのようなことがないようにします。

I promise it won't happen again.

【使い方例】

Oh no, the white wash is pink. Oops, I just found my red socks.

うわぁ、白い洗濯物がピンクになってる。おっと、赤い靴下が入ってたんだ。

You've done it again. You need to stop chucking everything in together.

またやっちゃったのね。なんでも一緒に放り込むのはやめなよ。

学校・職場

> I promise it won't happen again!
> もうやらないよ。

I promise it won't happen again. = I will do my best not to make the same mistake again. だよ。
I won't let it happen again. と表現することもできるよ。

744

総合的に考える必要がある。

We need some joined up thinking on this.

【使い方例】

> We are really struggling to find a solution to this problem.
> この問題に対する解決策を探すのって難しいね。

> > We need some joined up thinking on this.
> > 総合的に考えないとだよね。

> I agree, let's pool our best resources and start again.
> そうだね、精鋭たちを集めて、最初から考え直そう!

【解説】

joined up thinking = holistic thinking; considering all the components です。つまり、「総合的・包括的に考えること(すべての構成要素を考慮して)」という意味合いです。

言い換えると、We need to think about all of the different components to understand the situation and think of the solution. だよ。

グチを言ってスッキリした。

We had a good old moan.

【使い方例】

> Our manager wasn't in the office today so we had a good old moan about him, and all felt better afterwards.
>
> 今日上司がいなかったから、彼についてのグチを言ったんだ。そしたら心が晴れたんだよね。

>> I bet his ears were burning.
>>
>> 彼はきっと噂されてるって感じただろうね。

> I hope so. He's such hard work.
>
> そうだといいな、彼は仕事熱心過ぎるから。

学校・職場

【解説】

　このフレーズは、ネガティブな感情を声に出す機会があって、気持ちが晴れたというニュアンスです。

　moan（グチ）のみだとネガティブな意味が強くなりますが、good old moan と表現することで、50%は気持ちが晴れたという意味合いが含まれ、少しポジティブな響きになります。

　このフレーズは、カジュアルに口語で使われ、ほぼ決まり文句のように用いられます。

good old：満足な
good old something = talking about something you enjoy
moan：グチ

それひとつでどんな場面でも通用する方法はない。

There's no one size fits all approach on this.

【使い方例】

My company wants everyone to return to working 5 days in the office.
うちの会社、全員週5日の出勤に戻そうとしているんだ。

That won't suit everyone.
全員にフィットするとは思えないね。

I agree, there's no one size fits all approach on this.
そうだよね。誰にでもフィットする方法ではないね。

【解説】

one size fits all = only one solution for everyone（全てに適用できるようなひとつのもの）という意味合いです。

「それひとつで全ての問題を解決するような魔法みたいな方法はない」ということですね。

それは気が抜けないね。

That keeps you on your toes.

【使い方例】

Our boss is very light of foot, and we never know he's standing at our desk till he speaks.

私たちの上司って足音がほとんどしないから、彼が話し出すまで私の机のところに来たってこと分からないんだよね。

Apart from making you jump, I guess that keeps you on your toes.

驚くだけでなく、(いつ上司がいるか分からないから) 気が抜けないね。

You bet!

そうだね!

【解説】

It keeps you on your toes. = It keeps you focused on something and ready to deal with any problems. です。つまり「何かに集中していて、何らかの問題にいつでも対処できる状態」というニュアンスです。

keep you on your toes を直訳すると、「つま先立ちをしたままの状態」なので、それくらい「気の抜けない状態」というイメージなのでしょう。

問題にぶつかった。

I ran into a problem.

【使い方例】

How's your car restoration going?
車の修復の状況はどう?

I ran into a problem. I can't find a very rare part.
問題にぶつかった。とても希少な部品が見つからないんだ。

That's frustrating. I know how much you want to get it on the road.
それはもどかしいね。あなたがどれだけあの車でドライブしたいか知ってるから。

【解説】

run into a problem = meet with a problem です。

run into 〜 には「〜に偶然会う、〜にぶつかる、〜陥る」など様々な意味がありますが、run into a problem =「問題にぶつかる」はひとつのかたまりで使われることが一般的で、過去形（ran into a problem）や過去完了形（have run into a problem）で使うことが多いです。なお、come across は物理的に何かに出会った時に使います。

大変な仕事を抱えてるね。

You've got your work cut out there.

【使い方例】

Gosh, if I may say so, your garden is a jungle. You've got your work cut out there to make it nice.

あれあれ、こんなこと言うのは何だけど、あなたの家の庭ジャングルみたいだよ。整えるのには大変な労力がかかりそうだね。

You may say so because it's true. I need some help, are you up for it?

言っても大丈夫だよ、事実だから。人手が必要なの、手伝ってくれない？

Okay, but on condition you feed and water me.

いいよ、何か食事か飲み物とかくれたらね。

【解説】

have your work cut out = have to do something that looks difficult です。

別の言い方だと、That's a lot of work./ It looks difficult./ That's gonna take a lot of effort. などです。

日本語だと「すごいね、大変だね」というニュアンスです。

cut out は、布の生地を切ったものを指していて、昔はその生地を手作業でひとつひとつ縫い合わせて衣服を作っていたことから、「大変な仕事、時間がかかる仕事」を指すようになったようです。

学校・職場

何か思いつく？

Can you come up with something?

【使い方例】

We need to think of a present for our boss' 60th birthday, but I've no idea what to get him. Can you come up with something?

上司の 60 歳の誕生日プレゼント何か考えないといけないけど、何を買えばいいか分からないよ。何か思いつく？

My mind's blank at the moment, but I'll sleep on it and hopefully have an idea in the morning.

全く思い浮かばないけど、一晩考えてみるよ。それで明日の朝、何か思いついていいたらいいな。

come up with something = think of/suggest something だよ。

この企画に賛成？

Are you on board with the plan?

【使い方例】

> I've had my doubts about this project since the beginning, but now I understand what you're aiming for.
> 開始当初からこのプロジェクトに疑問を持ってたんだけど、今、何を目指しているのか理解できたよ。

> Okay, so are you on board with the plan?
> じゃあ、この企画に賛同する？

> Yes, now I am.
> そうだね。

学校・職場

【解説】

Are you on board with the plan? = Are you in agreement with it? です。

仕事の企画やアイデアに賛成・賛同・参加してもらえるかと尋ねたい時に使えるフレーズですね。ちなみに、誰か（he/she/they）が賛成・賛同・参加する状態にある時は、He's on board with it. と表現できます。一方で I'm on board with it. はとてもかしこまった言い方なのでネイティブはあまり使わないようです。

行き詰まってしまった。
We've hit a brick wall.

【使い方例】

> We've looked at every possibility, but can't find a solution to this problem.
> 色々な可能性を探ってみたんだけど、解決策が見つからないんだ。

> Looks like we've hit a brick wall.
> どうやら壁にぶつかったみたいだね。

> Let's take a break and go and have a cup of tea. The break will do us good.
> 休んで紅茶でも飲みに行こう。休憩が良い方向に働くよ。

【解説】

hit a brick wall = face a problem that doesn't seem to have a solution です。つまり、「解決策がないような問題に直面した状態、壁にぶつかって行き詰った停滞している状態」を指します。

brick wall は「レンガの壁」という意味ですが、「障壁、困難」という意味でも使われます。

別の観点から見た方がいい。

We need to come at it from a different angle.

【使い方例】

> This is really frustrating, how come we can't figure this out?
> フラストレーションが溜まるよね、なんで解決できないんだろう。

> I think we're going round in circles here. We need to come at it from a different angle.
> なんか堂々巡りしてる気がする。別の観点から取り組んだ方がいいね。

> I agree, this thing is doing my head in.
> 賛成。本当に頭が痛いよ。

【解説】

come at it from a different angle = look at it from a different perspective です。つまり、「別の視点から物事を見る」という意味ですね。よりシンプルに表現すると、We need to think about it differently. になります。

難問だ。

It's a real head scratcher.

【使い方例】

Joe, can you help us with this problem？ It's a real head scratcher. We've hit a brick wall with it.
ジョー、ちょっと手を貸してくれない? 難問でさ。壁にぶつかったんだ。

Sure, maybe a fresh pair of eyes will help.
もちろん、別の目で見ることで解決するかもしれないからね。

【解説】

a head scratcher = a difficult challenge です。

思わず頭をかきむしってしまうような、なかなか解決しがたい難問に
ぶつかった時に用います。

彼女の手に余る。

She's out of her depth.

【使い方例】

Although she seemed to have the expertise during the interview, once she joined she really struggled.

彼女、面接の時は専門性が高いように見えたけど、入社してからちょっともがいているね。

I agree, she's out of her depth. I don't think she'll last long.

そうだね、彼女の能力ではついていけてないね。彼女長く続かないかもね。

That's such as shame, as she's a really nice person.

彼女本当にいい人だから残念だよね。

【解説】

be out of your depth = be not prepared / be lacking the ability to do something です。つまり、「(何かをしようとしているが) 準備できていない・能力が不足している」という意味です。

ちなみに、I'm out of my depth. として「私」を主語にすることもできますが、このフレーズは第三者を主語にして使うことが多いです。

最終決定しないでおく。

I'm keeping my options open.

【使い方例】

How come you've chosen to have a glass of red wine, white wine and rose?
なんで赤ワインと白ワインとロゼのグラスを頼んだの?

I'm keeping my options open, and will order a whole bottle when I decide which one's my favourite.
まだどれにするか決めてないんだ。どれが一番いいか決めてから、ボトルを頼もうと思ってさ。

I like your thinking!
いいね!

【解説】

I'm keeping my options open. = I'm waiting till I decide/ choose. つまり、「決める・選ぶまで待っている」という意味です。

また、別の表現だと、I'm considering all my options.(全ての選択肢を吟味してみる)と言うことができます。

その懸念はもっともだ。

It's a legitimate concern.

【使い方例】

> Will we have a big enough budget for everything we want to do?
> やりたいと思っていることに対して、十分な予算が取れるのかな?

> It's a legitimate concern. Let's look into it.
> それはもっともな疑問だね。調べてみよう。

【解説】

legitimate concern = justifiable/reasonable/valid concern「最もな、理にかなっている懸念・心配」という意味です。このフレーズは職場をはじめとしたフォーマルな場面で使われることが多いです。

友人や家族に向けたカジュアルな言い方をする場合は、That's a good question. / That's a good point. になります。

彼は見当違いなことをしている。

He's barking up the wrong tree.

【使い方例】

> He thinks I know what the MD is thinking about the future of this project, but I haven't a clue.
> 彼、社長がこのプロジェクトについてどう考えているか、私が知っていると思ってるようだけど、私何も知らないんだよね。

> > I've noticed he keeps trying to ask you questions about it.
> > うん、彼が君にそれについて聞いていたのに気づいたよ。

> He's barking up the wrong tree.
> 彼、意味のないことしているよね。

【解説】

このフレーズは「木の上にいるリスを追っている犬が、リスが別の木に飛び移っているのにそのことに気づかず、リスが最初にいた木に向かって吠え続けている」という状況から来ています。

まさに、「見当違いのこと、お門違いのことをしている」ニュアンスですね。

別の言い方をすると、He's completely wrong./ He's mistaken. になります。

別の視点で見てもらって仕上げたい。

A fresh pair of eyes is just what I need to make sure it's ready.

【使い方例】

I've finished preparing my presentation. I'm quite happy with it, but could you have a quick look at it?

プレゼンの準備終わったよ。いい出来栄えだと思うんだけど、さっと確認してもらえない?

Sure, give me 5 minutes.

いいよ、5分ちょうだい。

A fresh pair of eyes is just what I need to make sure it's ready.

別の視点で見てもらって仕上げたいんだ。

【解説】

a fresh pair of eyes = a new perspective です。

新しい視点で見てもらいたい、別の人の意見を聞きたい時に使えるフレーズです。

彼は仕事が続かない。

He can't hold down a job.

【使い方例】

Toby got fired from his job yesterday.
昨日トビーが解雇されたんだ。

What, again? He can't hold down a job, can he?
また?彼は仕事が長続きしないんだね。

It is amazing, but we know how difficult he can be.
驚きだけど、仕事を続けることは彼にとっては難しいんだよ。

【解説】

hold down a job = manage to keep a job(辞めずに働く)です。
つまり can't hold down a job で「仕事をきちんと続けることができない」という意味になります。

彼がボールを持っている。

The ball's in his court.

【使い方例】

I've reached out to him on several occasions but so far, he's never replied.
何回か彼には連絡をしているんだけど、今のところ返信がないんだ。

I'd leave it if I were you. The ball's in his court.
私だったら放っておくかな。次は彼が返す番だから。

It's a shame, as we used to be really good friends.
昔は本当に仲が良い友人だったから残念だよ。

【解説】

The ball's in his court. = It's his turn. / It's up to him to make the next move. つまり、「彼の順番、次のアクションを起こすのは彼次第」という意味合いです。

762

時間終了！

Time's up.

【使い方例】

My time's up, so I'll end my presentation now.
Over to you, Tina.
私の時間が終わったので、ここでプレゼンを終わりにします。ティナにお返しします。

Thanks George, we're bang on schedule.
ありがとうジョージ、ちょうど時間ぴったりだよ。

【解説】

Time's up.= The time that you've been given is finished. つまり、「与えられた時間が終わった」という意味です。

他の英語で表現すると、You/I have to finish now.「(あなた/自分の時間が終わったので)やっていることを今終わらせないといけない」というニュアンスです。

彼はプロジェクトを打ち切った。

He's pulled the plug on the project.

【使い方例】

> I've just heard the MD has pulled the plug on the project.
> 社長がプロジェクトを打ち切ったって聞いたよ。

>> Really? We're so close to the launch date! Unbelievable.
>> 本当? 発売日もうすぐだったのにね！信じられない。

【解説】

pull the plug = prevent from continuing to cancel で、まさに、「プラグ（コンセント）を抜く」「何かをやめにする」「何かを続けることをやめる、打ち切る」という意味です。

なお、このフレーズの主語は、第三者（he/she/they）になることが一般的です。

解決しないといけないことが沢山ある。

There are many issues to iron out.

【使い方例】

> This new workflow system is full of problems. It's a nightmare to use!
> この新しいワークフローシステムは問題たくさん起こるね。悪夢だ！

>> I know, there are many issues to iron out. They have a lot of work to do.
>> 私もそう思ってた、解決しないといけないことがたくさんあるね。仕事が山積みだ。

学校・職場

【解説】

iron out = solve　つまり、「（問題や課題）を解決する」という意味です。

カフェインが必要だ。

I need a coffee.

【解説】

I need a coffee. は、基本的には「目を覚ます何かが必要だ」という場面で用いられます。I need a caffeine. とは言いません。

考えておきます。

I'll take that on board.

【使い方例】

Considering all the projects I have completed successfully this year, I would like to request a salary increase.
今年成功させた全てのプロジェクトを考慮して、給料をあげて欲しいです。

I'll take that on board, and give it some thought.
考えは理解できるので、検討します。

Thank you.
ありがとうございます。

【解説】

誰かが言ったことに対して「(その考えを)受け止めている、理解している、参考にする」「分かりました。まずは持ち帰ります」と返答したい時に用いるフォーマルなフレーズです。

on board は「飛行機・船に乗る」「IC チップなどを搭載する」という意味なので、I'll take that on board. で「何かを自分の考えの遡上に載せる」というニュアンスなんですね。

他の言い方では、I'll consider it./ I'll give it some thought./ I'll bear that in mind. などがあります。

いつもの生活リズムに戻る。

I'm getting back into the swing of things.

【使い方例】

After being on holiday for a month, I'm finding it difficult to settle back into my work life.
1ヵ月の休暇のあとって、いつもの仕事や生活に戻るのが難しいよ。

That's totally natural.
そりゃそうだよ。

Yeah, but I can feel I'm getting back into the swing of things.
そうだね、でも元の生活に戻れている感じがするよ。

【解説】

get back into the swing of things は、以前は自然にやってたり、習慣だったことをまたやり始めるという意味です。一方、「いつもの生活に戻るのが難しい」は、I'm finding it hard to get back into the swing of things. と表現できます。

I'm getting into the swing of things. だと、「何か新しいことに慣れてくる」という意味で使えます。

ちょっと大げさだよね。

That sounds like using a sledgehammer to crack a nut.

【使い方例】

> The demonstration against climate change was very peaceful, but we were surrounded by hundreds of police.
> 気候変動に関するデモ行進はとても平和的に行なわれたんだよ。でも、数百人の警察に囲まれてたんだ。

> That sounds like using a sledgehammer to crack a nut.
> なんかちょっとやりすぎだね。

> Totally.
> そうだね。

【解説】

a sledgehammer to crack a nut は直訳すると、「木の実を割るのに大きなハンマーを使う」という意味になり、「些細なことに対して必要以上の労力を使う」「大げさだ」と言いたい時に使える表現です。

IT

769

リンクを送ります。

I'll send you the link.

770

メールが送信エラーで返ってきた。

The email bounced back.

771

たった今メールを受け取りました。

I only just got the email.

772

ミュートになってるよ。

You're on mute.

> take it off mute（ミュートを解除する）
> put it on mute（ミュートにする）
> it＝マイク

773

たった今メールを見たところです。

I've only just seen your email.

774

画面が真っ暗になった。

My screen has just gone blank.

775

パソコンが固まった。

My PC has frozen.

776

Wifiの電波が悪い。

My Wi-Fi connection keeps dropping.

関連表現も一緒に覚えておこう。
My computer is really slow today.
My screen is flozen.
My connectin is weak/bad.
The line is gone bad.

777

ずっと前に返信したと思ってた。

I thought I replied to your email ages ago.

携帯の電池がなくなりそうだから、充電しないと。

My phone is dying. I need to recharge it.

【解説】

携帯電話はアメリカ英語では cell phone 、イギリス英語では mobile phone と一般的に言われます。会話の中で明らかに携帯電話のことを指している時は、シンプルに phone でも OK です。日本語でも「携帯電話」と言うのではなく、「携帯」と言ったり、「電話」と言ったりするのと同じですね。

My phone's dying が最もよく使われる自然な言い方ですが、他には My battery's low./ My battery's almost dead. と言ったりもします。「携帯の電池（充電）が切れた」と言いたい時は、My phone's dead/ died. と言うのが一般的です。

Wi-Fiにつながった。

I've got Wi-Fi connection.

そのメールは受信箱の中に埋もれている。

It's sitting in my inbox.

PCトラブルで、オンラインミーティング、10分遅れます。

My laptop's playing up. I'll be about 10 minutes late for the call.

【解説】

something is playing up = something is not working properly つまり、My laptop's playing up. と言うと、I'm having some problems with my laptop. という意味になります。 他にも、My phone's playing up. （スマホの調子が悪い）/My radio's playing up. （ラジオの調子が悪い）のように用いられます。

I
T

入り直すよ。

Let me log back in again.

画面固まってるよ。

Your screen has frozen.

連絡してね。

Drop me a line.

【使い方例】

I know you're really busy but drop me a line when you have a moment.

忙しいってのは分かってるけど、時間できたら連絡してね。

Sure, will do.

もちろん、連絡するね。

【解説】

Drop me a line. = Contact me./ Get in touch./ Give me a call./ Text me. です。つまり、電話でもメッセージでも「連絡してね」と言いたい時に使えるフレーズです。

なお、Get in touch は少しフォーマルな響きですが、Drop me a line. はカジュアルな言い回しなので、親しい間柄の家族・友人・同僚に使うことが多いです。

季節・天候

 季節・天候

785

雨がパラパラ降っている。

It's spitting.

単に「雨が降っている」と言うのではなく、振り方の具合で
表現を使い分けたいね。

786

もうすぐ春だね。

Spring is just around the corner.

Spring is approaching. とも言えるよ。

787

天気はどう？

What's the weather like?

【解説】

「天気はどう？」という質問に返答として使える表現を合わせて学び
ましょう。

It's chilly. (寒い) / freezing. (凍える) / boiling. (すごく暑い)

【晴れ】

Nice/lovely weather isn't it?

It's nice/lovely weather we are having.

【曇り】

Quite cloudly isn't it?

【雨】

軽い雨：It's drizzling/spitting right now.〈長く続かないもの〉

大雨：It's chucking it down. / I got caught in a downpour.〈大雨が急に降り出した時、外にいたらこの表現を使います〉

【ひょう】

It can see hail stone right now.

【雷】

I can hear thunder rumbling.　　rumbling = noise

788

春が来た。

Spring has sprung.

789

雨が降っていて残念だ。

It's a shame it's raining.

790

秋らしくなってきた。

It's autumnal.

【解説】

「秋らしくなってきた」と言いたい時、他にも以下のような表現もあります。

It feels like autumn.

It feels like autumn is coming.

Autumn is just around the corner.

ちなみに、秋以外の季節は以下のように言います。

It feels like spring.（春らしくなってきた）/ It's summery./ It feels like summer./ We're having summery weather.（夏らしくなってきた）/ It's wintery./ It feels like winter./ We're having wintery weather.（冬っぽくなってきた）

夏、秋、冬は、適当な形容詞がありますが、春にはなぜかありません。なお、アメリカ英語で秋は fall 、イギリスでは autumn を使うことが多いです。

791

紅葉を見にハイキングに行った。

I went hiking to see the autumn colours.

792

春よこい！

Roll on spring!

【使い方例】

It's cold and the days are so short.
寒くて日が短いよね。

I have to wear my hat and gloves every time I go out.
出かける時はいつも帽子と手袋をしないといけないよ。

Roll on spring!
春よ早く来てくれ！

793

日が短くなっている。

The days are shorter now.

The days are shorter now, so I can't go for a walk before or after work.
日が短くなってきているから、仕事の前と後に散歩に行けないんだよね。

Yeah, that only leaves lunch time.
そうだね、散歩に行けるのはランチタイムくらいかな。

Yeah, when the weather is good, I do go for a walk at lunch time.
そうだね、天気がいい時は、ランチタイムに散歩に行くことにしてるよ。

【解説】

太陽が出ていることを意味する「日」は、the days と常に複数形になります。

794

天気が悪くても気にしない。

I don't let the bad weather get to me.

795

外が寒いと、思い切ってランニングする気にならない。

When it's cold outside, I don't feel brave enough to go running.

【解説】

don't feel brave enough to〜 で「思い切って〜する気にならない」、「ものともせずに〜する気持ちが湧かない」といったニュアンスになります。

don't feel brave enough to 〜は、否定形で用いられることが一般的です。肯定形で feel brave enough to 〜を使うことはほぼありません。

びしょ濡れになった。

I got drenched to the skin.

とても気持ちいい午後だったよ。

It was a very pleasant afternoon.

【使い方例】

How was the picnic yesterday?
昨日のピクニックどうだった?

Lovely. It was a very pleasant afternoon.
最高。とても気持ちいい午後だったよ。

Have you got any photos?
写真ある?

pleasant の他の使用例も見てみよう。
It was a very pleasant morning (とても爽やかな朝だったよ)
It was a very pleasant flight. (とても快適なフライトだった)

傘持って行って良かった。

Just as well I took my umbrella with me.

【使い方例】

> When I left home to go for a walk, there wasn't a cloud in the sky.
> 散歩に出掛けた時は、雲ひとつない晴空だったのに。

> But it started to chuck it down whilst you were gone.
> でもあなたが出掛けている時、大雨が降り出したよね。

> Yeah, just as well I took my umbrella with me.
> そうなんだよ、傘持って行って良かった。

【解説】

Just as well 〜 「〜していて良かった」 は、You are being saved by the situation. という場面で使えます。

Just as well 〜 = It's a good thing that 〜 と置き換えると分かりやすいですね。

なお、It's just as well と最初に It's を付けてもいいのですが、話す際は Just as well が自然です。

The weather in London is really changeable. なんだよね。

799

どしゃ降りの雨にあった。

I got caught in a downpour.

【使い方例】

> How come you've caught a cold?
> どうして風邪ひいたの?

I got caught in a downpour.
どしゃ降りの雨にあったんだ。

You need to carry an umbrella more often.
傘を持ち歩いた方がいいね。

【解説】

I got caught in a downpour. = I got caught in a heavy rain です。
つまり、I was outside when there was sudden and heavy rain. 「外
で急な大雨にあった」という意味合いです。

800

寒さなんかへっちゃらだよ。

Let's brave the cold.

【使い方例】

It's suddenly got a lot colder, so I don't feel like
going out for a walk.
急に寒くなったから、散歩に行く気分になれないな。

Oh come on, it's not that bad. Let's brave the
cold, I'm sure you'll be happy you did.
おいおい、そんなにものすごく寒いわけではないよ。寒さなんか気にしな
いで外に出たら、きっと満足するよ。

Okay, but if I am not, you owe me a nice mug of
tea when we get home.
わかったよ、でももしそうじゃなかったら、家帰ってきた時、素敵な紅茶
を淹れてね。

【解説】

be brave the cold = take on the cold、この例文では、「寒さをものともせずに、寒さを受けて立つ、寒いと分かっているけどやってみるというニュアンスです。

この brave the ○○ は、take on/ to challenge a difficult situation で、○○には主に「天候」や「人混み」などが入ります。

具体的には以下の4つのフレーズが最もよく使うので覚えてしまうといいでしょう。

Let's brave the cold. (寒さなんか気にしない)

Let's brave the storm. (嵐なんかへっちゃらさ)

Let's brave the snow. (雪をものともせずに取り組もう)

Let's brave the crowds. (人混みなんか気にせずに行こう)

801

雨降らなかっただけでも良かったね。

At least it didn't rain.

【使い方例】

> We went to an outdoor concert last night. It was freezing cold and there were no toilets!
> 昨晩野外コンサートに行ったんだ。凍えるくらい寒いのに、トイレなかったんだよ!

>> Well, at least it didn't rain.
>> 雨降らなかっただけでも良かったね。

> True, that would have been the pits.
> 本当にそうだよ、もし降ってたら最悪だったね。

【解説】

at least〜は「〜だけでも良かった」と前向きな意味合いで使います。

499

あとがき

As with every country's people, the British are aware that they possess both positive and negative traits. Both history and geography have helped shape their self-image. Notably you may recall that the Industrial Revolution featured heavily in the London 2012 Olympics Opening Ceremony. In terms of geography, being an island means that many British people fundamentally see themselves as different from the rest of Europe, with an "island mentality" that no doubt contributed to the Brexit vote in 2016.

Although Britain has becoming much more culturally diverse over the past century, the British still perceive themselves as having certain characteristics that are part of their national identity. Maybe top of the list is their self-deprecating humour, of which they are rather proud. They laugh at themselves, using sarcasm and irony with a deadpan delivery that is sometimes mistaken as being serious by people from other nations.

どの国の人もそうであるように、イギリス人も、自分たちの良い面と悪い面があることを自覚しています。私たちのアイデンティティは、歴史と地理によって形作られてきました。例えば、記憶に新しい2012年のロンドン五輪開会式では産業革命が大きく取り上げられましたよね。地理的に島国であるため、私たちはヨーロッパの他の人々と根底的に違う、いわば「島国根性」を持っています。おそらくそれは、2016年のブレグジット投票にも影響を与えたことでしょう。

過去100年で著しく文化的に多様化したイギリスですが、今もなお自国のアイデンティティを形作るいくつかの特徴を持っていると考えています。その筆頭は、自虐的なユーモアです。無表情で繰り返す皮肉と風刺を駆使したユーモアは、他国の人からは本気と勘違いされることもありますが、私たちはむしろそれを誇りに思っています。

They are also very proud of their music - of its history and worldwide popularity. In addition, they have great pride in their sporting performance and are always ready to support the underdog with immense passion. However, both of these perceived sources of pride can lead to an inflated view of our own importance in the world.

A famous national characteristic that is still, for the most part, in evidence is politeness, especially to strangers. The British see themselves as socially aware, saying thank you and sorry almost as a matter of habit. Another way the British naturally promote social interaction with strangers is through the art of small talk, predominantly about the weather but in general about any current shared experience. However, woe betide anyone who jumps the queue at a supermarket or bus stop! That is seen a big social faux pas.

Overwhelmingly the British recognise the importance of speaking English as part of their national identity & sense of belonging. This book provides a valuable gateway into British culture. Enjoy!

Ann Jennings

また、音楽に関しても、その歴史と世界的な人気を誇りに思っています。さらに、スポーツ観戦も大好きで、常に情熱的に弱者 (アンダー・ドッグ) を応援します。しかし一方で、これらの自慢の種は、時として過剰な自尊心につながる危険性もあります。

イギリスの有名な国民性といえば、やはり礼儀正しさですよね。特に知らない人に対しても丁寧に対応するのが特徴です。自分たちを社交的な人たちだと認識していて、「ありがとう」とか「ごめんね」はもはや挨拶みたいなものです。さらには、ちょっとした雑談も得意技なんです。天気から始まって、その場の共通体験とか、何でもいいんです。でも、この雑談文化も、自然に知らない人とコミュニケーションを取るための手段なのです。ただし、スーパーやバス停で割り込みするのは、イギリス社会では絶対に許されない行為です。大恥をかくことになるので、絶対にやめてくださいね!

圧倒的多数のイギリス人が、英語を話すことが自分たちのアイデンティティと帰属意識の核であると認識しています。この本は、そんなイギリス文化への貴重な入り口となるでしょう。ぜひ楽しんでください!

音声トラック表

トラック番号	フレーズ通し番号	トラック番号	フレーズ通し番号
Track 1	001〜020	Track 21	401〜420
Track 2	021〜040	Track 22	421〜440
Track 3	041〜060	Track 23	441〜460
Track 4	061〜080	Track 24	461〜480
Track 5	081〜100	Track 25	481〜500
Track 6	101〜120	Track 26	501〜520
Track 7	121〜140	Track 27	521〜540
Track 8	141〜160	Track 28	541〜560
Track 9	161〜180	Track 29	561〜580
Track 10	181〜200	Track 30	581〜600
Track 11	201〜220	Track 31	601〜620
Track 12	221〜240	Track 32	621〜640
Track 13	241〜460	Track 33	641〜660
Track 14	261〜280	Track 34	661〜680
Track 15	281〜300	Track 35	681〜700
Track 16	301〜320	Track 36	701〜720
Track 17	321〜340	Track 37	721〜740
Track 18	341〜360	Track 38	741〜760
Track 19	361〜380	Track 39	761〜780
Track 20	381〜400	Track 40	781〜801

著者紹介

輿 秀和（こし・ひでかず）

中央高地出身。大学時代、日本でアメリカ人とシェアハウス生活後、米国大学に1年間留学。大学卒業後、日系グローバル企業に就職し、地方や東京勤務を経て、英国ロンドンに約6年間駐在する。
そこでイギリス英語の魅力に気づき、イギリス人が実際に発したフレーズをコツコツと収集し始める。

● —— 収録音声ナレーター　　James House, Nadia Mckechnie
● —— カバー・本文デザイン　　Ampasand 長尾 和美
● —— DTP　　スタジオ・ポストエイジ
● —— カバー・本文イラスト　　畠山 モグ

［音声DL付］イギリス英語　リアルな「ひと言」フレーズ800
Speak like a Britsh Native

2024年 3月 25日　　初版発行

著者	**輿 秀和**
発行者	内田 真介
発行・発売	ベレ出版 〒162-0832　東京都新宿区岩戸町12 レベッカビル TEL.03-5225-4790　FAX.03-5225-4795 ホームページ　https://www.beret.co.jp/
印刷	モリモト印刷株式会社
製本	根本製本株式会社

落丁本・乱丁本は小社編集部あてにお送りください。送料小社負担にてお取り替えします。
本書の無断複写は著作権法上での例外を除き禁じられています。購入者以外の第三者による本書のいかなる電子複製も一切認められておりません。

©Hidekazu Koshi 2024. Printed in Japan

ISBN 978-4-86064-754-4 C2082　　　　　　　　編集担当　大石裕子